Die Trinkwasserverordnung 2011

Jetzt diesen Titel zusätzlich als E-Book downloaden und 80 % sparen!

Als Käufer dieses Buchtitels haben Sie Anspruch auf ein besonderes Kombi-Angebot: Sie können den Titel zusätzlich zum Ihnen vorliegenden gedruckten Exemplar für nur 20 % des Normalpreises als E-Book beziehen.

Der **BESONDERE VORTEIL:** Im E-Book recherchieren Sie in Sekundenschnelle die gewünschten Themen und Textpassagen. Denn die E-Book-Variante ist mit einer komfortablen Volltextsuche ausgestattet!

Deshalb: Zögern Sie nicht. Laden Sie sich am besten gleich Ihre persönliche E-Book-Ausgabe dieses Titels herunter.

In 3 einfachen Schritten zum E-Book:

❶ Rufen Sie die Website **www.beuth.de/e-book** auf.

❷ Geben Sie hier Ihren persönlichen, nur einmal verwendbaren E-Book-Code ein:

2238538482870K7

❸ Klicken Sie das „Download-Feld" an und gehen dann weiter zum Warenkorb. Führen Sie den normalen Bestellprozess aus.

Hinweis: Der E-Book-Code wurde individuell für Sie als Erwerber dieses Buches erzeugt und darf nicht an Dritte weitergegeben werden. Mit Zurückziehung dieses Buches wird auch der damit verbundene E-Book-Code für den Download ungültig.

D1696304

Die Trinkwasserverordnung 2011

Ulrich Borchers

Die Trinkwasserverordnung 2011

Erläuterungen · Änderungen · Rechtstexte

1. Auflage 2012

Herausgeber:
DIN Deutsches Institut für Normung e. V.

Beuth Verlag GmbH · Berlin · Wien · Zürich

Herausgeber: DIN Deutsches Institut für Normung e. V.

© 2012 Beuth Verlag GmbH
Berlin · Wien · Zürich
Am DIN-Platz
Burggrafenstraße 6
10787 Berlin

Telefon: +49 30 2601-0
Telefax: +49 30 2601-1260
Internet: www.beuth.de
E-Mail: info@beuth.de

Titelbild: © silver-john, 2011.
        Mit Genehmigung von Shutterstock.com
Satz: B & B Fachübersetzergesellschaft mbH, Berlin
Druck: AZ Druck und Datentechnik GmbH, Berlin
Gedruckt auf säurefreiem, alterungsbeständigem Papier nach DIN EN ISO 9706

ISBN 978-3-410-22385-6

Vorwort

Am 1. November trat nach langer und zäher Diskussion die Trinkwasserverordnung 2011 (TrinkwV 2011) in Kraft. Dadurch ergeben sich viele Änderungen, die für die betroffenen Kreise wichtig sind, zumal die TrinkwV (wie auch andere Gesetze und Verordnungen) von Ordnungs- und Straftatbeständen Gebrauch macht. Am hohen Qualitätsstandard des Trinkwassers in Deutschland wird auch in der Fassung von 2011 nicht gerüttelt. Ziel des Gesetzgebers war eine Verbesserung der Praktikabilität der Verordnung ohne Abstriche vom Gesundheitsschutz. Abstriche vom Gesundheitsschutz wurden nicht gemacht. Was aber die bessere Praktikabilität anbetrifft, so sind Zweifel angebracht, denn die Komplexität von Sachverhalten wurden keiner Entschlackungskur unterzogen. Aber, wäre das überhaupt möglich? Für die Wasserversorgung ist die konsequente Stärkung der Einbindung der allgemein anerkannten Regeln der Technik (a.a.R.d.T) und damit des DIN- und DVGW-Regelwerks ein wichtiges Signal.

Das vorliegende Buch verfolgt den Ansatz, die komplexen Sachverhalte und verschachtelten Darstellungen transparent und verständlich in einem einleitenden Beitrag darzustellen. Gefolgt wird dieser vom Abdruck einer Synopse Trinkwasserverordnung 2001/2011 zur detaillierten Verdeutlichung der Änderungen. Danach kommen der offizielle Kommentar des Gesetzgebers und der Bundesratsbeschluss zur Verdeutlichung der Änderungen durch den Bundesrat.

Ulrich Borchers

Autorenporträt

Ulrich Borchers ist nach dem Studium der Lebensmittelchemie in Braunschweig und einer anschließenden ausgezeichneten Promotion in der Lebensmittel-Mikrobiologie seit 17 Jahren in leitenden Stellungen beim IWW RHEINISCH-WESTFÄLISCHEN INSTITUT FÜR WASSER in Mülheim an der Ruhr tätig. Seit Juli 2002 ist er Leiter des Geschäftsbereichs Wasserqualität (WQ) und Prokurist. Im August 2004 wurde er zum technischen Geschäftsführer der Tochterfirma IWW Nord GmbH in Diepholz bestellt.

Die Arbeitsschwerpunkte von Ulrich Borchers liegen in der instrumentellen Wasseranalytik sowie in der Begutachtung und Bewertung von Wässern und Wasseraufbereitungsprodukten nach nationalen und internationalen Rechtsgrundlagen. Er ist ferner in der Organisation und Veranstaltung von Ringversuchen für die Qualitätsüberwachung von Trinkwasserlaboratorien maßgeblich eingebunden und als Dozent an der Akademie für Öffentliches Gesundheitswesen in Düsseldorf tätig.

Seine wissenschaftliche Arbeit ist durch rund 50 Publikationen in nationalen und internationalen Journalen und Büchern gekennzeichnet.

Schließlich ist Ulrich Borchers auch in europäische und internationale Gremienarbeit sowie in die europäische Wasserpolitik (in Expertengruppen bei der DG ENV) involviert, zum Teil als Chairman von verschiedenen Arbeitsgruppen.

Inhaltsverzeichnis

Teil A
Einführung in die neue
Trinkwasserverordnung 2011

Einleitung 1

Die Verordnung über die Qualität von Wasser für den menschlichen Gebrauch (Trinkwasserverordnung – TrinkwV 2001) vom 21. Mai 2001 ist seit dem 1. Januar 2003 in Kraft [1]. In den mehr als acht Jahren ihrer praktischen Anwendung durch die Behörden, die Wasserversorger und Laboratorien hat sich gezeigt, dass die TrinkwV 2001 eine sehr gute rechtliche Grundlage für einen reibungslosen und sicheren Betrieb der Trinkwasserversorgung sowie seiner Überwachung bietet. Dennoch enthält sie aber auch einige Passagen und Bestimmungen, die als verbesserungsbedürftig empfunden werden. Im Laufe der Jahre sind daher zahlreiche Änderungsvorschläge aus den Ländern, denen der Vollzug der TrinkwV 2001 obliegt, den Verbänden, den Fachleuten des Umweltbundesamtes (UBA) und sonstigen Anwendern unterbreitet worden. Sie betreffen folgende Aspekte:

- Klarstellungen,
- Berücksichtigung neuer wissenschaftlicher Erkenntnisse,
- genauere Anpassung an die Vorgaben der Europäischen Trinkwasserrichtlinie [2],
- Änderung von Regelungen, die sich in der Praxis nicht bewährt haben,
- Schließung von Regelungslücken und
- Änderungen mit dem Ziel der Entbürokratisierung.

Der Gesetzgeber verfolgte das Ziel, die TrinkwV 2001 durch die Novelle insgesamt praktikabler zu gestalten, ohne dabei von dem in § 1 festgelegten Zweck der Verordnung Abstriche zu machen. Dieser besagt, dass die menschliche Gesundheit vor nachteiligen Einflüssen zu schützen ist, die aus der Verunreinigung von Trinkwasser resultieren. Die Wahrung und nach Möglichkeit Steigerung des hohen Qualitätsstandards des Trinkwassers in Deutschland ist und bleibt oberste Zielsetzung der Trinkwasserverordnung.

Im vorliegenden Beitrag soll auf die wesentlichen Änderungen eingegangen werden, die für die praktische Umsetzung der Novelle der Trinkwasserverordnung (im Folgenden auch TrinkwV 2011 genannt) durch die beteiligten Kreise relevant sind. Er basiert auf der im Bundesgesetzblatt veröffentlichten „Ersten Verordnung zur Änderung der Trinkwasserverordnung vom 3. Mai 2011" [3], die den Bundesratsbeschluss 530/10 [4] umsetzt, der in der 877. Sitzung am 26. November 2010 gefasst wurde. Parallel wurde die Begründung des Gesetzgebers zur Novelle der Trinkwasserverordnung ausgewertet und berücksichtigt [5]. Diese fußt auf dem Entwurf zur

Verordnung, der nachträglich vom Bundesrat in einigen wesentlichen Punkten geändert wurde. Die nachträglichen Änderungen, die der Bundesrat aufgrund der Empfehlungen des federführenden Gesundheitsausschusses sowie der weiteren beteiligten Ausschüsse beschlossen hat, sind im Beschluss des Bundesrates 530/10 [4] ausgeführt. Dort werden im Detail die Begründungen der Änderungen aus Sicht des Bundesrates dargelegt. Insofern besteht die offizielle Begründung zur TrinkwV 2011 derzeit aus den sich ergänzenden, aber zum Teil auch konkurrierenden Begründungen des Gesetzgebers [5] und des Bundesrates [4]. Hier wäre es wünschenswert, wenn zu einem späteren Zeitpunkt eine einheitliche, in sich geschlossene Begründung nachgeliefert werden würde, die den Vollzug der ohnehin komplexen Materie etwas vereinfachen würde.

Im Folgenden werden in Anlehnung an die thematische und inhaltliche Gliederung der Verordnung diejenigen Anpassungen dargestellt, die für die praktische Umsetzung der TrinkwV 2011 wesentlich sind und signifikante Änderungen mit sich bringen. Die TrinkwV 2011 trat am 1. November 2011 nach einer nur kurzen Übergangsfrist in Kraft. Daher ist es für alle beteiligten Kreise wichtig, sich schnell und umfassend über die zahlreichen Änderungen zu informieren. Dazu soll dieses Buch einen Beitrag leisten. In der Praxis ist damit zu rechnen, dass auch nach der Einführung der Verordnung noch Regelungs- und vor allem Diskussionsbedarf bei den zuständigen Ministerien und Behörden verbleibt.

Wichtige Neuerungen in Kürze und neue Begriffsbestimmungen 2

Zunächst einmal fällt auf, dass die TrinkwV 2011 zum Begriff „Trinkwasser" zurückkehrt. Die bisher verwendete Formulierung „Wasser für den menschlichen Gebrauch" sollte deutlich machen, dass die Trinkwasserverordnung nicht nur die Qualitätsanforderungen für Wasser zum Trinken und für Ernährungszwecke festlegt, sondern auch für andere häusliche Zwecke. In der Praxis wird jedoch fast ausschließlich von „Trinkwasser" gesprochen. So wird jetzt nach einer Eingangsdefinition auf die Formulierung „Wassers für den menschlichen Gebrauch" im gesamten Text verzichtet. Eine Änderung der Begriffsbestimmung des Trinkwassers ist nicht vorgenommen worden.

Weitere wichtige Änderungen und Neuerungen:

– Beim „Wasser für Lebensmittelbetriebe" wird eine klarere Trennung zwischen dem Lebensmittelrecht und der TrinkwV vollzogen. Der bisherige § 10 TrinkwV 2001 (Besondere Abweichungen für Wasser für Lebensmittelbetriebe) wird ganz gestrichen. Es wird darüber hinaus nun ein Ausnahmetatbestand nach § 18 TrinkwV 2011 festgelegt, nach dem unter bestimmten Bedingungen diese Wasserart von der Geltung der TrinkwV 2011 ganz oder teilweise ausgeschlossen werden kann.

– Es wird klargestellt, dass die Verordnung nicht für Schwimm- und Badebeckenwasser gilt.

– Sie gilt auch nicht für Wasser, das sich in Wasser führenden, an die Trinkwasser-Installation angeschlossenen Apparaten befindet. Hier bildet die den Regeln der Technik entsprechende Sicherungseinrichtung die rechtliche und faktische Schnittstelle.

– Die Wasserversorgungsanlagen (§ 3, Absatz 1, Nr. 2) werden neu gegliedert, prägnanter benannt und in der Unterteilung nach Fördermengen werden neue Grenzen festgesetzt:

A) „Zentrale Wasserwerke". Dies sind Anlagen, aus denen pro Tag mindestens 10 Kubikmeter Trinkwasser entnommen oder aus denen auf festen Leitungswegen Trinkwasser an mindestens 50 Personen abgegeben werden;

B) „Dezentrale kleine Wasserwerke". Da sind die Fördermengen bzw. die Anzahl der versorgten Personen kleiner als bei A);

C) „Kleinanlagen zur Eigenversorgung";

D) „Mobile Versorgungsanlagen";

E) „Ständige Wasserverteilung".

F) „Zeitweise Wasserverteilung". Das sind Anlagen, aus denen Trinkwasser entnommen oder an Verbraucher abgegeben wird und die zeitweilig betrieben werden oder zeitweilig an eine Anlage nach Buchstabe A), B) oder E) angeschlossen sind.

- Die „Hausinstallation" wird sprachlich korrekter zur „Trinkwasser-Installation" (§ 3, Absatz 1, Nr. 3).

- Es werden Definitionen zu Rohwasser, Aufbereitungsstoffen, technischen Maßnahmewerten und Versorgungsgebieten eingefügt.

- Eine Präzisierung des Begriffs „Öffentlichkeit" (§ 3, Absatz 1, Nr. 9) erfolgt durch die Festlegung, dass als „öffentliche Tätigkeit" (§ 3, Absatz 1, Nr. 11) die Trinkwasserbereitstellung für einen unbestimmten, wechselnden und nicht durch persönliche Beziehungen verbundenen Personenkreis zu verstehen ist. Diesem bereits in der TrinkwV 2001 bekannten Begriff wird neu der Begriff der „gewerblichen Tätigkeit" mit entsprechender Definition beigestellt (§ 3, Absatz 1, Nr. 10). Beide Definitionen sowie die damit verbundenen, nicht abschließenden Aufzählungen von Beispielen führen zu gewissen Grauzonen der Deutung.

- Es wird neu ein „Technischer Maßnahmenwert" eingeführt und neben dem „Grenzwert" platziert. Er findet aber bislang nur für Legionellen Anwendung. Darunter ist ein Wert zu verstehen, bei dessen Erreichen oder Überschreitung eine von der Trinkwasser-Installation ausgehende vermeidbare Gesundheitsgefährdung zu besorgen ist und Maßnahmen zur hygienisch-technischen Überprüfung der Trinkwasser-Installation im Sinne einer Gefährdungsanalyse eingeleitet werden müssen.

- Die TrinkwV 2011 legt trotz intensiver Bemühungen im Vorfeld doch keine konkretisierten Anforderungen an die Messung und Überwachung des Trinkwassers im Hinblick auf Radioaktivität fest. Alle vorgeschlagenen Änderungen und Konkretisierungen wurden vom Bundesrat in Gänze abgelehnt. Damit bleibt dieser Aspekt der Überwachung weiter offen, obwohl natürlich die diesbezüglichen Grenzwerte unverändert gelten. Hier wird die zuständige Behörde weiter damit allein gelassen, auf anderer fachlicher und nachvollziehbarer Basis als der üblichen analytischen Überwachung darüber zu entscheiden, ob die Grenzwerte eingehalten sind.

- Die Häufigkeit der „Routinemäßigen Untersuchungen" wird durch die Einführung eines neuen Berechnungsalgorithmus neu festgelegt (Anlage 4, Teil II). Die Anzahl der vorgeschriebenen Untersuchungen von der produzierten Wassermenge (> 10 m³/Tag) kann nun mit einer Formel lückenlos berechnet werden. Sprünge in der Anzahl, die bisher zwischen einigen Volumenklassen in der betreffenden Tabelle auftraten, sind eliminiert worden.

Die Anzahl der Proben pro Jahr sinkt dadurch leicht im Vergleich zur TrinkwV 2001. Auf die umfassenden Untersuchungen (früher: periodische) hat diese neue Berechnungsformel keinen Einfluss.

– Es wird in Analogie zum Abwasserrecht eine Definition (§ 3, Absatz 2) eingeführt, dass die festgelegten Grenzwerte, die einzuhalten sind, bereits die Messunsicherheiten der Analyse- und der Probenahmeverfahren berücksichtigen. Damit ist eine Unsicherheitsbetrachtung der Messwerte, besonders am Grenzwert, nicht mehr nötig. Dies wird als erhebliche Verwaltungsvereinfachung gesehen, ist aber fachlich nicht unumstritten.

3 Relation zur Überarbeitung der EU-Trinkwasserrichtlinie

Im Vorfeld der Verabschiedung der TrinkwV 2011 wurde von einer Reihe von Bundesländern kritisch angemerkt, dass eine Novellierung zum jetzigen Zeitpunkt nicht sinnvoll und geboten erschiene, weil auf europäischer Ebene die Revision der EU-Trinkwasserrichtlinie [2] kurz bevor stünde. Es solle besser auf diese große Änderung gewartet werden, als vorab die bestehende Verordnung hinsichtlich der vorgeschlagenen „Kleinigkeiten" anzupassen. In der Tat lagen beim Generaldirektorat Umwelt in Brüssel schon konkrete Vorschläge und Pläne zur neuen Trinkwasserrichtlinie vor.

Jedoch wurde, auch für die meisten Eingeweihten einigermaßen unerwartet, die Überarbeitung der Richtlinie gestoppt. Mit einem Wechsel des Bearbeiters bei der Kommission wurde plötzlich nur noch eine geringe Priorität in der Überarbeitung gesehen. Damit ist in absehbarer Zeit nicht mit einem neuen Input aus Brüssel zu rechnen.

Insbesondere die „Water Safety Plans" (WSP, Risikomanagementkonzept der WHO), die stets als massive und signifikante Änderung hoch gehandelt wurden, werden nun keinen Eingang in die Gesetzgebung finden. Es wurde zwar noch die Absicht zur Veröffentlichung von „Guidance Documents" zu den WSP bekundet, aber jeder, der sich in dem Metier auskennt, weiß, dass dies eine überaus unverbindliche und auslegungsfähige Variante der Regelung bedeutet. Damit ist der weitere Fortschritt, den der proaktive und effiziente WSP-Ansatz hätte bringen können, zunächst mal ausgebremst worden.

Schließlich wurde angekündigt, dass man speziell im Bereich der kleinen, dezentralen Versorgungsanlagen einen klar erkennbaren Regelungsbedarf mit Hilfe geeigneter Gesetzgebungsinstrumente decken will. Hier wurden in der Vergangenheit vermehrt „Non-Compliance-Situationen" von den Mitgliedstaaten gemeldet.

Mikrobiologische Anforderungen 4

Neu ist, dass nun auch für die mikrobiologischen Anforderungen an Trinkwasser im § 5 ein Minimierungsgebot eingeführt wird.

§ 5, Absatz 4:

> *„Konzentrationen von Mikroorganismen, die das Trinkwasser verunreinigen oder seine Beschaffenheit nachteilig beeinflussen können, sollen so niedrig gehalten werden, wie dies nach den allgemein anerkannten Regeln der Technik mit vertretbarem Aufwand unter Berücksichtigung der Umstände des Einzelfalles möglich ist."*

Diese Anforderung soll sicherstellen, dass nicht nur Krankheitserreger eliminiert, sondern auch möglicherweise potenziell pathogene, im Wasser autochthon enthaltene Mikroorganismen so weit reduziert werden, dass sowohl ihre Konzentration im Trinkwasser am Ausgang des Wasserwerks als auch unter den Bedingungen der Verteilung so gering wie möglich bleibt.

Die Begründung des Gesetzgebers [4] macht deutlich, dass dies dadurch sicherzustellen sei, bei der Gewinnung, Aufbereitung und Verteilung des Trinkwassers die entsprechenden a.a.R.d.T zu beachten und einzuhalten. Entscheidend ist dabei bei mikrobiologisch belasteten Rohwässern eine effektive, ggf. mehrstufige Partikelentfernung vor der Desinfektion. Dies ermöglicht es, den Gehalt an Mikroorganismen so weit wie technisch möglich zu reduzieren und gleichzeitig optimale Bedingungen für eine wirksame Desinfektion vorzuhalten, die dann zur Beseitigung eines Restrisikos dient. Dadurch sei es möglich, mit vertretbarem Aufwand die in § 5, Absatz 4 gestellten Anforderungen zu gewährleisten. Es wird auch klargestellt, dass mit dem Minimierungsgebot ausdrücklich kein Desinfektionsgebot gemeint ist.

In § 5, Absatz 5 werden jetzt Kleinanlagen zur Eigenversorgung von der verpflichtenden Vorhaltung einer Desinfektionskapazität ausgenommen, da für diese Anlagen eine explizite und prophylaktische Forderung eine Übermaßregelung darstellen würde. In den Geltungsbereich fallen nur solche Kleinanlagen, die der gewerblichen und öffentlichen Nutzung dienen. Werden überhaupt Desinfektionsanlagen innerhalb von Kleinanlagen betrieben, sind deren fachgerechter Betrieb und die regelmäßige Wartung generell besonders wichtig, da andernfalls eine Gesundheitsgefahr resultieren kann.

4.1 Herabstufung der Coliformen zu einem Indikatorparameter

Der Parameter „coliforme Bakterien" wurde nicht mehr mit einem Grenzwert in die Anlage 1 aufgenommen, sondern nun den Indikatorparametern in Anlage 3 zugeordnet. Dies entspricht der Regelung in der EU-Trinkwasserrichtlinie [2]. Damit wird die von der Praxis der Überwachung oft geforderte „Entschärfung" des Parameters Coliforme vollzogen, weil nun Überschreitungen des Parameterwerts nicht mehr als Straftat im Sinne des § 24 TrinkwV 2011 zu werten sind. In der Vergangenheit wurden bei positiven Befunden an Coliformen mitunter Diskussionen zwischen Behörden und Wasserversorgern geführt, die zur Lösung des Problems wenig beitrugen und formale statt fachliche Aspekte in den Vordergrund rückten.

Besonders wichtig ist hier aber die Feststellung, dass ein Nachweis coliformer Bakterien immer eine unerwünschte Wasserbelastung anzeigt, insbesondere im Rahmen der Betriebskontrolle. Der breite Einsatz des neuen, sensitiveren Nachweisverfahrens für Coliforme (als gleichwertig anerkanntes Verfahren nach § 15, Absatz 1) führt dazu, dass ein breiteres Spektrum an coliformen Bakterien nachgewiesen werden kann (höhere Rate an Positiv-Befunden), wobei nicht alle nachgewiesenen Arten Fäkalindikatoren sein müssen. Dies verändert die klassische Indikatorfunktion des Parameters und schränkt sie für die Identifizierung von Fäkalkontaminationen auch ein.

4.2 Einführung von Technischen Maßnahmenwerten für Legionellen

Bisher war in der TrinkwV 2001 lediglich festgelegt, dass in Trinkwasser-Installationen mit zentralen Erwärmungsanlagen, aus denen Wasser für die Öffentlichkeit abgegeben wird, auf Legionellen zu untersuchen ist. Regelungswerte oder gar ein Grenzwert wurden nicht genannt, so dass bezüglich des Legionellengehalts, bis zu dem keine Maßnahmen erforderlich sind, bislang auf die Angaben im DVGW-Arbeitsblatt W 551 zurückgegriffen werden musste [6].

Der mit der TrinkwV 2011 jetzt neu eingeführte technische Maßnahmenwert von 100 KBE pro 100 ml Probe für Legionellen (*Legionella spec.*) ordnet sich in Erfahrungswerte ein, die bei Trinkwasser-Installationen, die den a.a.R.d.T. entsprechen, üblicherweise eingehalten werden. Wird dieser technische Maßnahmenwert erreicht oder überschritten, ist das in der Regel ein verlässlicher Hinweis auf vermeidbare technische Mängel in der Trinkwasser-Installation oder ihrer Betriebsweise. Auch bei niedrigeren Konzentrationen von Legionellen kann eine mögliche Infektion nicht immer sicher ausgeschlossen werden, jedoch haben strengere gesetzliche Anforderungen beispielsweise in den Niederlanden zu erheblichen Problemen bei der praktischen Umsetzung geführt. Insofern stellt der neue technische Maßnahmenwert der TrinkwV 2011 einen Kompromiss dar, mit dem sorgfältig und besonders kompetent in der Überwachung umgegangen werden muss. Speziell in Bereichen mit erhöhtem Erkrankungsrisiko (z. B. Krankenhäuser, Pflegeeinrichtungen) müssen gegebenenfalls geringere, dem Infektionsrisiko der zu schützenden Personengruppe angepasste, technische Maßnahmenwerte eingehalten werden. Dazu ist geplant, dass die Trinkwasserkommission fallweise spezifische, von der TrinkwV abweichende, Maßnahmenwerte veröffentlicht.

Die Zuordnung der Legionellen zu den Indikatorparametern der Anlage 3 und nicht zu den mikrobiologischen Parametern der Anlage 1 spiegelt den dargestellten Ansatz wider, dass bei Erreichen oder Überschreiten des Maßnahmenwerts ein deutlicher Hinweis auf technische Mängel der Trinkwasser-Installation vorliegt, dem durch Nachforschungen (Gefährdungsanalyse) nachzugehen ist. Hier besteht jedoch noch gewisser Präzisierungsbedarf hinsichtlich der Auslegung und Bedeutung des Begriffes Gefährdungsanalyse, weil vermieden werden muss, dass hier Analysen von Anbietern verkauft werden, die mehr dem Verkauf von Patentlösungen denn dem sorgfältigen Check gegen das Arbeitsblatt W 551 [6] dienen.

Klargestellt wurde in diesem Zusammenhang auch, dass in der Regel mindestens ein Mal jährlich auf Legionellen zu untersuchen ist, wobei die Häufigkeit bei bestimmten Anlagen durch das Gesundheitsamt abweichend (höher oder niedriger) festgelegt werden kann. Ferner wird genauer definiert, in welchen Trinkwasser-Installationen die Duschen bzw. Anlagen zur Vernebelung von Trinkwasser zu untersuchen sind, wie die Probenahmestellen repräsentativ festgelegt werden und wie die Probenahmen durchzuführen sind (§ 14, Absatz 3 und Anlage 4, Teil II, Buchstabe b). Auch werden die Regelungen der Verordnung durch das Technische Regelwerk, besonders die DIN EN ISO 19458 [7] und das DVGW-Arbeitsblatt W 551 [6], ergänzt. Die Probenahme hat nach DIN EN ISO 19458 [7] zu erfolgen. Einschränkend muss dabei wie unter „Zweck b" beschrieben vorgegangen werden und die Menge des vor dem Befüllen des Probenbehälters abgelaufenen Wassers darf 3 Liter nicht übersteigen. Insofern schränkt die Verordnung die Norm ein. Erwähnenswert ist, dass auch weiterhin nur an Anlagen mit zentraler Wassererwärmung untersucht werden **muss**, obwohl die betreffende Formulierung aus dem Verordnungstext entfallen ist. Dies ergibt sich nun leider nur indirekt durch die Verweise auf das Technische Regelwerk.

Neu ist auch die Anzeigepflicht von „Großanlagen zur Trinkwasser-erwärmung", wenn aus diesen Anlagen Trinkwasser im Rahmen einer öffentlichen oder gewerblichen Tätigkeit abgegeben wird. Insofern müssen nun z. B. Betreiber von Hotels oder sonstigen Gemeinschafts-einrichtungen sowie Wohnungsbaugesellschaften und Vermieter aktiv Ihre Warmwasseranlagen dem Gesundheitsamt anzeigen. Hier wird die „Holpflicht" des Gesundheitsamtes zu einer „Bringpflicht".

Der Bundesrat hat in seiner Entscheidung die gewerblich genutzten Trinkwasser-Installationen denen in öffentlich genutzten Gebäuden gleichgestellt [4], da er keinen fachlichen Grund sah, diese aus-zunehmen und zudem eine mögliche Verletzung des Gleichheits-grundsatzes im Falle der weiteren Beschränkung solcher Unter-suchungen auf öffentlich genutzte Objekte. Dies erscheint plausibel, da erwartet werden muss, dass Verbraucher überall mit hygienisch einwandfreiem Trinkwasser duschen können. Und bei den zurzeit aufkommenden Diskussionen um die Zumutbarkeit der neuen Unter-suchungspflicht für z. B. Wohnungseigentümer oder Wohnungsbau-gesellschaften sollte immer mit berücksichtigt werden, dass seit jeher gemäß § 618 BGB eine „Pflicht zu Schutzmaßnahmen" besteht, nach der Verpflichtete (also z. B. die Mieter) gegen Gefahr für Leben und Gesundheit so weit zu schützen sind, als die Natur der Dienst-leistung (in dem Fall die Vermietung von Wohnraum) es gestattet. In der Regel ist dieser im BGB verankerte Sachverhalt unbekannt, was jedoch im Falle von Erkrankungen an einer Legionellose nicht vor Strafe schützen würde. Insofern ist die Präzisierung der Forderung des § 618 BGB für den Bereich der gewerbliche genutzten Trinkwas-ser-Installation eher eine Hilfe, denn eine neue, mit Kosten verbun-dene Pflicht.

4.2.1 Wer ist der Unternehmer oder sonstige Inhaber?

In der Diskussion ist zurzeit noch immer, wer im Zusammenhang mit den gewerblichen Trinkwasser-Installationen als „Unternehmer oder sonstiger Inhaber" gilt, auf dem nun die Anzeige- und Unter-suchungspflichten hinsichtlich der Installation sowie des Nachwei-ses der Einhaltung des Maßnahmenwertes liegen. Das mögliche Spektrum reicht hier von Betreibern großer Wohnungskomplexe, Facility-Management-Firmen bis hin zu Vermietern von Wohnungen in 2-Familien-Häusern. Und auch Eigentümergemeinschaften von Wohnobjekten sind betroffen, aber wie?

Die Frage, wer in dem Strauß an Eigentums- und Betreiber-Konstel-lationen der Verantwortliche ist, erschließt sich nicht auf Anhieb vollständig. Gegebenenfalls bedarf dies einer juristischen Klärung.

Die mögliche Antwort reicht auch in einen Bereich außerhalb der TrinkwV 2011 hinein, der die Zuständigkeiten und vertraglichen Regelungen zwischen Eigentümern, Besitzern/Inhabern, Betreibern und Dienstleistern in gewerblichen Wohnimmobilien betrifft. Die TrinkwV 2011 spricht also an mehreren Stellen von Pflichten, die den „Unternehmer und den sonstige Inhaber" einer Wasserversorgungsanlage betreffen. Ganz klar ist nach § 3 (1), Nr. 2 TrinkwV 2011, dass die Trinkwasser-Installation in einer gewerblich genutzten Immobilie eine „Wasserversorgungsanlage" im Sinne der Verordnung ist. So betreffen den „Unternehmer und den sonstige Inhaber" die Anzeigepflichten der Anlagen gegenüber dem Gesundheitsamt (§ 13 TrinkwV) sowie die Untersuchungspflichten des § 14. Letzteres gilt, sofern die genannten Präzisierungen zutreffen (Großanlage zur Warmwassererzeugung wie in DVGW-Arbeitsblatt W 551 beschrieben). Schließlich treffen den „Unternehmer und den sonstige Inhaber" die Pflichten zur Ursachenaufklärung und zur Einleitung von Sofortmaßnahmen zur Abhilfe im Falle von Abweichungen vom Maßnahmenwert oder der Nichteinhaltung der a.a.R.d.T.

Leider nur einen kleinen Hinweis zur Bedeutung des Begriffes liefert die Begründung zur TrinkwV 2011 [5]: Darin findet man im Abschnitt „Kosten für die Wirtschaft" folgenden Wortlaut: „Die betroffenen Unternehmer und sonstigen Inhaber von Wasserversorgungsanlagen, hierzu zählen auch zum Beispiel Wohnungsgesellschaften, Vermieter größerer Wohnkomplexe oder von Booten oder Caravans, öffentliche Einrichtungen wie Krankenhäuser und die Bundesbahn als Betreiber von Wasserversorgungsanlagen, können ihre potenziellen Mehrkosten für die Abgabe des Trinkwassers an die Verbraucherinnen und Verbraucher weitergeben." Wie man sieht, ist auch hier die Aufzählung beispielhaft!

In mehreren Fundstellen im Internet findet man die Definition, dass Unternehmer und sonstiger Inhaber einer Hausinstallation ist, wer deren Eigentümer oder als Pächter oder Betreiber dafür verantwortlich ist. Und die formale, juristische Definition ist, dass der Begriff Inhaber im Sachenrecht denjenigen bezeichnet, dem eine Forderung oder ein bestimmtes Recht zusteht. Speziell im Sachenrecht ist der Inhaber der, der eine Sache in seiner Verfügungsgewalt (dem Gewahrsam) hat (Innehabung, corpus). Den Inhaber kennzeichnet der Inhaberwille; den „Willen, eine Sache für einen anderen zu besitzen".

Also hat der Anwender der Verordnung mit folgenden Begriffen zu kämpfen: Unternehmer, Inhaber (der die Wohnungen in seiner Verfügungsgewalt hat), Eigentümer, Pächter, verantwortlicher Betreiber. Es gibt naturgemäß Fälle, in denen mehrere der oben genannten juristischen Personen eine Rolle spielen. Häufig kommt es vor, dass es einen Eigentümer sowie einen Inhaber (Pächter, Betreiber) gibt. Hier kommt es im Wesentlichen darauf an, welche vertraglichen Regelungen zwischen den Beteiligten getroffen wurden. Noch komplexer dürfte es werden, wenn diese Regelungen zum Betrieb der Warmwasseranlage keine Festlegungen enthalten.

Sehr hilfreich wäre hier, wenn an geeigneter Stelle eine nachgeschobene Begründung oder ein Kommentar zur TrinkwV 2011 Licht ins Dunkle bringen würde.

4.2.2 Legionellen: Gefährdungsanalyse und Technisches Regelwerk

Im § 9, Absatz 8 ist festgelegt, dass im Falle des Erreichens oder Überschreitens des Maßnahmewertes im Rahmen einer Ortsbesichtigung eine Gefährdungsanalyse durchzuführen ist, wenn das Gesundheitsamt dies anweist. Es ist also in die Verantwortung der Behörde gestellt, darüber zu entscheiden, ob eine solche Maßnahme in Richtung Sanierung des Problems angeordnet wird. Andererseits ist nur schwer vorstellbar, dass die Behörde in solchen Fällen nicht tätig wird. Die Erfahrung zeigt, dass die Probleme mit erhöhten Legionellen-Gehalten nicht von allein verschwinden und in der Regel mit Verletzungen der a.a.R.d.T verbunden sind.

Es gibt hier also in Zukunft viel zu tun! Eigene Untersuchungen des Autors sowie anderer Stellen demonstrieren, dass die Raten von Legionellenbefunden oberhalb des neuen Maßnahmewertes bei 30 % (und höher) liegen können. Wenn nun im Rahmen der Gefährdungsanalyse festgestellt werden muss, ob mindestens die a.a.R.d.T. eingehalten sind, dann müssen die Durchführenden in der Lage sein, dieses anhand des DVGW-Arbeitsblattes W 551 vollständig und richtig zu tun. Dazu sind profunde Kenntnisse über hygienische und technische Aspekte des Betriebs von Warmwasseranlagen sowie große Erfahrungen erforderlich. Leider gibt weder die Verordnung noch die Begründung Anhaltspunke dafür, welche Anforderungen an den Durchführenden zu stellen sind. Dies ist eine Lücke, die geschlossen werden sollte. Es besteht nämlich das Risiko, dass mit kommerziellem Ansatz unter dem Deckmantel Gefährdungsanalyse (simple) technische Lösungen an den Mann gebracht werden sollen, die im Idealfall Symptome bekämpfen, aber keine Ursachen.

Ferner sollten die Gesundheitsämter weiter durch Fortbildungen in die Lage versetzt werden, die Dokumentationen der Gefährdungsanalysen auszuwerten und daraus die notwendigen Schlüsse zu ziehen. Dies beinhaltet auch die Befähigung zu erkennen, ob die relevanten Aspekte des Arbeitsblattes W 551 erkannt und abgedeckt wurden.

Chemische Anforderungen   5

Erstmals ein Europäischer Grenzwert im Trinkwasser für Uran   5.1

Das im Jahr 2010 wegen seiner chemischen Toxizität erneut in das öffentliche Interesse gelangte Uran ist mit einem Grenzwert von 10 µg/l in die Anlage 2, Teil I, lfd. Nummer 15 zum § 6 TrinkwV 2011 aufgenommen worden. Eine Übergangsfrist für das Inkrafttreten des Uran-Grenzwerts existiert nicht. Mit Uran ist vor allem in solchen Trinkwässern zu rechnen, die aus Grundwässern uranhaltiger Grundwasserleiter gewonnen werden. Die Urankonzentrationen können daher regional sehr unterschiedlich sein.

Die Höhe des Grenzwerts entspricht dem für Uran lebenslang gesundheitlich duldbaren Höchstwert, der vom Umweltbundesamt zum Schutz vor der chemischen Nierentoxizität von Uran festgelegt worden ist. Das Gesundheitsamt kann entsprechend der flexiblen Regelung in Anlage 4, Teil I, Buchstabe b) nach erfolgter Klärung der spezifischen Gefährdung in einem Wasserversorgungsgebiet entscheiden, ob und wie oft der Parameter im Rahmen der umfassenden Untersuchungen (bisheriger Name: periodische Untersuchung) untersucht werden muss. So ist es wegen des zumeist geogenen Ursprungs einer Uran-Kontamination möglich, den Untersuchungsumfang auf das nötige Maß zu beschränken, solange es keine relevanten Änderungen in der Wassergewinnung gibt.

Dieser neue Grenzwert für Uran ist nun weltweit der niedrigste. Er bietet allen Verbrauchergruppen (Säuglinge eingeschlossen) eine lebenslange gesundheitliche Sicherheit vor möglichen Schädigungen durch Uran im Trinkwasser. Er ist toxikologisch abgeleitet und bezieht sich nicht auf die Radiotoxizität des Urans, sondern allein auf dessen chemische Toxizität, da unterhalb von 60 µg/l die Radioaktivität des Urans für den Gesundheitsschutz nicht von Belang ist.

Sonstige Änderungen bei chemischen Parametern   5.2

In der Anlage 2, Teil II der TrinkwV 2011 sind folgende Änderungen von Grenzwerten festgelegt worden:

- Lfd. Nr. 5: Für Cadmium gilt ein neuer Grenzwert in Höhe von 0,003 mg/l (bisher 0,005 mg/l).
- Lfd. Nr. 7: Bei Kupfer wird der untere pH-Wert für den Verzicht auf die Untersuchung von 7,4 auf pH 7,8 angehoben.

- Lfd. Nr. 11: Für die Trihalogenmethane (THM) sind nun am Zapfhahn bis zu 0,1 mg/l erlaubt, wenn dies seuchenhygienisch begründbar bzw. erforderlich ist.

In der Anlage 3 der TrinkwV 2011 sind die folgenden Änderungen erwähnenswert:

- Lfd. Nr. 12: Die elektrische Leitfähigkeit wird nun wieder auf eine Temperatur von 25 °C bezogen. Dadurch gilt (scheinbar) ein neuer Grenzwert in Höhe von 2790 µS/cm.
- Lfd. Nr. 17: Für Sulfat gilt ein neuer Grenzwert in Höhe von 250 mg/l (bisher 240 mg/l).
- Lfd. Nr. 20: Die Calcitlösekapazität wird als eigenständiger Grenzwert ausgewiesen und versteckt sich damit nicht mehr in den Anmerkungen.

Für die Parameter der Anlage 2, wie Acrylamid, Epichlorhydrin sowie Vinylchlorid, wird nun klargestellt, dass der Nachweis der Einhaltung des Grenzwertes auch durch die Analyse des Trinkwassers erbracht werden darf. Bisher war lediglich eine Berechnung der Einhaltung der Grenzwerte aus den eingesetzten polymeren Werkstoffen vorgesehen, die fallweise fachlich/technisch unmöglich war (z.B. bei Epichlorhydrin). Bei allen Summengrenzwerten der Anlage 2 ist eine wichtige Änderung, dass nun im Rahmen einer neuen Konvention lediglich tatsächlich quantifizierte Gehalte in die Summen eingehen sollen. Dies gilt für

- die Summe der Pflanzenschutzmittel-Wirkstoffe und Biozidprodukt-Wirkstoffe (so die neue sprachliche Fassung),
- die Summe von Tetrachlorethen und Trichlorethen,
- die Summe der 4 polyzyklischen aromatischen Kohlenwasserstoffe – ohne Benzo-(a)-pyren und
- die Summe der Trihalogenmethane.

Damit sind die Summen nach der neuen Konvention immer dann Null, wenn keiner der Wirkstoffe nachgewiesen wurde (Anlage 2, Teil I, lfd. Nr. 11, in Verbindung mit Anmerkung 1). Diese Vorgehensweise unterscheidet sich von vergleichbaren Regelungen im Umweltbereich (z.B. Wasserrahmenrichtlinie), wo auch Werte unterhalb der Bestimmungsgrenze eines Stoffs mit einem Bruchteil der Bestimmungsgrenze in die Summe eingehen. Dies muss bei entsprechenden Auswertungen und Statistiken, insbesondere bei vergleichenden, berücksichtigt werden.

Änderungen bei Indikatorparametern 5.3

Bei Überschreitung der Grenzwerte für die Indikatorparameter der Anlage 3, Teil I, wie Ammonium, Chlorid, Eisen, elektrische Leitfähigkeit, Mangan, Natrium, TOC, Oxidierbarkeit, Sulfat und Trübung, kann jetzt das Gesundheitsamt unter den aufgeführten Bedingungen entscheiden, ob und wie lange die Wasserversorgung ohne Abhilfemaßnahmen weitergeführt werden kann (§ 9, Absatz 5). Aus diesem Grund konnten auch die Ausnahmen für geogene Konzentrationen bestimmter Parameter, die in den Bemerkungen der Anlage 3 TrinkwV 2001 aufgeführt waren, entfallen. Allerdings sind diese, nach TrinkwV 2001 bisher „pauschal zugelassene" Überschreitungen in Anpassung an die EU-Trinkwasserrichtlinie nicht mehr für Anlagen mit Abgabe an Dritte möglich.

Ferner wurde zur Vereinfachung der Untersuchung des Trinkwassers klargestellt, dass bei der Geruchsbestimmung fallweise eine qualitative Untersuchung durchgeführt werden darf, die das Ziel verfolgt, einen für den Verbraucher annehmbaren Geruch zu attestieren und anormale Veränderungen auszuschließen. Hier war bislang nicht zweifelsfrei klar, ob und wann auf das aufwändige quantitative Verfahren gemäß DIN EN 1622 verzichtet werden darf.

6 Maßnahmen im Falle der Nichteinhaltung von Grenzwerten und technischen Maßnahmenwerten

Der Gesetzgeber unterstreicht im Falle der Nichteinhaltung von Grenzwerten noch deutlicher, dass eine Unterbrechung der leitungsgebundenen Versorgung mit Trinkwasser zu den äußersten Maßnahmen zählt, die das Gesundheitsamt im Notfall anordnen kann. Der Nutzen einer solchen Maßnahme ist sehr sorgfältig gegenüber den sich daraus ergebenden seuchenhygienischen Risiken (z. B. Einschränkungen der persönlichen Hygiene, Unterbrechung der Toilettenspülung, Ausfall der Schwemmkanalisation) und den Risiken für den Bereich der öffentliche Sicherheit (z. B. Einschränkung der Gewährleistung des Brandschutzes durch Unterbrechung der Löschwasserversorgung) abzuwägen. Daher sind andere mögliche Maßnahmen zum Schutz der menschlichen Gesundheit, wie ein Abkochgebot oder die Anordnung von Verwendungseinschränkungen für bestimmte Nutzungen des Trinkwassers (z. B. für Säuglinge und Immungeschwächte) bei der Entscheidung zu berücksichtigen.

In der Praxis hat sich gezeigt, dass sowohl die Unterbrechung der Wasserversorgung als auch insbesondere die Wiederinbetriebnahme einen negativen Einfluss auf die Wasserqualität haben können. Daher müssen beide Vorgänge unter Beachtung der a.a.R.d.T. ausgeführt werden. Für Betriebsunterbrechungen kann primär das DVGW-Arbeitsblatt W 400-3 herangezogen werden [8]. Eine unternehmensspezifische Handlungsanweisung für die Unterbrechung und Wiederinbetriebnahme der Wasserversorgung nach einer (ungeplanten) Betriebsunterbrechung größeren Umfangs sollte bei jedem Unternehmen vorhanden sein, denn ein Abgleich mit den a.a.R.d.T ist in Krisenfällen nicht mehr möglich.

Bei den Indikatorparametern hält es der Gesetzgeber nun für gerechtfertigt, die Entscheidung, bis zu welchem Wert und für welchen Zeitraum eine Abweichung geduldet werden kann, allein dem Gesundheitsamt zu übertragen. Dadurch könnten örtliche Gegebenheiten und Umstände des Einzelfalls besser berücksichtigt werden. Nicht akzeptiert werden kann weiterhin eine langfristige oder sogar dauerhafte Abweichung von den Vorgaben der Anlage 3, zumindest nicht in der öffentlichen Wasserversorgung.

Aufbereitung und Desinfektion 7

Wie bisher ist das zentrale Element der Regelungen zur Aufbereitung und Desinfektion des Trinkwassers die Stoffliste gemäß § 11 (§ 11-Liste) [9], die vom Umweltbundesamt geführt und veröffentlicht wird. Neu ist, dass nun in der Verordnung auf die Veröffentlichung der Liste im Internet hingewiesen wird, um die Dynamik der Liste und den kommunikationstechnischen Fortschritt geeignet zu berücksichtigen.

Der so geschaffenen Dynamik steht gegenüber, dass nun eine starre Verweisung auf die § 11-Liste in der Verordnung zu erfolgen hat. Die bisherige dynamische Verweisung ist aufgrund juristischer Gründe nicht mehr zulässig, weil Verstöße gegen die Bestimmungen der § 11-Liste nun als Straftatbestände einzustufen sind. Die notwendige Rechtssicherheit bezüglich der zu einem bestimmten Zeitpunkt gültigen Fassung der Liste wurde vom Justizministerium eingefordert. Praktikabler, flexibler und letztendlich angemessener wäre es gewesen, wenn man bei Ordnungswidrigkeitstatbeständen geblieben wäre.

Schließlich ist bedauerlicherweise ein handwerklicher Fehler in der Verordnung enthalten, der für einige Wasserversorger erhebliche Konsequenzen haben kann. Nämlich wurde auf die 12. Änderung der Liste mit Stand vom Dezember 2009 verwiesen [10]. Mittlerweile ist jedoch die 16. Änderung mit Stand November 2011 gültig [9]. Das bedeutet, dass am 1. November 2011 ein Rücksprung auf eine alte Fassung der Liste vollzogen wird und dass in der Zwischenzeit aufgenommene Produkte und Verfahren ungültig werden.

Damit wird eine Rechtsunsicherheit geschaffen, die einer schnellen Abhilfe bedarf, weil es nicht einzusehen ist, dass aktuell genehmigte und zulässige Verfahren und Produkte, die in Wasserwerken eingesetzt werden, am 1. November außer Betrieb gehen müssen, weil keine ordentliche Redaktionsarbeit bei der Herausgabe der Verordnung geleistet wurde.

Der Begriff „Aufbereitung" wird durch die Begriffe „Gewinnung" und „Verteilung" gegenüber der TrinkwV 2001 erweitert, da auch in diesen Bereichen dem Trinkwasser Aufbereitungsstoffe zugesetzt werden dürfen, für die die gleichen Anwendungsbedingungen gelten.

Der bisherige § 12 TrinkwV 2001 (Aufbereitung in besonderen Fällen) wurde gestrichen. Die wesentlichen Inhalte sind nun in § 11 eingegliedert worden. Dies dient der Klarstellung und vereinheitlicht zudem das Verfahren für die Listung von Aufbereitungsstoffen und Desinfektionsverfahren.

8 Pflichten des Wasserversorgers

In der TrinkwV 2011 werden im § 13 die Anzeigepflichten des Wasserversorgers übersichtlicher dargestellt als in der TrinkwV 2001. Gleichzeitig werden sie entsprechend der neuen Einteilung der Wasserversorgungsanlagen nach § 3, Absatz 1, Nummer 2 detailliert. Damit einher ist eine Reduzierung des Aufwandes sowohl für die Anlagenbetreiber (insbesondere von Kleinanlagen zur Eigenversorgung) als auch für die Gesundheitsämter beabsichtigt, da eine erhebliche Anzahl von Meldepflichten für bestimmte Wasserversorgungsanlagen wegfällt. Die Anzeigepflicht von Warmwasseranlagen kommt neu hinzu (siehe Abschnitt 4.2).

Die Untersuchungspflichten werden weiterhin im § 14 festgelegt. Neu eingeführt wird, dass anzustreben ist, saisonal betriebene Anlagen den kontinuierlich betriebenen Anlagen hinsichtlich der Probenanzahl gleichzustellen. Damit soll eine ausreichend häufige Beprobung dieser Anlagen sichergestellt werden, zumal sie hygienisch meist mehr Gefährdungen ausgesetzt sind als dauerhaft betriebene Anlagen. Eine genaue Festlegung des Zeitmusters der Überwachung sollte sich an der jeweiligen Situation orientieren und erfolgt daher durch das zuständige Gesundheitsamt auf der Grundlage seiner Ortskenntnis.

Neu in § 14, Absatz 3 ist auch, dass der Wasserversorger, der eine Trinkwasser-Installation oder eine mobile Versorgungsanlage (Anlagen an Bord von Land-, Wasser- und Luftfahrzeugen) betreibt, in der sich eine so genannte Großanlage zur Trinkwassererwärmung (siehe a.a.R.d.T) befindet, das Wasser durch ergänzende systemische Untersuchungen an mehreren repräsentativen Probenahmestellen auf Legionellen untersuchen zu lassen hat, wenn Trinkwasser im Rahmen einer gewerblichen oder öffentlichen Tätigkeit abgegeben wird. Diese Untersuchungspflicht besteht für Anlagen, die Duschen oder andere Einrichtungen enthalten, in denen es zu einer Vernebelung des Trinkwassers kommt. Hierdurch wird gesetzlich klar herausgestellt, dass die Legionellenuntersuchungen **systemische Kontaminationen** erfassen sollen und dass dazu ein geeignetes Probenahmeschema erforderlich ist, bei dem nicht nur Einzelproben zu entnehmen sind. Hier war in der Vergangenheit oft beobachtet worden, dass infolge fachlich nicht korrekter Auflagen der zuständigen Behörden beispielsweise Hotelbetreiber lediglich Einzelproben in einem einzigen Zimmer entnehmen und untersuchen ließen.

Der Steigerung der Qualität der Trinkwasserprobenahme kommt schließlich zugute, dass der Wasserversorger sicherzustellen hat, dass die Probenahmestellen an den Wasserversorgungsanlagen nach den a.a.R.d.T eingerichtet werden müssen.

Neu ist auch, dass der Wasserversorger für sämtliche Untersuchungen, die er im Rahmen seiner Verantwortlichkeit gemäß der TrinkwV 2011 durchführen lässt, nur solche Untersuchungsstellen beauftragen darf, die die Anforderungen an Untersuchungsstellen gemäß § 15, Absatz 4 erfüllen. Eine Zuwiderhandlung wird jetzt als Ordnungswidrigkeit behandelt. Einbezogen in diese Pflicht sind alle Untersuchungen zur Sicherstellung der Einhaltung der Grenz-, Richt- und Maßnahmenwerte (auch der radiologischen). Zudem sind zentrale Wasserversorgungen und die gewerblich sowie öffentlich genutzten Trinkwasser-Installationen hierbei gleichgestellt.

9 Untersuchungspflichten

9.1 Eigenkontrolle weiter erwünscht

Natürlich sind auch weiterhin Untersuchungen der Wasserversorger zur betrieblichen (internen) Eigenkontrolle von der Akkreditierungspflicht ausgenommen. Solche Untersuchungen, die über das Maß der von der Verordnung geforderten Kontrollen hinausgehen, können zur Sicherstellung der hohen Versorgungssicherheit dienen und sich aus allgemeinen Rechtsbestimmungen des Bürgerlichen Rechts ableiten (Daseinsvorsorge). Insofern sind weiterhin Untersuchungen der Betriebslaboratorien der Wasserversorger auch ohne Akkreditierung wichtig sowie nützlich und es gibt auch kein Indiz dafür, dass die zuständigen Behörden die Befunde aus der nicht akkreditierten Betriebskontrolle zur Abrundung des Bildes über die pflichtgemäße Aufgabenwahrnehmung nicht nutzen dürften.

9.2 Mikrobiologische Untersuchungen – weiterhin alternative Verfahren

Bei den mikrobiologischen Untersuchungsverfahren (§ 15, Absatz 1) dürfen auch weiterhin alternative Verfahren angewendet werden, die das Umweltbundesamt nach Prüfung und Anerkennung in einer Liste alternativer Verfahren im Internet veröffentlicht hat. Es muss in dem Zulassungsverfahren nachgewiesen werden, dass die mit ihm erzielten Ergebnisse im Sinne der a.a.R.d.T mindestens genauso zuverlässig sind. Hier hat die Anpassung des Verordnungstextes an die EU-Trinkwasserrichtlinie vordergründig zu einem Problem bei der Beurteilung der Verfahren geführt. Der Gesetzgeber hat die bisher in der TrinkwV 2001 verwendete, fachlich sinnvollere Vokabel „gleichwertig" gegen den Terminus „zuverlässig" („reliable" in der englischen Fassung der Direktive) getauscht. Leider gibt es für die „Zuverlässigkeit" eines Verfahrens keine Messgrößen, so dass eine fachliche Prüfung schwerfällt. Insofern stellt die Begründung der TrinkwV 2011 wieder klar, dass eine solche Prüfung nach der DIN EN ISO 17994 [11] zu erfolgen hat. Danach wird eben doch die (statistische) Gleichwertigkeit ermittelt.

In der Praxis haben die als gleichwertig anerkannten Verfahren nach wie vor eine sehr große Bedeutung, vor allem das Colilert®-18/ Quanti-Tray®-Verfahren von IDEXX. Neben diesem Verfahren wurde in Deutschland aber bisher nur noch der Chromocult®-Enterokokken-Agar von MERCK in die Liste des Umweltbundesamtes aufgenommen [12]. Somit hat sich die Befürchtung, dass eine Vielfalt an alternativen Verfahren auftaucht, die die amtliche Überwachung der mikrobiologischen Parameter nicht eben einfacher macht, bisher nicht bewahrheitet.

Sonstige Anforderungen an die Wasserversorger und Untersuchungen 9.3

Bei den sonstigen Anforderungen an die Untersuchungsstellen und Verfahren in § 15 hat sich wenig Neues ergeben. An den Grundfesten einer Akkreditierung der Laboratorien nach DIN EN ISO/IEC 17025 [13] ist nicht gerüttelt worden. Diese hat sich im Übrigen im gesamten Umweltbereich (z.B. Wasserrahmenrichtlinie) in den letzten Jahren durchgesetzt. Eine neue Anforderung ist jedoch, dass die Einhaltung der Verfahrenskenndaten gemäß Anlage 5 TrinkwV 2011 verbindlich festgeschrieben ist (Ordnungswidrigkeitstatbestand nach § 25 TrinkwV 2011). Wenn man berücksichtigt, dass es bei einigen Spurenparametern insbesondere aus Anlage 2 nach wie vor technisch nicht machbar ist, die gesetzten Anforderungen einzuhalten, darf man gespannt darauf sein, wie damit in der Praxis umgegangen werden wird.

Um der Europäischen Dienstleistungsrichtlinie Genüge zu tun, wurde nun klargestellt, dass Laborakkreditierungen durch eine nationale Akkreditierungsstelle eines Mitgliedstaates der Europäischen Union für Trinkwasseruntersuchungen ausgestellt sein müssen und dass das mit der Listung eines Labors nach § 15 (4) TrinkwV 2011 verbundene Recht zur Untersuchung von Trinkwasser bundesweit gilt.

Bei den Maßnahmeplänen nach § 16, Absatz 5 (früher Absatz 6) ist zu beachten, dass sie einer regelmäßigen Aktualisierung unterliegen und nicht nur einmalig zu erstellen sind. Diese Forderung ist sinnvoll und entspricht der Praxis. Neu ist auch, dass die zuständige oberste Landesbehörde bestimmen kann, dass für die Maßnahmepläne einheitliche Vordrucke zu verwenden oder einheitliche EDV-Verfahren anzuwenden sind. Damit wird eine Angleichung zu den Berichtspflichten vorgenommen und einer internet-basierten Datenbank für solche Regelungen zum Krisenmanagement der Weg geebnet.

Nach § 17 TrinkwV 2011 dürfen für die Neuerrichtung oder die Instandhaltung von Anlagen für die Gewinnung, die Aufbereitung oder die Verteilung von Trinkwasser nur Werkstoffe und Materialien verwendet werden, die in Kontakt mit Wasser Stoffe nicht in solchen Konzentrationen abgeben, die höher als nach den a.a.R.d.T unvermeidbar sind. Hierzu stellt der Gesetzgeber jetzt klar, dass die Einhaltung der a.a.R.d.T. insbesondere dadurch sichergestellt werden kann, indem durch einen akkreditierten Branchenzertifizierer zertifizierte Verfahren und Produkte eingesetzt werden.

10 Überwachung des Trinkwassers

Im § 18 wird wie bisher die Überwachung des Trinkwassers durch das Gesundheitsamt geregelt. Hier wurden lediglich sprachliche Anpassungen vorgenommen, die als Folge der Neueinteilung der Wasserversorgungsanlagen nach § 3, Absatz 1, Nummer 2 sowie der Einführung neuer Definitionen in § 3, Absatz 1, Nummern 10 und 11 erforderlich geworden sind. Neu aufgenommen wird an dieser Stelle die Möglichkeit, Wasser, das in einem Lebensmittelbetrieb für die Herstellung, Behandlung, Konservierung oder zum Inverkehrbringen von Lebensmitteln oder Gebrauchsgegenständen verwendet wird, von der Überwachung nach der Trinkwasserverordnung auszunehmen, wenn die zuständige Behörde dies genehmigt. Voraussetzung ist, dass die Behörde davon überzeugt ist, dass die Qualität des Wassers die Genusstauglichkeit des Enderzeugnisses nicht beeinträchtigen kann. Ein Beispiel hierfür wäre ein Trinkwasser, welches zum Brauen von Bier verwendet werden soll und einen pH-Wert von $< 6{,}5$ aufweist, oder ein Trinkwasser mit einem Nitratgehalt von 60 mg/l, das für das Spülen von Apfelsaftflaschen verwendet werden soll. Diese Beispiele zeigen, dass hier eine sehr sinnvolle Befugnis für die Genehmigung von Ausnahmen geschaffen wurde, die den Verbraucherschutz in keiner Weise beeinträchtigt.

Im § 19, Absätze 2 und 3 TrinkwV 2011 wurden für das Gesundheitsamt bezüglich des Umfangs der Überwachung der Wasserversorger und der Laboratorien signifikante Änderungen und Anpassungen vorgenommen, die von größerer Relevanz sein werden. Die Änderung im Absatz 2 ist vorrangig aufgenommen worden, um mögliche Berichtsdefizite über Parameter, deren Konzentration sich auf dem Leitungsweg ändern kann, zu beseitigen, und dient damit der Anpassung an die EU-Trinkwasserrichtlinie.

10.1 Gesundheitsamt muss Probenahmepläne aufstellen

Das Gesundheitsamt hat für jedes Wasserversorgungsgebiet einen Probenahmeplan festzulegen, der die Erfüllung der Berichtspflichten gemäß § 21 sicherstellt. Der Probenahmeplan berücksichtigt:

- die in Anlage 4 festgelegte Häufigkeit von Analysen,
- den Untersuchungsumfang für routinemäßige und umfassende Untersuchungen und
- den Untersuchungszeitpunkt sowie die Probenahmestelle.

Die zur Erfüllung der Probenahmepläne durchgeführten Messungen müssen gemäß der EU-Trinkwasserrichtlinie [2] in der im Anhang II Tabelle B1 genannten Häufigkeit dann beispielsweise am Zapfhahn durchgeführt werden, wenn es sich um Parameter handelt, deren Konzentration sich in der Trinkwasser-Installation ändern kann. Diese Anforderungen waren in der TrinkwV 2001 in der Anlage 4 umgesetzt und sind nun mit klarstellenden Änderungen in den § 19 TrinkwV 2011 verschoben worden.

Das Gesundheitsamt muss nun also mit Hilfe eines Probenahmeplans für das gesamte Wasserversorgungsgebiet die sich aus der TrinkwV 2011 ergebenden Pflichten erfüllen. Es muss die Probenahmen durch das Wasserversorgungsunternehmen und ggf. durch die amtliche Überwachung am Ausgang Wasserwerk, im Verteilungsnetz sowie in der Trinkwasser-Installation so koordinieren, dass die Anforderungen der Anlage 4 für das gesamte Wasserversorgungsgebiet erfüllt werden. Der Probenahmeplan ist als Konzept zu begreifen, mit welchem die unterschiedlichen Probenmöglichkeiten bereits in der Planung berücksichtigt werden, da bei rückwirkender Auswahl die Forderung nach Repräsentativität nicht erfüllt werden kann. Durch die neuen Regelungen werden auch die sich aus der Richtlinie ergebenden Anforderungen zur Analysenhäufigkeit mit den Anforderungen an die Probenahmestellen verknüpft. Sind für ein ausgewiesenes und nicht durch Verwaltungsgrenzen beschriebenes Wasserversorgungsgebiet mehrere Gesundheitsämter zuständig, müssen sich diese zur Erfüllung der im § 19 TrinkwV 2011 beschriebenen Pflichten und bei der Aufstellung der Probenahmepläne absprechen.

Die Parameter, deren Konzentration sich in der Trinkwasser-Installation noch nachteilig ändern kann, müssen im Rahmen der Berichtspflichten am Zapfhahn des Verbrauchers bestimmt werden. Diese Analysen können daher hauptsächlich aus den Untersuchungsprogrammen nach § 19, Absatz 7 (Trinkwasser-Installationen der ständigen oder zeitweisen Wasserverteilung, öffentlich oder gewerblich) entstammen. Es können aber auch andere Proben am Zapfhahn von Verbrauchern im betreffenden Wasserversorgungsgebiet in den Probenahmeplan einbezogen werden, zudem sind in dem Probenahmeplan eines Wasserversorgungsgebiets alle Anlagen zu berücksichtigen. Im Klartext heißt das, dass beispielsweise in einem Versorgungsgebiet die gemäß den umfassenden Untersuchungen erforderlichen Kontrollen nach Anlage 2, Teil II entweder von dort ansässigen Betreibern öffentlicher oder gewerblicher Trinkwasser-Installationen in Auftrag gegeben werden müssten, oder dass die Proben im Auftrag des Wasserversorgers am Zapfhahn (und nicht an der Übergabestelle) entnommen werden müssen. Beide Varianten sind angesichts der verteilten Verantwortlichkeiten nicht problemlos. Untersuchungen von Eigenversorgungsanlagen (§ 3, Absatz 1, Nummer 2, c) dürfen nicht in den Probennahmeplan für ein Wasserversorgungsgebiet einbezogen werden. Ebenfalls nicht einbezogen werden dürfen Proben, die aufgrund von Nachforschungen oder Beschwerden zusätzlich analysiert werden, da diese dem Kriterium „Repräsentativität" entgegenlaufen.

Saisonal vorhersehbare Besonderheiten (z. B. Zeiten möglicher Starkregenereignisse oder Dürreperioden), die die Konzentration eines Parameters maßgeblich nachteilig beeinflussen könnten, müssen bereits bei der Erstellung des Probenahmeplans berücksichtigt werden. Dies gilt insbesondere dann, wenn wegen der geringen Anlagengröße nur wenige Analysen im Jahr durchgeführt werden.

Eine weitere Änderung ist aufgenommen worden, um formale Bedenken gegen die Unparteilichkeit von Laboratorien auszuräumen (früher in § 19 Absatz 2 geregelt).

§ 19, Absatz 3:

> *„(3) Soweit das Gesundheitsamt die Entnahme oder Untersuchung von Wasserproben nach Absatz 1 und 2 nicht selbst durchführt, beauftragt es hierfür eine vom Wasserversorgungsunternehmen unabhängige Untersuchungsstelle, die nicht bereits die Betreiberuntersuchung durchgeführt hat und welche die Anforderungen des § 15 Absatz 4 Satz 1 erfüllt. Die zuständige oberste Landesbehörde kann bestimmen, ob und welche über Satz 1 hinausgehenden Anforderungen das Gesundheitsamt für die Auftragsvergabe einer Überwachungsuntersuchung zu prüfen hat. Die Kosten für die Entnahme und Untersuchung von Wasserproben nach Satz 1 tragen der Unternehmer und der sonstige Inhaber der Wasserversorgungsanlage."*

In der **Abbildung 1** ist sind die verschiedenen Arten der Trinkwasseruntersuchungen dargestellt. Die beiden Kreuze verdeutlichen die Änderungen in der neuen TrinkwV 2011.

Generelle Praxis ist heutet, dass das Gesundheitsamt die Untersuchungen im Rahmen der amtlichen Überwachung der Wasserversorgungsanlagen nach § 19 nicht selbst durchführt. Bisher war es jedoch überwiegend so, dass in diesem Kontext der „Wasserwerks-Schau" keine zusätzlichen Untersuchungen durch das Gesundheitsamt in Auftrag gegeben wurden, sondern es erfolgte eine Überprüfung der Niederschriften über die Untersuchungen nach § 14, wenn bestimmte Vorbedingungen erfüllt waren. Derzeit wird noch immer diskutiert, wie diese neue 2-Labor-Regelung in die Praxis umgesetzt

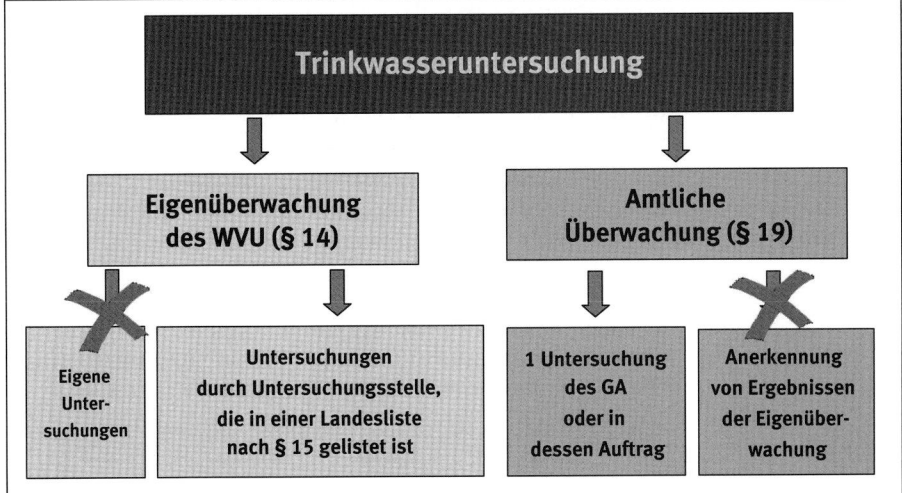

Abbildung 1: Übersicht über die verschiedenen Arten der Trinkwasseranalytik sowie deren Änderungen in der TrinkwV 2011 (nach Gerhardy, K., DVGW, 2010)

werden soll, wobei viele Wasserversorger und Behörden die Rege-lung für nicht sinnvoll erachten. Zudem ist zu besorgen, dass im Falle von öffentlichen Ausschreibungen, die nur über den Preis gehen, der Zweck einer unabhängigen, der Behörde dienenden Untersuchung nicht erfüllt wird.

Neue Anforderungen an die Wahl der Untersuchungsstellen   10.2

Neu ist nun, dass das Gesundheitsamt im Umfeld der Überwachung der Anlagen selbst eine unabhängige Untersuchungsstelle, welche die Anforderungen des § 15, Absatz 4, Satz 1 erfüllt, beauftragen muss. Diese Untersuchungsstelle darf aber nicht gleichzeitig die Untersuchungsstelle sein, welche bereits die Untersuchungen des Betreibers der Wasserversorgungsanlage durchgeführt hat oder durchführt. Weiterhin wird der zuständigen obersten Landesbehörde die Ermächtigung eingeräumt, das Gesundheitsamt zu beauftra-gen, bei der Auftragsvergabe einer Überwachungsuntersuchung zu prüfen, welche über Satz 1 hinausgehenden Anforderungen die Untersuchungsstelle für den jeweiligen Zweck erfüllen muss. Dann muss das örtliche Gesundheitsamt diese Anforderungen definieren. Dies bedarf wiederum einer stichhaltigen, fachlichen Begründung.

Bisher war es so, dass die zuständigen obersten Landesbehörden in der Regel Bedingungen für eine amtliche Bestellung von Laboratorien nach § 19, Absatz 2 TrinkwV 2001 für das ganze Land vorgegeben haben. Auch dadurch kam es schon zu Unterschieden in der Ausführung der Verordnung in den Ländern. Nun wird es in Zukunft sogar in Nachbarkreisen Unterschiede in den Anforderungen an die Laboratorien geben können. Dies ist nach Ansicht des Autors keine sinnvolle Regelung. Sie entspricht zudem nicht den europäischen Harmonisierungsbemühungen. Mit Spannung wird erwartet, wie diese neue Regelung in der Praxis etabliert werden wird und nach welchen Kriterien die Gesundheitsämter dadurch notwendig werdende Ausschreibungen und Beauftragungen durchführen. Die Kosten für die Untersuchungen trägt weiterhin der Wasserversorger, ohne dabei eine Wahl oder eine Einflussmöglichkeit zu haben.

Auch in § 20 TrinkwV 2011 (Anordnungen des Gesundheitsamtes) werden der zuständigen Behörde deutlich erweiterte Befugnisse erteilt, auf die Wahl des Laboratoriums und sonstiger technischer Belange oder gar auf das Untersuchungsverfahren einzuwirken. Besonders die Festlegung des für eine bestimmte Untersuchung am besten geeigneten Verfahrens dürfte die Behörden sicherlich überfordern. Dies wird in der Praxis kaum ohne eine sehr enge Abstimmung zwischen Behörde und Laboratorium möglich sein, weil die Behörden verständlicherweise keine tieferen Kenntnisse der methodischen Unterschiede verschiedener Verfahren besitzen. Auch die Anordnung einer bestimmten Untersuchungsstelle oder eines bestimmten Analysenverfahrens muss aus wettbewerbsrechtlichen und Kosten-Gründen stichhaltig begründet sein.

Resümee 11

Das Ziel des Gesetzgebers ist eine Verbesserung der Praktikabilität der Trinkwasserverordnung ohne Abstriche vom Gesundheitsschutz. Dieses Ziel wird ohne Zweifel hinsichtlich des sehr hohen, vorbeugenden Verbraucher- und Gesundheitsschutzes erreicht. Was die bessere Praktikabilität anbetrifft, so sind fallweise Zweifel angebracht, denn Komplexität der Regelungen und verschachtelte Darstellung von Sachverhalten wurden leider keiner Entschlackungskur unterzogen. Aber, könnten sie das überhaupt?

Teil B
Synopse der Trinkwasserverordnung vom
21. Mai 2001 und der Novellierten Fassung
der Trinkwasserverordnung vom 3. Mai 2011

Verordnung über die Qualität von Wasser für den menschlichen Gebrauch (Trinkwasserverordnung – TrinkwV 2001)

Vom 21.05.2001 (BGBl. I, S. 959),
die zuletzt durch Art. 363 der Verordnung
vom 31. Oktober 2006 (BGBl. I, S. 2407) geändert wurde.

Die Verordnung wurde als Artikel 1 der Verordnung vom 21.5.2001 (BGBl. I S. 959) vom Bundesministerium für Gesundheit, dem Bundesministerium für Verbraucherschutz, Ernährung und Landwirtschaft im Einvernehmen mit dem Bundesministerium für Wirtschaft und Technologie und dem Bundesministerium für Umwelt, Naturschutz und Reaktorsicherheit mit Zustimmung des Bundesrates erlassen. Sie tritt gem. Art. 3 Satz 1 dieser Verordnung mit Wirkung vom 1.1.2003 in Kraft.

1. Abschnitt
Allgemeine Vorschriften

§ 1
Zweck der Verordnung

Zweck der Verordnung ist es, die menschliche Gesundheit vor den nachteiligen Einflüssen, die sich aus der Verunreinigung von Wasser ergeben, das für den menschlichen Gebrauch bestimmt ist, durch Gewährleistung seiner Genusstauglichkeit und Reinheit nach Maßgabe der folgenden Vorschriften zu schützen.

§ 2
Anwendungsbereich

(1) Diese Verordnung regelt die Qualität von Wasser für den menschlichen Gebrauch.

Sie gilt nicht für

1. natürliches Mineralwasser im Sinne des § 2 der Mineral- und Tafelwasserverordnung vom 1. August 1984 (BGBl. I S. 1036), die zuletzt durch Artikel 2 § 1 der Verordnung vom 21. Mai 2001 (BGBl. I S. 959) geändert worden ist,
2. Heilwasser im Sinne des § 2 Abs. 1 des Arzneimittelgesetzes.

Verordnung über die Qualität von Wasser für den menschlichen Gebrauch (Trinkwasserverordnung – TrinkwV 2001)

vom 21. Mai 2001 (BGBl. I S. 959),
die zuletzt durch Artikel 1 der Verordnung
vom 3. Mai 2011 (BGBl. I S. 748) geändert worden ist

Diese Verordnung dient der Umsetzung der Richtlinie 98/83/EG des Rates über die Qualität von Wasser für den menschlichen Gebrauch vom 3. November 1998 (ABl. EG Nr. L 330 S. 32).

1. Abschnitt
Allgemeine Vorschriften

§ 1
Zweck der Verordnung

Zweck der Verordnung ist es, die menschliche Gesundheit vor den nachteiligen Einflüssen, die sich aus der Verunreinigung von Wasser ergeben, das für den menschlichen Gebrauch bestimmt ist, durch Gewährleistung seiner Genusstauglichkeit und Reinheit nach Maßgabe der folgenden Vorschriften zu schützen.

§ 2
Anwendungsbereich

(1) Diese Verordnung regelt die Qualität von Wasser für den menschlichen Gebrauch, im Folgenden als Trinkwasser bezeichnet.

Sie gilt nicht für

1. natürliches Mineralwasser im Sinne des § 2 der Mineral- und Tafelwasserverordnung,

2. Heilwasser im Sinne des § 2 Abs. 1 des Arzneimittelgesetzes,

3. Schwimm- und Badebeckenwasser,

4. Wasser, das sich in wasserführenden, an die Trinkwasser-Installation angeschlossenen Apparaten befindet, die

    a) entsprechend den allgemein anerkannten Regeln der Technik nicht Teil der Trinkwasser-Installation entsprechend den allgemein anerkannten Regeln der Technik sind und

(2) Für Anlagen und Wasser aus Anlagen, die zur Entnahme oder Abgabe von Wasser bestimmt sind, das nicht die Qualität von Wasser für den menschlichen Gebrauch hat, und die zusätzlich zu den Wasserversorgungsanlagen nach § 3 Nr. 2 im Haushalt verwendet werden, gilt diese Verordnung nur, soweit sie auf solche Anlagen ausdrücklich Bezug nimmt.

§ 3
Begriffsbestimmungen

Im Sinne dieser Verordnung

1. ist „Wasser für den menschlichen Gebrauch" „Trinkwasser" und „Wasser für Lebensmittelbetriebe". Dabei ist

a) „Trinkwasser" alles Wasser, im ursprünglichen Zustand oder nach Aufbereitung, das zum Trinken, zum Kochen, zur Zubereitung von Speisen und Getränken oder insbesondere zu den folgenden anderen häuslichen Zwecken bestimmt ist:
   - Körperpflege und -reinigung,
   - Reinigung von Gegenständen, die bestimmungsgemäß mit Lebensmitteln in Berührung kommen,
   - Reinigung von Gegenständen, die bestimmungsgemäß nicht nur vorübergehend mit dem menschlichen Körper in Kontakt kommen.

Dies gilt ungeachtet der Herkunft des Wassers, seines Aggregatzustandes und ungeachtet dessen, ob es für die Bereitstellung auf Leitungswegen, in Tankfahrzeugen, in Flaschen oder anderen Behältnissen bestimmt ist;

b) „Wasser für Lebensmittelbetriebe" alles Wasser, ungeachtet seiner Herkunft und seines Aggregatzustandes, das in einem Lebensmittelbetrieb für die Herstellung, Behandlung, Konservierung oder zum Inverkehrbringen von Erzeugnissen oder Substanzen, die für den menschlichen Gebrauch bestimmt sind, sowie zur Reinigung von Gegenständen und Anlagen, die bestimmungsgemäß mit Lebensmitteln in Berührung kommen können, verwendet wird, soweit die Qualität des verwendeten Wassers die Genusstauglichkeit des Enderzeugnisses beeinträchtigen kann;

b) mit einer den allgemein anerkannten Regeln der Technik entsprechenden Sicherungseinrichtung ausgerüstet sein müssen,
und das sich hinter einer Sicherungseinrichtung nach Buchstabe b
befindet.

(2) Für Anlagen und Wasser aus Anlagen, die zur Entnahme oder
Abgabe von Wasser bestimmt sind, das nicht die Qualität von Trinkwasser hat, und die zusätzlich zu den Wasserversorgungsanlagen
nach § 3 Nr. 2 installiert werden können, gilt diese Verordnung nur,
soweit sie darauf ausdrücklich Bezug nimmt.

§ 3
Begriffsbestimmungen

(1) Im Sinne dieser Verordnung

1. ist „Trinkwasser" für jeden Aggregatzustand des Wassers und
    ungeachtet dessen, ob es für die Bereitstellung auf Leitungswe-
    gen, in Wassertransport-Fahrzeugen oder verschlossenen Behält-
    nissen bestimmt ist,

    a) alles Wasser, im ursprünglichen Zustand oder nach Aufberei-
       tung, das zum Trinken, zum Kochen, zur Zubereitung von Spei-
       sen und Getränken oder insbesondere zu den folgenden ande-
       ren häuslichen Zwecken bestimmt ist:

       aa) Körperpflege und -reinigung,

       bb) Reinigung von Gegenständen, die bestimmungsgemäß
           mit Lebensmitteln in Berührung kommen,

       cc) Reinigung von Gegenständen, die bestimmungsgemäß
           nicht nur vorübergehend mit dem menschlichen Körper in
           Kontakt kommen,

    b) alles Wasser, das in einem Lebensmittelbetrieb verwendet
       wird für die Herstellung, Behandlung, Konservierung oder zum
       Inverkehrbringen von Erzeugnissen oder Substanzen, die für
       den menschlichen Gebrauch bestimmt sind, sofern die zustän-
       dige Behörde auf Grund eines Ausnahmetatbestands nach
       § 18 Absatz 1 Satz 3 nichts Gegenteiliges festlegt;

2. sind Wasserversorgungsanlagen

   a) Anlagen einschließlich des dazugehörenden Leitungsnetzes, aus denen auf festen Leitungswegen an Anschlussnehmer pro Jahr mehr als 1.000 cbm Wasser für den menschlichen Gebrauch abgegeben wird,

   b) Anlagen, aus denen pro Jahr höchstens 1.000 cbm Wasser für den menschlichen Gebrauch entnommen oder abgegeben wird (Kleinanlagen), sowie sonstige, nicht ortsfeste Anlagen,

   c) Anlagen der Hausinstallation, aus denen Wasser für den menschlichen Gebrauch aus einer Anlage nach Buchstabe a oder b an Verbraucher abgegeben wird;

3. sind Hausinstallationen
   die Gesamtheit der Rohrleitungen, Armaturen und Geräte, die sich zwischen dem Punkt der Entnahme von Wasser für den menschlichen Gebrauch und dem Punkt der Übergabe von Wasser aus einer Wasserversorgungsanlage nach Nummer 2 Buchstabe a oder b an den Verbraucher befinden;

2. sind „Wasserversorgungsanlagen"
   a) Anlagen einschließlich des dazugehörigen Leitungsnetzes, aus denen pro Tag mindestens 10 Kubikmeter Trinkwasser entnommen oder auf festen Leitungswegen an Zwischenabnehmer geliefert werden oder aus denen auf festen Leitungswegen Trinkwasser an mindestens 50 Personen abgegeben wird (zentrale Wasserwerke);
   b) Anlagen einschließlich des dazugehörigen Leitungsnetzes, aus denen pro Tag weniger als 10 Kubikmeter Trinkwasser im Rahmen einer gewerblichen oder öffentlichen Tätigkeit genutzt und an weniger als 50 Personen abgegeben werden (dezentrale kleine Wasserwerke);
   c) Anlagen einschließlich der dazugehörigen Trinkwasser-Installation, aus denen pro Tag weniger als 10 Kubikmeter Trinkwasser zur eigenen Nutzung entnommen werden (Kleinanlagen zur Eigenversorgung);
   d) Anlagen an Bord von Land-, Wasser- und Luftfahrzeugen und andere mobile Versorgungsanlagen einschließlich aller Rohrleitungen, Armaturen, Apparate sowie der Trinkwasservorratsbehälter (Wasserspeicher), die sich zwischen dem Punkt der Übernahme von Trinkwasser aus einer Anlage nach Buchstabe a, b oder Buchstabe f und dem Punkt der Entnahme des Trinkwassers befinden; bei an Bord betriebener Wassergewinnungsanlage ist diese ebenfalls mit eingeschlossen (mobile Versorgungsanlagen);
   e) Anlagen der Trinkwasser-Installation, aus denen Trinkwasser aus einer Anlage nach Buchstabe a oder Buchstabe b an Verbraucher abgegeben wird (ständige Wasserverteilung);
   f) Anlagen, aus denen Trinkwasser entnommen oder an Verbraucher abgegeben wird und die zeitweilig betrieben werden oder zeitweilig an eine Anlage nach Buchstabe a, b oder Buchstabe e angeschlossen sind (zeitweise Wasserverteilung);
3. ist „Trinkwasser-Installation"
   die Gesamtheit der Rohrleitungen, Armaturen und Apparate, die sich zwischen dem Punkt des Übergangs von Trinkwasser aus einer Wasserversorgungsanlage an den Nutzer und dem Punkt der Entnahme von Trinkwasser befinden;
4. ist „Wasserversorgungsgebiet"
   ein geographisch definiertes Gebiet, in dem das an Verbraucher oder an Zwischenabnehmer abgegebene Trinkwasser aus einem oder mehreren Wasservorkommen stammt, und in dem die erwartbare Trinkwasserqualität als nahezu einheitlich angesehen werden kann;

4. ist Gesundheitsamt
die nach Landesrecht für die Durchführung dieser Verordnung bestimmte und mit einem Amtsarzt besetzte Behörde;

5. ist zuständige Behörde
die von den Ländern auf Grund Landesrechts durch Rechtssatz bestimmte Behörde.

2. Abschnitt
Beschaffenheit des Wassers für den menschlichen Gebrauch

§ 4
Allgemeine Anforderungen

(1)   Wasser für den menschlichen Gebrauch muss frei von Krankheitserregern, genusstauglich und rein sein. Dieses Erfordernis gilt als erfüllt, wenn bei der Wassergewinnung, der Wasseraufbereitung und der Verteilung die allgemein anerkannten Regeln der Technik

5. ist „Gesundheitsamt"
   die nach Landesrecht für die Durchführung dieser Verordnung bestimmte und mit einem Amtsarzt besetzte Behörde;

6. ist „zuständige Behörde"
   die von den Ländern auf Grund Landesrechts durch Rechtssatz bestimmte Behörde;

7. ist „Rohwasser"
   Wasser, das mit einer Wassergewinnungsanlage der Ressource entnommen und unmittelbar zu Trinkwasser aufbereitet oder ohne Aufbereitung als Trinkwasser verteilt werden soll;

8. sind „Aufbereitungsstoffe"
   alle Stoffe, die bei der Gewinnung, Aufbereitung und Verteilung des Trinkwassers bis zur Entnahmestelle eingesetzt werden und durch die sich die Zusammensetzung des entnommenen Trinkwassers verändern kann;

9. ist „technischer Maßnahmenwert"
   ein Wert, bei dessen Erreichen oder Überschreitung eine von der Trinkwasser-Installation ausgehende vermeidbare Gesundheitsgefährdung zu besorgen ist und Maßnahmen zur hygienisch-technischen Überprüfung der Trinkwasser-Installation im Sinne einer Gefährdungsanalyse eingeleitet werden;

10. ist „gewerbliche Tätigkeit"
    die unmittelbare oder mittelbare, zielgerichtete Trinkwasserbereitstellung im Rahmen einer selbstständigen, regelmäßigen und in Gewinnerzielungsabsicht ausgeübten Tätigkeit;

11. ist „öffentliche Tätigkeit"
    die Trinkwasserbereitstellung für einen unbestimmten, wechselnden und nicht durch persönliche Beziehungen verbundenen Personenkreis.

(2)   Die durch diese Verordnung oder auf Grund dieser Verordnung festgelegten Werte, die einzuhalten sind, berücksichtigen die Messunsicherheiten der Analyse- und Probennahmeverfahren.

2. Abschnitt
Beschaffenheit des Wassers für den menschlichen Gebrauch
§ 4
Allgemeine Anforderungen

(1)   Trinkwasser muss so beschaffen sein, dass durch seinen Genuss oder Gebrauch eine Schädigung der menschlichen Gesundheit insbesondere durch Krankheitserreger nicht zu besorgen ist. Es muss rein und genusstauglich sein. Diese Anforderung gilt als erfüllt, wenn

eingehalten werden und das Wasser für den menschlichen Gebrauch den Anforderungen der §§ 5 bis 7 entspricht.

(2)   Der Unternehmer und der sonstige Inhaber einer Wasserversorgungsanlage dürfen Wasser, das den Anforderungen des § 5 Abs. 1 bis 3 und des § 6 Abs. 1 und 2 oder den nach § 9 oder § 10 zugelassenen Abweichungen nicht entspricht, nicht als Wasser für den menschlichen Gebrauch abgeben und anderen nicht zur Verfügung stellen.

(3)   Der Unternehmer und der sonstige Inhaber einer Wasserversorgungsanlage dürfen Wasser, das den Anforderungen des § 7 nicht entspricht, nicht als Wasser für den menschlichen Gebrauch abgeben und anderen nicht zur Verfügung stellen.

§ 5
Mikrobiologische Anforderungen

(1)   Im Wasser für den menschlichen Gebrauch dürfen Krankheitserreger im Sinne des § 2 Nr. 1 des Infektionsschutzgesetzes nicht in Konzentrationen enthalten sein, die eine Schädigung der menschlichen Gesundheit besorgen lassen.

(2)   Im Wasser für den menschlichen Gebrauch dürfen die in Anlage 1 Teil I festgesetzten Grenzwerte für mikrobiologische Parameter nicht überschritten werden.

(3)   Im Wasser für den menschlichen Gebrauch, das zum Zwecke der Abgabe in Flaschen oder sonstige Behältnisse abgefüllt wird, dürfen die in Anlage 1 Teil II festgesetzten Grenzwerte für mikrobiologische Parameter nicht überschritten werden.

(4)   Soweit der Unternehmer und der sonstige Inhaber einer Wasserversorgungs- oder Wassergewinnungsanlage oder ein von ihnen Beauftragter hinsichtlich mikrobieller Belastungen des Rohwassers Tatsachen feststellen, die zum Auftreten einer übertragbaren Krankheit führen können, oder annehmen, dass solche Tatsachen vorliegen, muss eine Aufbereitung, erforderlichenfalls unter Einschluss einer Desinfektion, nach den allgemein anerkannten Regeln der

bei der Wasseraufbereitung und der Wasserverteilung mindestens die allgemein anerkannten Regeln der Technik eingehalten werden und das Trinkwasser den Anforderungen der §§ 5 bis 7 entspricht.

(2) Der Unternehmer und der sonstige Inhaber einer Wasserversorgungsanlage dürfen Wasser, das den Anforderungen des § 5 Absatz 1 bis 3, des § 6 Absatz 1 und 2 oder den nach § 9 Absatz 5 und 6 geduldeten oder § 10 Absatz 1, 2, 5 und 6 zugelassenen Abweichungen von den in Anlage 2 festgelegten Grenzwerten nicht entspricht, nicht als Trinkwasser abgeben und anderen nicht zur Verfügung stellen.

(3) Der Unternehmer und der sonstige Inhaber einer Wasserversorgungsanlage dürfen Wasser, das den Anforderungen des § 7 oder den nach § 9 Absatz 5 und 6 geduldeten Abweichungen von den in Anlage 3 festgelegten Grenzwerten nicht entspricht, nicht als Trinkwasser abgeben und anderen nicht zur Verfügung stellen.

§ 5
Mikrobiologische Anforderungen

(1) Im Trinkwasser dürfen Krankheitserreger im Sinne des § 2 Nr. 1 des Infektionsschutzgesetzes, die durch Wasser übertragen werden können, nicht in Konzentrationen enthalten sein, die eine Schädigung der menschlichen Gesundheit besorgen lassen.

(2) Im Trinkwasser dürfen die in Anlage 1 Teil I festgelegten Grenzwerte für mikrobiologische Parameter nicht überschritten werden.

(3) Im Trinkwasser, das zur Abgabe in verschlossenen Behältnissen bestimmt ist, dürfen die in Anlage 1 Teil II festgelegten Grenzwerte für mikrobiologische Parameter nicht überschritten werden.

(4) Konzentrationen von Mikroorganismen, die das Trinkwasser verunreinigen oder seine Beschaffenheit nachteilig beeinflussen können, sollen so niedrig gehalten werden, wie dies nach den allgemein anerkannten Regeln der Technik mit vertretbarem Aufwand unter Berücksichtigung von Einzelfällen möglich ist.

(5) Soweit der Unternehmer und der sonstige Inhaber einer Wasserversorgungs- oder Wassergewinnungsanlage oder ein von ihnen Beauftragter hinsichtlich mikrobieller Belastungen des Rohwassers Tatsachen feststellen, die zum Auftreten einer übertragbaren Krankheit im Sinne des § 2 Nummer 3 des Infektionsschutzgesetzes führen können, oder annehmen, dass solche Tatsachen vorliegen, muss eine Aufbereitung, erforderlichenfalls unter Einschluss einer Desin-

Technik erfolgen. In Leitungsnetzen oder Teilen davon, in denen die Anforderungen nach Absatz 1 oder 2 nur durch Desinfektion eingehalten werden können, müssen der Unternehmer und der sonstige Inhaber einer Wasserversorgungsanlage eine hinreichende Desinfektionskapazität durch freies Chlor oder Chlordioxid vorhalten.

§ 6
Chemische Anforderungen

(1) Im Wasser für den menschlichen Gebrauch dürfen chemische Stoffe nicht in Konzentrationen enthalten sein, die eine Schädigung der menschlichen Gesundheit besorgen lassen.

(2) Im Wasser für den menschlichen Gebrauch dürfen die in Anlage 2 festgesetzten Grenzwerte für chemische Parameter nicht überschritten werden. Die lfd. Nr. 4 der Anlage 2 Teil I tritt am 1. Januar 2008 in Kraft. Vom 1. Januar 2003 bis zum 31. Dezember 2007 gilt der Grenzwert von 0,025 mg/l. Die lfd. Nr. 4 der Anlage 2 Teil II tritt am 1. Dezember 2013 in Kraft; vom 1. Dezember 2003 bis zum 30. November 2013 gilt der Grenzwert von 0,025 mg/l; vom 1. Januar 2003 bis zum 30. November 2003 gilt der Grenzwert von 0,04 mg/l.

(3) Konzentrationen von chemischen Stoffen, die das Wasser für den menschlichen Gebrauch verunreinigen oder seine Beschaffenheit nachteilig beeinflussen können, sollen so niedrig gehalten werden, wie dies nach den allgemein anerkannten Regeln der Technik mit vertretbarem Aufwand unter Berücksichtigung der Umstände des Einzelfalles möglich ist.

§ 7
Indikatorparameter

Im Wasser für den menschlichen Gebrauch müssen die in Anlage 3 festgelegten Grenzwerte und Anforderungen für Indikatorparameter eingehalten sein. Die lfd. Nrn. 19 und 20 der Anlage 3 treten am 1. Dezember 2003 in Kraft.

fektion, nach den allgemein anerkannten Regeln der Technik unter Beachtung von § 6 Absatz 3 erfolgen. In Leitungsnetzen oder Teilen davon, in denen die Anforderungen nach Absatz 1 oder 2 nur durch Desinfektion eingehalten werden können, müssen der Unternehmer und der sonstige Inhaber einer Wasserversorgungsanlage nach § 3 Nummer 2 Buchstabe a und b, oder, sofern die Trinkwasserbereitstellung im Rahmen einer gewerblichen oder öffentlichen Tätigkeit erfolgt, nach Buchstabe d oder Buchstabe f eine hinreichende Desinfektionskapazität durch freies Chlor, Chlordioxid oder andere geeignete Desinfektionsmittel oder -verfahren, die gemäß § 11 in einer Liste des Umweltbundesamtes aufgeführt sind, vorhalten.

§ 6
Chemische Anforderungen

(1) Im Trinkwasser dürfen chemische Stoffe nicht in Konzentrationen enthalten sein, die eine Schädigung der menschlichen Gesundheit besorgen lassen.

(2) Im Trinkwasser dürfen die in Anlage 2 festgesetzten Grenzwerte für chemische Parameter nicht überschritten werden. Die laufende Nummer 4 der Anlage 2 Teil II ist ab dem 1. Dezember 2013 anzuwenden; bis zum 30. November 2013 gilt der Grenzwert von 0,025 Milligramm pro Liter. Die lfd. Nr. 4 der Anlage 2 Teil II tritt am 1. Dezember 2013 in Kraft; vom 1. Dezember 2003 bis zum 30. November 2013 gilt der Grenzwert von 0,025 mg/l; vom 1. Januar 2003 bis zum 30. November 2003 gilt der Grenzwert von 0,04 mg/l.*

(3) Konzentrationen von chemischen Stoffen, die das Trinkwasser verunreinigen oder seine Beschaffenheit nachteilig beeinflussen können, sollen so niedrig gehalten werden, wie dies nach den allgemein anerkannten Regeln der Technik mit vertretbarem Aufwand unter Berücksichtigung von Einzelfällen möglich ist.

§ 7
Indikatorparameter

(1) Im Trinkwasser müssen die in Anlage 3 festgelegten Grenzwerte und Anforderungen für Indikatorparameter eingehalten sein.

(2) Im Trinkwasser, das zur Abgabe in verschlossenen Behältnissen bestimmt ist, darf der in Anlage 3 Teil I laufende Nummer 5 festgelegte Grenzwert nicht überschritten werden.

---

* Redaktionelle Anmerkung: § 6 Absatz 2 Satz 3 sollte vermutlich aufgehoben werden. Der Inhalt hat so keinen Sinn!

§ 8
Stelle der Einhaltung

Die nach § 5 Abs. 2 und § 6 Abs. 2 festgesetzten Grenzwerte sowie die nach § 7 festgelegten Grenzwerte und Anforderungen müssen eingehalten sein

1. bei Wasser, das auf Grundstücken oder in Gebäuden und Einrichtungen oder in Wasser-, Luft- oder Landfahrzeugen auf Leitungswegen bereitgestellt wird, am Austritt aus denjenigen Zapfstellen, die der Entnahme von Wasser für den menschlichen Gebrauch dienen,

2. bei Wasser aus Tankfahrzeugen an der Entnahmestelle am Tankfahrzeug,

3. bei Wasser, das in Flaschen oder andere Behältnisse abgefüllt und zur Abgabe bestimmt ist, am Punkt der Abfüllung,

4. bei Wasser, das in einem Lebensmittelbetrieb verwendet wird, an der Stelle der Verwendung des Wassers im Betrieb.

§ 9
Maßnahmen im Falle der Nichteinhaltung von Grenzwerten und Anforderungen

(1) Wird dem Gesundheitsamt bekannt, dass im Wasser aus einer Wasserversorgungsanlage im Sinne von § 3 Nr. 2 Buchstabe a, b oder c, sofern daraus Wasser für die Öffentlichkeit im Sinne des § 18 Abs. 1 bereitgestellt wird, die nach § 5 Abs. 2 oder § 6 Abs. 2 festgesetzten Grenzwerte nicht eingehalten werden oder die Anforderungen des § 5 Abs. 1 oder § 6 Abs. 1 oder die Grenzwerte und Anforderungen des § 7 nicht erfüllt sind, hat es unverzüglich zu entscheiden, ob die Nichteinhaltung oder Nichterfüllung eine Gefährdung der menschlichen Gesundheit der betroffenen Verbraucher besorgen lässt und ob die betroffene Wasserversorgung bis auf weiteres weitergeführt werden kann. Dabei hat es auch die Gefahren zu berücksichtigen, die für die menschliche Gesundheit durch eine Unterbrechung der Bereitstellung oder durch eine Einschränkung der Verwendung des Wassers für den menschlichen Gebrauch entstehen würden. Das Gesundheitsamt unterrichtet den Unternehmer und den sonstigen Inhaber der betroffenen Wasserversorgungsanlage unverzüglich über seine Entscheidung und ordnet die zur Abwendung

§ 8
Stelle der Einhaltung

Die nach § 5 Absatz 2 und 3 sowie § 6 Absatz 2 festgelegten Grenzwerte sowie die nach § 7 festgelegten Grenzwerte und Anforderungen gelten

1. bei Trinkwasser, das auf Grundstücken oder in Gebäuden und
   Einrichtungen oder in Land-, Wasser- oder Luftfahrzeugen auf Leitungswegen bereitgestellt wird, am Austritt aus denjenigen Zapfstellen, die sich in einer Trinkwasser-Installation befinden und
   die der Entnahme von Trinkwasser dienen,

2. bei Trinkwasser in einem an die Trinkwasser-Installation angeschlossenen Apparat, der entsprechend den allgemein anerkannten Regeln der Technik nicht Teil der Trinkwasser-Installation ist,
   an der nach den allgemein anerkannten Regeln der Technik notwendigen Sicherungseinrichtung,

3. bei Trinkwasser aus Wassertransport-Fahrzeugen an der Entnahmestelle am Fahrzeug,

4. bei Trinkwasser, das zur Abgabe in verschlossenen Behältnissen
   bestimmt ist, am Punkt der Abfüllung.

§ 9
Maßnahmen im Falle der Nichteinhaltung von Grenzwerten, der Nichterfüllung von Anforderungen sowie des Erreichens oder der Überschreitung von technischen Maßnahmenwerten

(1) Wird dem Gesundheitsamt bekannt, dass in einem Wasserversorgungsgebiet die in den §§ 5 bis 7 in Verbindung mit den Anlagen
1 bis 3 festgelegten Grenzwerte nicht eingehalten oder die Anforderungen nicht erfüllt sind, hat es unverzüglich zu entscheiden, ob
dadurch die Gesundheit der betroffenen Verbraucher gefährdet ist
und ob die betroffene Wasserversorgungsanlage oder Teile davon
bis auf Weiteres weiterbetrieben werden können. Dabei hat es auch
die Gefahren zu berücksichtigen, die für die menschliche Gesundheit entstehen würden, wenn die Bereitstellung von Trinkwasser
unterbrochen oder seine Entnahme oder Verwendung eingeschränkt
würde. Das Gesundheitsamt informiert den Unternehmer oder den
sonstigen Inhaber der verursachenden Wasserversorgungsanlagen
unverzüglich über seine Entscheidung und ordnet Maßnahmen an,
die zur Abwendung der Gefahr für die menschliche Gesundheit erforderlich sind. Ist die Ursache der Nichteinhaltung oder Nichterfüllung
unbekannt, ordnet das Gesundheitsamt eine unverzügliche Untersuchung an oder führt sie selbst durch. Ist die Ursache der Nichtein-

der Gefahr für die menschliche Gesundheit erforderlichen Maßnahmen an. In allen Fällen, in denen die Ursache der Nichteinhaltung oder Nichterfüllung unbekannt ist, ordnet das Gesundheitsamt eine unverzügliche entsprechende Untersuchung an oder führt sie selbst durch.

(2)   Ist eine Gefährdung der menschlichen Gesundheit zu besorgen, so ordnet das Gesundheitsamt an, dass der Unternehmer oder der sonstige Inhaber einer Wasserversorgungsanlage für eine anderweitige Versorgung zu sorgen hat. Ist dies dem Unternehmer oder dem sonstigen Inhaber einer Wasserversorgungsanlage auf zumutbare Weise nicht möglich, so prüft das Gesundheitsamt, ob eine Weiterführung der betroffenen Wasserversorgung mit bestimmten Auflagen gestattet werden kann und ordnet die insoweit erforderlichen Maßnahmen an.

(3)   Lässt sich eine Gefährdung der menschlichen Gesundheit auch durch Anordnungen oder Auflagen nach Absatz 2 nicht ausschließen, ordnet das Gesundheitsamt die Unterbrechung der betroffenen Wasserversorgung an. Die Wasserversorgung ist in betroffenen Leitungsnetzen oder Teilen davon sofort zu unterbrechen, wenn das Wasser im Leitungsnetz mit Krankheitserregern im Sinne des § 5 in Konzentrationen verunreinigt ist, die eine akute Schädigung der menschlichen Gesundheit erwarten lassen und keine Möglichkeit zur hinreichenden Desinfektion des verunreinigten Wassers mit Chlor oder Chlordioxid besteht, oder wenn es durch chemische Stoffe in Konzentrationen verunreinigt ist, die eine akute Schädigung der menschlichen Gesundheit erwarten lassen.

(4)   Das Gesundheitsamt ordnet in allen Fällen der Nichteinhaltung eines der nach § 5 Abs. 2 oder § 6 Abs. 2 festgesetzten Grenzwerte oder der Nichterfüllung der Anforderungen des § 5 Abs. 1 oder § 6 Abs. 1 oder der Grenzwerte und Anforderungen des § 7 an, dass unverzüglich die notwendigen Abhilfemaßnahmen zur Wiederher-

haltung oder Nichterfüllung auf eine Wasserversorgungsanlage nach
§ 3 Nummer 2 Buchstabe e zurückzuführen, gilt Absatz 7.

(2) Ist eine Gefährdung der menschlichen Gesundheit in einem
Wasserversorgungsgebiet zu besorgen, so ordnet das Gesundheitsamt an, dass der Unternehmer oder der sonstige Inhaber der betroffenen Wasserversorgungsanlage für eine anderweitige Versorgung
zu sorgen hat. Ist dies dem Unternehmer und dem sonstigen Inhaber
der Wasserversorgungsanlage nicht auf zumutbare Weise möglich,
so prüft das Gesundheitsamt, ob eine Fortsetzung der betroffenen
Wasserversorgung mit bestimmten Auflagen gestattet werden kann,
und ordnet die erforderlichen Maßnahmen an. § 10 Absatz 8 gilt entsprechend.

(3) Lässt sich eine Gefährdung der menschlichen Gesundheit auch
durch Anordnungen oder Auflagen nach Absatz 2 nicht ausschließen,
ordnet das Gesundheitsamt an, den Betrieb der betroffenen Wasserversorgungsanlage in einem Wasserversorgungsgebiet zu unterbrechen. Die Wasserversorgung ist in betroffenen Leitungsnetzen oder
Teilen davon sofort zu unterbrechen,

1. wenn das Trinkwasser im Leitungsnetz mit Krankheitserregern im
   Sinne des § 5 in Konzentrationen verunreinigt ist, die unmittelbar
   eine Schädigung der menschlichen Gesundheit erwarten lassen,
   und

2. keine Möglichkeit besteht, das verunreinigte Wasser entsprechend § 5 Absatz 5 hinreichend zu desinfizieren, oder

3. wenn es durch chemische Stoffe in Konzentrationen verunreinigt ist, die eine akute Schädigung der menschlichen Gesundheit erwarten lassen. Die Unterbrechung des Betriebes und die
   Wiederinbetriebnahme der in einem Wasserversorgungsgebiet
   betroffenen Wasserversorgungsanlage haben unter Beachtung
   der allgemein anerkannten Regeln der Technik zu erfolgen. Von
   den Sätzen 1 und 2 kann bei gleichzeitiger Verwendungseinschränkung des Trinkwassers nur dann abgewichen werden,
   wenn dies erforderlich ist, um die öffentliche Sicherheit aufrecht-
   zuerhalten.

(4) Das Gesundheitsamt ordnet bei Nichteinhaltung oder Nichterfüllung der in den §§ 5 und 6 festgelegten Grenzwerte oder Anforderungen unverzüglich an, dass unverzüglich die notwendigen Maßnahmen zur Wiederherstellung der Trinkwasserqualität getroffen
werden und dass deren Durchführung vorrangig ist. Die Dringlichkeit

stellung der Wasserqualität getroffen werden und dass deren Durchführung Vorrang erhält. Die Dringlichkeit der Abhilfemaßnahmen richtet sich nach dem Ausmaß der Überschreitung der entsprechenden Grenzwerte und dem Grad der Gefährdung der menschlichen Gesundheit.

dieser Maßnahmen richtet sich nach dem Grad der Gefährdung der menschlichen Gesundheit und der öffentlichen Sicherheit. Bei Nichteinhaltung oder Nichterfüllung der in § 6 festgelegten Grenzwerte oder Anforderungen für eine Anlage nach § 3 Nummer 2 Buchstabe c kann das Gesundheitsamt nach Prüfung im Einzelfall und nach Zustimmung der zuständigen obersten Landesbehörde oder einer von dieser benannten Stelle von der Anordnung von Maßnahmen absehen, soweit diese unverhältnismäßig wären und eine Gefährdung der menschlichen Gesundheit ausgeschlossen werden kann.

(5) Bei Nichteinhaltung oder Nichterfüllung der in § 7 festgelegten Grenzwerte oder Anforderungen ordnet das Gesundheitsamt Maßnahmen zur Wiederherstellung der Qualität des Trinkwassers an. Das Gesundheitsamt kann nach Prüfung im Einzelfall von der Anordnung von Maßnahmen absehen, wenn eine Gefährdung der menschlichen Gesundheit nicht zu besorgen ist, die Reinheit und Genusstauglichkeit nicht beeinträchtigt und Auswirkungen auf die eingesetzten Materialien nicht zu erwarten sind. Das Gesundheitsamt legt fest, bis zu welchem Wert und für welchen Zeitraum die Nichteinhaltung oder Nichterfüllung geduldet wird. Die Absätze 8 und 9 bleiben unberührt.

(6) Wird dem Gesundheitsamt bekannt, dass in einem Wasserversorgungsgebiet Mikroorganismen oder chemische Stoffe vorkommen, die eine Gefährdung der menschlichen Gesundheit besorgen lassen und für die in den Anlagen 1 und 2 kein Grenzwert aufgeführt ist, legt das Gesundheitsamt unter Beachtung von § 5 Absatz 1 und § 6 Absatz 1 fest, bis zu welchen Konzentrationen und für welchen Zeitraum diese Mikroorganismen oder chemischen Stoffe im Trinkwasser enthalten sein dürfen. Absatz 7 bleibt unberührt.

(7) Werden Tatsachen bekannt, wonach eine Nichteinhaltung oder Nichterfüllung der in den §§ 5 bis 7 festgelegten Grenzwerte oder Anforderungen auf die Trinkwasser-Installation oder deren unzulängliche Instandhaltung zurückzuführen ist, so ordnet das Gesundheitsamt an, dass

1. geeignete Maßnahmen zu ergreifen sind, um die aus der Nichteinhaltung oder Nichterfüllung möglicherweise resultierenden gesundheitlichen Gefahren zu beseitigen oder zu verringern, und

2. die betroffenen Verbraucher über mögliche, in ihrer eigenen Verantwortung liegende zusätzliche Maßnahmen oder Verwendungseinschränkungen des Trinkwassers, die sie vornehmen sollten, angemessen zu informieren und zu beraten sind.

(5) Gelangt das Gesundheitsamt bei der Prüfung nach Absatz 1 Satz 1 zu dem Ergebnis, dass eine Abweichung für die Gesundheit der betroffenen Verbraucher unbedenklich ist und durch Abhilfemaßnahmen gemäß Absatz 4 innerhalb von höchstens 30 Tagen behoben werden kann, legt es den während dieses Zeitraums zulässigen Wert für den betreffenden Parameter sowie die zur Behebung der Abweichung eingeräumte Frist fest. Satz 1 gilt nicht für Parameter der Anlage 1 Teil I lfd. Nr. 1 und 2 und nicht, wenn der betreffende Grenzwert nach Anlage 1 Teil I lfd. Nr. 3 oder nach Anlage 2 bereits während der der Prüfung vorangegangenen zwölf Monate über insgesamt mehr als 30 Tage nicht eingehalten worden ist.

(6) Gelangt das Gesundheitsamt bei den Prüfungen nach Absatz 1 zu dem Ergebnis, dass die Nichteinhaltung einer der nach § 6 Abs. 2 festgesetzten Grenzwerte für chemische Parameter nicht durch Abhilfemaßnahmen innerhalb von 30 Tagen behoben werden kann, die Weiterführung der Wasserversorgung für eine bestimmte Zeit über diesen Zeitraum hinaus nicht zu einer Gefährdung der menschlichen Gesundheit führt und die Wasserversorgung in dem betroffenen Gebiet nicht auf andere zumutbare Weise aufrechterhalten werden kann, kann es zulassen, dass von dem betroffenen Grenzwert in einer

Bei Wasserversorgungsanlagen nach § 3 Nummer 2 Buchstabe e, die nicht im Rahmen einer öffentlichen Tätigkeit betrieben werden, kann das Gesundheitsamt dies anordnen. Zu Zwecken des Satzes 1 hat das Gesundheitsamt den Unternehmer oder den sonstigen Inhaber der Anlage der Trinkwasser-Installation über mögliche Maßnahmen zu beraten.

(8) Wird dem Gesundheitsamt bekannt, dass der nach § 7 Absatz 1 in Verbindung mit § 14 Absatz 3 festgelegte technische Maßnahmenwert erreicht oder überschritten wird, kann es den Unternehmer oder den sonstigen Inhaber der Trinkwasser-Installation anweisen, unverzüglich, spätestens innerhalb von 30 Tagen, eine Ortsbesichtigung durchzuführen oder durchführen zu lassen. Im Zusammenhang damit hat er eine Gefährdungsanalyse und Überprüfung zu veranlassen, ob mindestens die allgemein anerkannten Regeln der Technik eingehalten werden. Die Ortsbesichtigung ist zu dokumentieren. Das Gesundheitsamt prüft, ob und in welchem Zeitraum Maßnahmen zu ergreifen sind, und ordnet diese gegebenenfalls an.

(9) Für Wasserversorgungsanlagen nach § 3 Nummer 2 Buchstabe c gelten die Absätze 1 bis 7 entsprechend.

§ 10
Zulassung der Abweichung von Grenzwerten für chemische Parameter

(1) Gelangt das Gesundheitsamt bei der Prüfung nach § 9 Absatz 1 Satz 1 zu dem Ergebnis, dass eine Abweichung vom Grenzwert eines Parameters nach Anlage 2 nicht zu einer Gefährdung der menschlichen Gesundheit führt und durch Maßnahmen gemäß § 9 Absatz 4 innerhalb von höchstens 30 Tagen behoben werden kann, legt es den Wert, der für diesen Parameter während dieses Zeitraums zulässig ist, sowie die Frist fest, die zur Behebung der Abweichung eingeräumt ist. Satz 1 gilt nicht, wenn der betreffende Grenzwert bereits während der zwölf Monate, die der Prüfung vorangegangen sind, über insgesamt mehr als 30 Tage nicht eingehalten worden ist.

(2) Das Gesundheitsamt legt fest, in welcher Höhe und für welchen Zeitraum von dem betroffenen Grenzwert abgewichen werden kann, wenn es bei den Prüfungen nach § 9 Absatz 1 zu dem Ergebnis gelangt, dass

1. die Gründe für die Nichteinhaltung eines Grenzwertes für einen Parameter nach Anlage 2 nicht durch Maßnahmen innerhalb von 30 Tagen behoben werden können,

von dem Gesundheitsamt festzusetzenden Höhe während eines von ihm festzulegenden Zeitraums abgewichen werden kann. Die Zulassung der Abweichung ist so kurz wie möglich zu befristen und darf drei Jahre nicht überschreiten. Bei Wasserversorgungsanlagen im Sinne von § 3 Nr. 2 Buchstabe a unterrichtet das Gesundheitsamt auf dem Dienstweg das Bundesministerium für Gesundheit oder eine von diesem benannte Stelle über die getroffene Entscheidung.

(7) Vor Ablauf des zugelassenen Abweichungszeitraums prüft das Gesundheitsamt, ob der betroffenen Abweichung mit geeigneten Maßnahmen abgeholfen wurde. Ist dies nicht der Fall, kann das Gesundheitsamt nach Zustimmung der zuständigen obersten Landesbehörde oder einer von ihr benannten Stelle die Abweichung nochmals für höchstens drei Jahre zulassen. Bei Wasserversorgungsanlagen im Sinne von § 3 Nr. 2 Buchstabe a unterrichtet die zuständige oberste Landesbehörde das Bundesministerium für Gesundheit oder eine von diesem benannte Stelle über die Gründe für die weitere Zulassung.

(8) Unter außergewöhnlichen Umständen kann die zuständige oberste Landesbehörde oder eine von ihr benannte Stelle auf Ersuchen des Gesundheitsamtes dem Bundesministerium für Gesundheit oder einer von diesem benannten Stelle für Wasserversorgungsanlagen im Sinne von § 3 Nr. 2 Buchstabe a spätestens fünf Monate vor Ablauf des zugelassenen zweiten Abweichungszeitraums mitteilen, dass die Beantragung einer dritten Zulassung einer Abweichung für höchstens drei Jahre bei der Kommission der Europäischen Gemeinschaften erforderlich ist. Für Wasserversorgungsanlagen im Sinne

2. die Weiterführung der Wasserversorgung für eine bestimmte Zeit über diesen Zeitraum hinaus nicht zu einer Gefährdung der menschlichen Gesundheit führt und

3. die Wasserversorgung in dem betroffenen Teil des Wasserversorgungsgebietes nicht auf andere zumutbare Weise aufrechterhalten werden kann. Der Unternehmer oder der sonstige Inhaber der verursachenden Wasserversorgungsanlage wird umgehend über die Entscheidung informiert.

(3) Die Zulassung der Abweichung nach Absatz 2 ist so kurz wie möglich zu befristen und darf drei Jahre nicht überschreiten. Bei Wasserversorgungsgebieten, in denen mehr als 1 000 Kubikmeter pro Tag geliefert oder mehr als 5 000 Personen versorgt werden, unterrichtet das Gesundheitsamt auf dem Dienstweg innerhalb von sechs Wochen das Bundesministerium für Gesundheit oder eine von diesem benannte Stelle über die Entscheidung.

(4) Absatz 2 gilt nicht für Trinkwasser, das zur Abgabe in Behältnissen bestimmt ist, außer wenn dieses zeitlich begrenzt bis zur Wiederherstellung der regulären Wasserversorgung als Ersatz für eine leitungsgebundene Wasserversorgung an Verbraucher abgegeben wird.

(5) Vor Ablauf des zugelassenen Abweichungszeitraums prüft das Gesundheitsamt, ob geeignete Maßnahmen getroffen wurden, durch die der Parameter sich wieder in einem zulässigen Wertebereich befindet. Ist dies nicht der Fall, kann das Gesundheitsamt nach Zustimmung der zuständigen obersten Landesbehörde oder einer von dieser benannten Stelle eine Abweichung nochmals für höchstens drei Jahre zulassen. Bei Wasserversorgungsgebieten, in denen mehr als 10 Kubikmeter pro Tag geliefert oder mehr als 50 Personen versorgt werden, unterrichtet das Gesundheitsamt auf dem Dienstweg das Bundesministerium für Gesundheit oder eine von diesem benannte Stelle innerhalb von sechs Wochen nach der erneuten Zulassung über die Gründe für diese Zulassung.

(6) Unter außergewöhnlichen Umständen kann das Gesundheitsamt für Wasserversorgungsgebiete, in denen mehr als 10 Kubikmeter pro Tag geliefert oder mehr als 50 Personen versorgt werden, dem Bundesministerium für Gesundheit oder einer von diesem benannten Stelle auf dem Dienstweg spätestens fünf Monate vor Ablauf des zugelassenen zweiten Abweichungszeitraums mitteilen, dass es erforderlich ist, eine dritte Zulassung für eine Abweichung für höchstens drei Jahre bei der Europäischen Kommission zu beantragen. Für Wasserversorgungsgebiete, in denen höchstens 10 Kubikmeter pro

von § 3 Nr. 2 Buchstabe b und c kann die oberste Landesbehörde oder eine von ihr benannte Stelle einen dritten Abweichungszeitraum von höchstens drei Jahren zulassen. Das Bundesministerium für Gesundheit ist hierüber innerhalb eines Monats zu unterrichten.

(9) Die Absätze 6 bis 8 gelten für die Zulassung von Abweichungen von den Grenzwerten und Anforderungen des § 7 entsprechend mit der Maßgabe, dass das Gesundheitsamt die zuständige oberste Landesbehörde über die erste und zweite erteilte Zulassung zu unterrichten hat, und dass für die dritte Zulassung die Zustimmung der zuständigen obersten Landesbehörde erforderlich ist.

(10) Die Zulassungen nach den Absätzen 6 und 7 Satz 2 sowie die entsprechenden Mitteilungen an das Bundesministerium für Gesundheit und die Mitteilungen nach Absatz 8 müssen mindestens die folgenden Feststellungen enthalten:

1. Grund für die Nichteinhaltung des betreffenden Grenzwertes;
2. frühere einschlägige Überwachungsergebnisse;
3. geographisches Gebiet, gelieferte Wassermenge pro Tag, betroffene Bevölkerung und die Angabe, ob relevante Lebensmittelbetriebe betroffen sind oder nicht;
4. geeignetes Überwachungsprogramm, erforderlichenfalls mit einer erhöhten Überwachungshäufigkeit;
5. Zusammenfassung des Plans für die notwendigen Abhilfemaßnahmen mit einem Zeitplan für die Arbeiten, einer Vorausschätzung der Kosten und mit Bestimmungen zur Überprüfung;
6. erforderliche Dauer der Abweichung und der für die Abweichung vorgesehene höchstzulässige Wert für den betreffenden Parameter.

Tag geliefert oder höchstens 50 Personen versorgt werden, kann die oberste Landesbehörde oder eine von ihr benannte Stelle einen dritten Abweichungszeitraum von höchstens drei Jahren zulassen.

(7)   Die Zulassungen nach den Absätzen 2 und 5 sowie die Mitteilung nach Absatz 6 an das Bundesministerium für Gesundheit müssen mindestens Folgendes enthalten:

1. die Kennzeichnung und geografische Beschreibung des Wasserversorgungsgebietes, die gelieferte Trinkwassermenge pro Tag und die Anzahl der belieferten Personen;
2. den Grund für die Nichteinhaltung des betreffenden Grenzwertes;
3. die Überwachungsergebnisse aus den letzten drei Jahren (Minimal-, Median- und Maximalwerte);
4. die Anzahl der betroffenen Personen und die Angabe, ob relevante Lebensmittelbetriebe betroffen sind oder nicht;
5. ein geeignetes Überwachungsprogramm, erforderlichenfalls mit einer erhöhten Überwachungshäufigkeit;
6. eine Zusammenfassung der notwendigen Maßnahmen mit einem Zeitplan für die Arbeiten, einer Schätzung der Kosten und mit Bestimmungen zur Überprüfung;
7. die erforderliche Dauer der Abweichung und den für die Abweichung vorgesehenen höchstzulässigen Wert für den betreffenden Parameter. Die Mitteilungen erfolgen in dem von der Europäischen Kommission nach Artikel 13 Absatz 4 der Richtlinie 98/83/EG des Rates vom 3. November 1998 über die Qualität von Wasser für den menschlichen Gebrauch (ABl. L 330 vom 5.12.1998, S. 32) festgelegten Format und mit den dort genannten Mindestinformationen in der vom Bundesministerium für Gesundheit nach Beteiligung der Länder mitgeteilten Form. Darüber hinausgehende Formatvorgaben durch das Bundesministerium für Gesundheit, insbesondere für einheitliche EDV-Verfahren, bedürfen der Zustimmung des Bundesrates.

(11) Das Gesundheitsamt hat bei der Zulassung von Abweichungen oder der Einschränkung der Verwendung von Wasser für den menschlichen Gebrauch durch entsprechende Anordnung sicherzustellen, dass die von der Abweichung oder Verwendungseinschränkung betroffene Bevölkerung von dem Unternehmer und dem sonstigen Inhaber einer Wasserversorgungsanlage oder von der zuständigen Behörde unverzüglich und angemessen über diese Maßnahmen und die damit verbundenen Bedingungen in Kenntnis gesetzt sowie gegebenenfalls auf mögliche eigene Schutzmaßnahmen hingewiesen wird. Außerdem hat das Gesundheitsamt sicherzustellen, dass bestimmte Bevölkerungsgruppen, für die die Abweichung eine besondere Gefahr bedeuten könnte, entsprechend informiert und gegebenenfalls auf mögliche eigene Schutzmaßnahmen hingewiesen werden.

(12) Die Absätze 1 bis 11 gelten nicht für Wasser für den menschlichen Gebrauch, das zur Abgabe in Flaschen oder anderen Behältnissen bestimmt ist.

§ 10
Besondere Abweichungen für Wasser für Lebensmittelbetriebe

(1) Die zuständige Behörde kann für bestimmte Lebensmittelbetriebe zulassen, dass für bestimmte Zwecke Wasser verwendet wird, das nicht die Qualitätsanforderungen der §§ 5 bis 7 oder § 11 Abs. 1 erfüllt, soweit sichergestellt ist, dass die in dem Betrieb hergestellten oder behandelten Lebensmittel durch die Verwendung des Wassers nicht derart beeinträchtigt werden, dass durch ihren Genuss eine Schädigung der menschlichen Gesundheit zu besorgen ist. Dies gilt insbesondere für das Gewinnen von Lebensmitteln in landwirtschaftlichen Betrieben. Die zuständige Behörde kann anordnen, dass dieses Wasser in mikrobiologischer Hinsicht oder auf bestimmte Stoffe der Anlage 2 in bestimmten Zeitabständen zu untersuchen ist.

(2) Abweichend von Absatz 1 darf auf Fischereifahrzeugen zur Bearbeitung des Fanges und zur Reinigung der Arbeitsgeräte Meerwasser verwendet werden, wenn sich das Fischereifahrzeug nicht im Bereich eines Hafens oder eines Flusses einschließlich des Mündungsgebietes befindet. Die zuständige Behörde kann für bestimmte Teile der Küstengewässer die Verwendung von Meerwasser für die in Satz 1 genannten Zwecke verbieten, wenn die Gefahr besteht, dass die gefangenen Fische, Schalen- oder Krustentiere derart beeinträchtigt werden, dass durch ihren Genuss die menschliche Gesundheit geschädigt werden kann. Zur Herstellung von Eis darf nur Wasser mit der Beschaffenheit von Wasser für den menschlichen Gebrauch verwendet werden.

(8)   Das Gesundheitsamt hat durch entsprechende Anordnung bei der Zulassung von Abweichungen oder der Einschränkung der Verwendung von Trinkwasser sicherzustellen, dass die von der Abweichung oder Verwendungseinschränkung betroffene Bevölkerung sowie der Unternehmer oder der sonstige Inhaber einer betroffenen anderen Wasserversorgungsanlage von dem Unternehmer oder dem sonstigen Inhaber der verursachenden Wasserversorgungsanlage oder von der zuständigen Behörde unverzüglich und angemessen über diese Maßnahmen und die damit verbundenen Bedingungen in Kenntnis gesetzt sowie gegebenenfalls auf Maßnahmen zum eigenen Schutz hingewiesen werden. Außerdem hat das Gesundheitsamt sicherzustellen, dass bestimmte Bevölkerungsgruppen, für die die Abweichung eine besondere Gefahr bedeuten könnte, informiert und gegebenenfalls auf Maßnahmen zum eigenen Schutz hingewiesen werden.

(9)   Die Absätze 1 bis 3 und 5 bis 7 gelten für Wasserversorgungsanlagen nach § 3 Nummer 2 Buchstabe c entsprechend.

(3) Absatz 1 gilt in Betrieben, in denen Lebensmittel tierischer Herkunft, ausgenommen Speisefette und Speiseöle, gewerbsmäßig hergestellt oder behandelt werden oder die diese Lebensmittel gewerbsmäßig in den Verkehr bringen, sowie in Einrichtungen zur Gemeinschaftsverpflegung nur für Wasser, das zur Speisung von Dampfgeneratoren oder zur Kühlung von Kondensatoren in Kühleinrichtungen dient. Absatz 2 bleibt unberührt.

3. Abschnitt
Aufbereitung

§ 11
Aufbereitungsstoffe und Desinfektionsverfahren

(1) Zur Aufbereitung des Wassers für den menschlichen Gebrauch dürfen nur Stoffe verwendet werden, die vom Bundesministerium für Gesundheit in einer Liste im Bundesgesundheitsblatt bekannt gemacht worden sind. Die Liste hat bezüglich dieser Stoffe Angaben zu enthalten über die

1. Reinheitsanforderungen,

2. Verwendungszwecke, für die sie ausschließlich eingesetzt werden dürfen,

3. zulässige Zugabemenge,

4. zulässigen Höchstkonzentrationen von im Wasser verbleibenden Restmengen und Reaktionsprodukten.

Sie enthält ferner die Mindestkonzentration an freiem Chlor nach Abschluss der Aufbereitung. In der Liste wird auch der erforderliche Untersuchungsumfang für die Aufbereitungsstoffe spezifiziert; ferner können Verfahren zur Desinfektion sowie die Einsatzbedingungen, die die Wirksamkeit dieser Verfahren sicherstellen, aufgenommen werden.

3. Abschnitt
Aufbereitung und Desinfektion
§ 11
Aufbereitungsstoffe und Desinfektionsverfahren

(1) Während der Gewinnung, Aufbereitung und Verteilung des Trinkwassers dürfen nur Aufbereitungsstoffe verwendet werden, die in einer Liste des Bundesministeriums für Gesundheit enthalten sind. Die Liste hat bezüglich der Verwendung dieser Stoffe Anforderungen zu enthalten über die

1. Reinheit,
2. Verwendungszwecke, für die sie ausschließlich eingesetzt werden dürfen,
3. zulässige Zugabe,
4. zulässigen Höchstkonzentrationen von im Trinkwasser verbleibenden Restmengen und Reaktionsprodukten,
5. sonstige Einsatzbedingungen.

Sie enthält ferner die Mindestkonzentration an freiem Chlor, Chlordioxid oder anderer Aufbereitungsstoffe zur Desinfektion nach Abschluss der Desinfektion. In der Liste wird auch der erforderliche Untersuchungsumfang für die Aufbereitungsstoffe spezifiziert. Zur Desinfektion von Trinkwasser dürfen nur Verfahren zur Anwendung kommen, die einschließlich der Einsatzbedingungen, die ihre hinreichende Wirksamkeit sicherstellen, in die Liste aufgenommen wurden. Die Liste wird vom Umweltbundesamt geführt und im elektronischen Bundesanzeiger sowie im Internet veröffentlicht. Es gilt die Liste der Aufbereitungsstoffe und Desinfektionsverfahren gemäß § 11 der Trinkwasserverordnung 2001 in der Fassung der 12. Änderung, Stand Dezember 2009*.

---

* Anmerkung der Redaktion: Es ist damit zu rechnen, dass in Kürze eine weitere Änderung der TrinkwV vorgenommen wird, mit der ein Verweis auf die aktuell gültige Fassung der Liste erfolgen wird. Oder es erfolgt ein dynamischer Verweis, der aber eine Herunterstufung zur Ordnungswidrigkeit voraussetzt.

(2)   Die in Absatz 1 genannte Liste wird vom Bundesumweltamt geführt. Die Aufnahme in die Liste erfolgt nur, wenn die Stoffe und Verfahren hinreichend wirksam sind und keine vermeidbaren oder unvertretbaren Auswirkungen auf Gesundheit und Umwelt haben. Die Liste wird nach Anhörung der Länder, der zuständigen Stellen im Bereich der Bundeswehr sowie des Eisenbahnbundesamtes sowie der beteiligten Fachkreise und Verbände erstellt und fortgeschrieben. Stoffe nach Absatz 1, die in einem anderen Mitgliedstaat der Europäischen Gemeinschaft oder einem anderen Vertragsstaat des Abkommens über den Europäischen Wirtschaftsraum rechtmäßig hergestellt und rechtmäßig in den Verkehr gebracht werden oder die aus einem Drittland stammen und sich in einem Mitgliedstaat der Europäischen Gemeinschaft oder einem anderen Vertragsstaat des Abkommens über den Europäischen Wirtschaftsraum rechtmäßig im Verkehr befinden, werden in die in Absatz 1 genannte Liste aufgenommen, wenn das Umweltbundesamt festgestellt hat, dass die Stoffe keine vermeidbaren oder unvertretbaren Auswirkungen auf die Gesundheit haben.

(2) Für Zwecke der Aufbereitung und Desinfektion dürfen Stoffe in folgenden besonderen Fällen nur eingesetzt werden, nachdem sie in der Liste nach Absatz 1 veröffentlicht wurden:

1. für den Bedarf der Bundeswehr im Auftrag des Bundesministeriums der Verteidigung;

2. für den zivilen Bedarf in einem Verteidigungsfall im Auftrag des Bundesministeriums des Innern;

3. in Katastrophenfällen oder bei Großschadensereignissen bei ernsthafter Gefährdung der Wasserversorgung mit Zustimmung der für den Katastrophenschutz zuständigen Behörden.

(3) Die Aufnahme in die Liste erfolgt nur, wenn die Stoffe und Verfahren unter den in Absatz 1 genannten Bedingungen hinreichend wirksam sind und keine vermeidbaren oder unvertretbaren Auswirkungen auf Gesundheit und Umwelt haben. Aufbereitungsstoffe, die

1. in einem anderen Vertragsstaat des Abkommens über den Europäischen Wirtschaftsraum rechtmäßig hergestellt oder

2. in einem anderen Mitgliedstaat der Europäischen Union oder der Türkei rechtmäßig hergestellt oder in den Verkehr gebracht worden sind, werden in die in Absatz 1 genannte Liste aufgenommen, wenn das Umweltbundesamt festgestellt hat, dass mit ihnen das in Deutschland geforderte Schutzniveau gleichermaßen dauerhaft erreicht wird. Das Ergebnis von Prüfungen, die bereits im Herkunftsmitgliedstaat, der Türkei oder einem anderen Vertragsstaat des Abkommens über den Europäischen Wirtschaftsraum vorgenommen worden sind, wird bei dieser Feststellung durch das Umweltbundesamt berücksichtigt.

(4) Das Umweltbundesamt entscheidet über die Erstellung und Fortschreibung der Liste, insbesondere über die Aufnahme von Aufbereitungsstoffen und Desinfektionsverfahren, nach Anhörung der Länder, der zuständigen Stellen im Bereich der Bundeswehr und des Eisenbahn-Bundesamtes, des Bundesamtes für Bevölkerungsschutz und Katastrophenhilfe sowie der beteiligten Fachkreise und Verbände.

(5) Der Unternehmer und der sonstige Inhaber von Wasserversorgungsanlagen, Behörden, technische Regelsetzer im Bereich der Versorgung mit Trinkwasser sowie diejenigen, die Aufbereitungsstoffe oder Desinfektionsverfahren herstellen, einführen oder verwenden, können beim Umweltbundesamt Anträge stellen, um Aufbereitungsstoffe oder Desinfektionsverfahren in die Liste nach Absatz 1 aufnehmen zu lassen. Sie haben die erforderlichen Unterlagen zum

(3) Der Unternehmer und der sonstige Inhaber einer Wasserversorgungsanlage dürfen Wasser, dem entgegen Absatz 1 Aufbereitungsstoffe zugesetzt worden sind, nicht als Wasser für den menschlichen Gebrauch abgeben und anderen nicht zur Verfügung stellen.

§ 12
Aufbereitung in besonderen Fällen

(1) Die in Anlage 6 Spalte b aufgeführten Stoffe gelten als zugelassen für Zwecke der Aufbereitung, sofern die Aufbereitung für den Bedarf der Bundeswehr im Auftrag des Bundesministeriums der Verteidigung, für den zivilen Bedarf in einem Verteidigungsfall im Auftrag des Bundesministeriums des Innern sowie in Katastrophenfällen bei ernsthafter Gefährdung der Wasserversorgung mit Zustimmung der für den Katastrophenschutz zuständigen Behörden erfolgt.

(2) Die in Absatz 1 genannten Stoffe dürfen nur für den in Anlage 6 Spalte d genannten Zweck verwendet werden. Die in Anlage 6 lfd. Nr. 1 genannten Aufbereitungsstoffe dürfen nur in Tabletten mit den in Spalte e genannten zulässigen Mengen zugesetzt werden; die in Anlage 6 lfd. Nr. 3 genannten Aufbereitungsstoffe dürfen nur mit den in Spalte e genannten zulässigen Mengen zugesetzt werden.

(3) Die in Absatz 2 Satz 2 genannten Tabletten dürfen nur in den Verkehr gebracht werden, wenn auf den Packungen, Behältnissen oder sonstigen Tablettenumhüllungen in deutscher Sprache, deutlich sichtbar, leicht lesbar und unverwischbar angegeben ist:

1. die Menge des in einer Tablette enthaltenen Dichlorisocyanurats in Milligramm,

2. die Menge des mit einer Tablette zu desinfizierenden Wassers in Liter,

3. eine Gebrauchsanweisung, die insbesondere die Dosierung, die vor dem Genuss des Wassers abzuwartende Einwirkzeit und die Verbrauchsfrist für das desinfizierte Wasser nennt,

4. das Herstellungsdatum.

Nachweis der Voraussetzungen nach Absatz 3 zu übermitteln. Wenn das Umweltbundesamt feststellt, dass die Voraussetzungen des Absatzes 3 erfüllt sind, nimmt es den Aufbereitungsstoff oder das Desinfektionsverfahren bei der nächsten Fortschreibung in die Liste nach Absatz 1 auf.

(6) Einzelheiten zu den Verfahren nach den Absätzen 4 und 5 legt das Umweltbundesamt in einer Geschäftsordnung fest.

(7) Der Unternehmer und der sonstige Inhaber einer Wasserversorgungsanlage haben bei der Zugabe von Aufbereitungsstoffen und dem Einsatz von Desinfektionsverfahren die Anforderungen nach Absatz 1 Satz 1 zu erfüllen. Sie dürfen Wasser, dem entgegen Absatz 1 Aufbereitungsstoffe zugesetzt worden sind, nicht als Trinkwasser abgeben und anderen nicht zur Verfügung stellen.

§ 12
Aufbereitung in besonderen Fällen

[Aufgehoben]

Bei Abgabe von Tabletten aus Packungen, Behältnissen oder sonstigen Umhüllungen an Verbraucher können die Angaben nach den Nummern 1 bis 3 auch auf mitzugebenden Handzetteln enthalten sein. Von der Angabe des Herstellungsdatums auf den Handzetteln kann abgesehen werden.

4. Abschnitt
Pflichten des Unternehmers und des sonstigen Inhabers einer Wasserversorgungsanlage

§ 13
Anzeigepflichten

(1) Soll eine Wasserversorgungsanlage errichtet oder erstmalig oder wieder in Betrieb genommen werden oder soll sie an ihren Wasser führenden Teilen baulich oder betriebstechnisch so verändert werden, dass dies auf die Beschaffenheit des Wassers für den menschlichen Gebrauch Auswirkungen haben kann, oder geht das Eigentum oder das Nutzungsrecht an einer Wasserversorgungsanlage auf eine andere Person über, so haben der Unternehmer und der sonstige Inhaber dieser Wasserversorgungsanlage dies dem Gesundheitsamt spätestens vier Wochen vorher anzuzeigen. Auf Verlangen des Gesundheitsamtes sind die technischen Pläne der Wasserversorgungsanlage vorzulegen; bei einer baulichen oder betriebstechnischen Änderung sind die Pläne oder Unterlagen nur für den von der Änderung betroffenen Teil der Anlage vorzulegen. Soll eine Wassergewinnungsanlage in Betrieb genommen werden, sind Unterlagen über Schutzzonen oder, soweit solche nicht festgesetzt sind, über die Umgebung der Wasserfassungsanlage vorzulegen, soweit sie für die Wassergewinnung von Bedeutung sind. Bei bereits betriebenen Anlagen sind auf Verlangen des Gesundheitsamtes entsprechende Unterlagen vorzulegen. Wird eine Wasserversorgungsanlage ganz oder teilweise stillgelegt, so haben der Unternehmer und der sonstige Inhaber dieser Wasserversorgungsanlage dies dem Gesundheitsamt innerhalb von drei Tagen anzuzeigen.

4. Abschnitt
Pflichten des Unternehmers und des sonstigen Inhabers einer Wasserversorgungsanlage
§ 13
Anzeigepflichten

(1)   Dem Gesundheitsamt ist schriftlich anzuzeigen:

1. die Errichtung einer Wasserversorgungsanlage spätestens vier Wochen im Voraus;

2. die erstmalige Inbetriebnahme oder die Wiederinbetriebnahme einer Wasserversorgungsanlage spätestens vier Wochen im Voraus sowie die Stilllegung einer Wasserversorgungsanlage oder von Teilen von ihr innerhalb von drei Tagen;

3. die bauliche oder betriebstechnische Veränderung an Trinkwasser führenden Teilen einer Wasserversorgungsanlage, die auf

(2) Absatz 1 gilt nicht für Wasserversorgungsanlagen an Bord von nicht gewerblich genutzten Wasser-, Luft- und Landfahrzeugen. Für den Unternehmer und den sonstigen Inhaber einer Wasserversorgungsanlage nach § 3 Nr. 2 Buchstabe c gilt Absatz 1 nur, soweit daraus Wasser für die Öffentlichkeit im Sinne des § 18 Abs. 1 Satz 1 bereitgestellt wird.

die Beschaffenheit des Trinkwassers wesentliche Auswirkungen haben kann, spätestens vier Wochen im Voraus;

4. der Übergang des Eigentums oder des Nutzungsrechts an einer Wasserversorgungsanlage auf eine andere Person spätestens vier Wochen im Voraus;

5. die Errichtung oder Inbetriebnahme einer Wasserversorgungsanlage sowie die voraussichtliche Dauer des Betriebes so früh wie möglich.

(2)   Im Einzelnen bestehen folgende Anzeigepflichten für den Unternehmer und den sonstigen Inhaber einer Wasserversorgungsanlage:

1. nach § 3 Nummer 2 Buchstabe a die Anzeigepflicht nach Absatz 1 Nummer 1 bis 4;

2. nach § 3 Nummer 2 Buchstabe b die Anzeigepflicht nach Absatz 1 Nummer 1 bis 4;

3. nach § 3 Nummer 2 Buchstabe c die Anzeigepflicht nach Absatz 1 Nummer 1 bis 4;

4. nach § 3 Nummer 2 Buchstabe d die Anzeigepflicht nach Absatz 1 Nummer 2 und 3, sofern die Trinkwasserbereitstellung im Rahmen einer gewerblichen oder öffentlichen Tätigkeit erfolgt;

5. nach § 3 Nummer 2 Buchstabe e die Anzeigepflicht nach Absatz 1 Nummer 1 bis 4, sofern die Trinkwasserbereitstellung im Rahmen einer öffentlichen Tätigkeit erfolgt;

6. nach § 3 Nummer 2 Buchstabe f die Anzeigepflicht nach Absatz 1 Nummer 5.

(3)   Der Unternehmer und der sonstige Inhaber einer Wasserversorgungsanlage nach § 3 Nummer 2 haben auf Verlangen dem Gesundheitsamt folgende Unterlagen vorzulegen:

1. technische Pläne einer bestehenden oder geplanten Wasserversorgungsanlage;

2. bei einer baulichen oder betriebstechnischen Änderung technische Pläne nur für den Teil der Anlage, der von der Änderung betroffen ist;

3. Unterlagen über die Schutzzonen oder, soweit solche nicht festgelegt sind, Unterlagen über die Umgebung der Wasserfassungsanlage, soweit diese für die Wassergewinnung von Bedeutung sind.

67

(3) Der Unternehmer und der sonstige Inhaber von Anlagen, die zur Entnahme oder Abgabe von Wasser bestimmt sind, das nicht die Qualität von Wasser für den menschlichen Gebrauch hat und die im Haushalt zusätzlich zu den Wasserversorgungsanlagen im Sinne des § 3 Nr. 2 installiert werden, haben diese Anlagen der zuständigen Behörde bei Inbetriebnahme anzuzeigen. Soweit solche Anlagen bereits betrieben werden, ist die Anzeige unverzüglich zu erstatten. Im Übrigen gilt Absatz 1 Satz 1, 2 und 5 entsprechend.

§ 14
Untersuchungspflichten

(1) Der Unternehmer und der sonstige Inhaber einer Wasserversorgungsanlage im Sinne von § 3 Nr. 2 Buchstabe a oder b haben folgende Untersuchungen des Wassers gemäß § 15 Abs. 1 und 2 durchzuführen oder durchführen zu lassen, um sicherzustellen, dass das Wasser für den menschlichen Gebrauch an der Stelle, an der das Wasser in die Hausinstallation übergeben wird, den Anforderungen dieser Verordnung entspricht:

1. mikrobiologische Untersuchungen zur Feststellung, ob die in § 5 Abs. 2 oder 3 in Verbindung mit Anlage 1 festgesetzten Grenzwerte eingehalten werden,

2. chemische Untersuchungen zur Feststellung, ob die in § 6 Abs. 2 in Verbindung mit Anlage 2 festgesetzten Grenzwerte eingehalten werden,

3. Untersuchungen zur Feststellung, ob die nach § 7 in Verbindung mit Anlage 3 festgelegten Grenzwerte und Anforderungen eingehalten werden,

4. Untersuchungen zur Feststellung, ob die nach § 9 Abs. 5 bis 9 zugelassenen Abweichungen eingehalten werden,

5. Untersuchungen zur Feststellung, ob die Anforderungen des § 11 eingehalten werden.

(4) Der Unternehmer und der sonstige Inhaber von Anlagen, die zur Entnahme oder Abgabe von Wasser bestimmt sind, das keine Trinkwasserqualität hat, und die im Haushalt zusätzlich zu den Wasserversorgungsanlagen nach § 3 Nummer 2 installiert sind, haben den Bestand unverzüglich dem Gesundheitsamt anzuzeigen. Im Übrigen gelten die Anzeigepflichten für Wasserversorgungsanlagen nach Absatz 1 Nummer 1, 2 und 4 sowie Absatz 3 Nummer 1 und 2 entsprechend.

(5) Der Unternehmer und der sonstige Inhaber einer Wasserversorgungsanlage nach § 3 Nummer 2 Buchstabe d oder Buchstabe e, in der sich eine Großanlage zur Trinkwassererwärmung nach der Definition der allgemein anerkannten Regeln der Technik befindet, haben, sofern aus dieser Trinkwasser im Rahmen einer öffentlichen oder gewerblichen Tätigkeit abgegeben wird, den Bestand unverzüglich dem Gesundheitsamt anzuzeigen. Im Übrigen gelten die Anzeigepflichten nach Absatz 1 Nummer 2 und 3 entsprechend.

§ 14
Untersuchungspflichten

(1) Der Unternehmer und der sonstige Inhaber einer Wasserversorgungsanlage nach § 3 Nummer 2 Buchstabe a oder Buchstabe b haben unter Beachtung von Absatz 6 folgende Untersuchungen des Trinkwassers gemäß Absatz 2 Satz 1 und § 15 Absatz 1 und 2 durchzuführen oder durchführen zu lassen, um sicherzustellen, dass das Trinkwasser an der Stelle, an der es in die Trinkwasser-Installation übergeben wird, den Anforderungen dieser Verordnung entspricht:

1. mikrobiologische Untersuchungen zur Feststellung, ob die in § 5 Absatz 2 oder Absatz 3 in Verbindung mit Anlage 1 festgelegten Grenzwerte eingehalten werden;

2. chemische Untersuchungen zur Feststellung, ob die in § 6 Absatz 2 in Verbindung mit Anlage 2 festgelegten Grenzwerte eingehalten werden;

3. Untersuchungen zur Feststellung, ob die nach § 7 in Verbindung mit Anlage 3 festgelegten Grenzwerte eingehalten oder die Anforderungen erfüllt werden;

4. Untersuchungen zur Feststellung, ob die nach § 9 Absatz 5 und 6 geduldeten und nach § 10 Absatz 1, 2, 5 und 6 zugelassenen Abweichungen eingehalten werden;

5. Untersuchungen zur Feststellung, ob die Anforderungen des § 11 eingehalten werden.

Umfang und Häufigkeit der Untersuchungen bestimmen sich nach Anlage 4. Der Unternehmer und der sonstige Inhaber einer Wasserversorgungsanlage im Sinne von § 3 Nr. 2 Buchstabe a haben ferner mindestens einmal jährlich, der Unternehmer und der sonstige Inhaber einer Wasserversorgungsanlage nach § 3 Nr. 2 Buchstabe b mindestens alle 3 Jahre Untersuchungen zur Bestimmung der Säurekapazität sowie des Gehalts an Calcium, Magnesium und Kalium gemäß § 15 Abs. 2 durchzuführen oder durchführen zu lassen.

(2) Umfang und Häufigkeit der Untersuchungen nach Absatz 1 bestimmen sich sinngemäß nach Anlage 4. Für Proben aus Verteilungsnetzen gilt bezüglich der Probennahmestelle § 19 Absatz 2 Satz 4 entsprechend. Die Probennahmeplanung ist mit dem Gesundheitsamt abzustimmen. Bei Wasserversorgungsanlagen nach § 3 Nummer 2 Buchstabe c bestimmt das Gesundheitsamt, in welchen Zeitabständen welche Untersuchungen nach Absatz 1 Nummer 2 bis 5 durchzuführen sind. Diese Zeitabstände dürfen nicht mehr als drei Jahre betragen. Untersuchungen zur Feststellung, ob die in Anlage 1 Teil I und in Anlage 3 Teil I laufende Nummer 4, 5, 10 und 11 festgelegten Grenzwerte eingehalten werden, haben bei diesen Anlagen mindestens einmal im Jahr zu erfolgen. Bei Wasserversorgungsanlagen nach § 3 Nummer 2 Buchstabe d, aus denen Trinkwasser im Rahmen einer gewerblichen oder öffentlichen Tätigkeit abgegeben wird, und bei Wasserversorgungsanlagen nach Buchstabe f bestimmt das Gesundheitsamt, in welchen Zeitabständen welche Untersuchungen nach Absatz 1 Nummer 1 bis 5 durchzuführen sind. Absatz 3 bleibt unberührt. Untersuchungen von Wasserversorgungsanlagen nach § 3 Nummer 2, die im Rahmen von Überwachungsmaßnahmen nach § 19 Absatz 1 in Verbindung mit Absatz 5 und 7 durchgeführt wurden, können auf den Umfang und die Häufigkeit der verpflichtenden Untersuchungen angerechnet werden.

(3) Der Unternehmer und der sonstige Inhaber einer Wasserversorgungsanlage nach § 3 Nummer 2 Buchstabe d oder Buchstabe e, in der sich eine Großanlage zur Trinkwassererwärmung nach der Definition der allgemein anerkannten Regeln der Technik befindet, haben unter Beachtung von Absatz 6, sofern sie Trinkwasser im Rahmen einer gewerblichen oder öffentlichen Tätigkeit abgeben, das Wasser durch ergänzende systemische Untersuchungen gemäß Satz 3 an mehreren repräsentativen Probennahmestellen auf den in Anlage 3 Teil II festgelegten Parameter zu untersuchen oder untersuchen zu lassen. Die Untersuchungspflicht nach Satz 1 besteht für Anlagen, die Duschen oder andere Einrichtungen enthalten, in denen es zu einer Vernebelung des Trinkwassers kommt. Der Umfang und die Häufigkeit der Untersuchungen bestimmen sich nach Anlage 4 Teil II Buchstabe b. Der Unternehmer und der sonstige Inhaber einer Wasserversorgungsanlage nach Satz 1 haben sicherzustellen, dass nach den allgemein anerkannten Regeln der Technik geeignete Probennahmestellen an den Wasserversorgungsanlagen vorhanden sind. Die Proben müssen nach den allgemein anerkannten Regeln der Technik entnommen werden.

(2) Der Unternehmer und der sonstige Inhaber einer Wasserversorgungsanlage im Sinne von § 3 Nr. 2 Buchstabe a oder b haben regelmäßig Besichtigungen der zur Wasserversorgungsanlage gehörenden Schutzzonen, oder, wenn solche nicht festgesetzt sind, der Umgebung der Wasserfassungsanlage, soweit sie für die Gewinnung von Wasser für den menschlichen Gebrauch von Bedeutung ist, vorzunehmen oder vornehmen zu lassen, um etwaige Veränderungen zu erkennen, die Auswirkungen auf die Beschaffenheit des Wassers für den menschlichen Gebrauch haben können. Soweit nach dem Ergebnis der Besichtigungen erforderlich, sind Untersuchungen des Rohwassers vorzunehmen oder vornehmen zu lassen.

(3) Der Unternehmer und der sonstige Inhaber einer Wasserversorgungsanlage im Sinne von § 3 Nr. 2 Buchstabe a oder b haben das Wasser ferner auf besondere Anordnung der zuständigen Behörde nach § 9 Abs. 1 Satz 4 oder § 20 Abs. 1 zu untersuchen oder untersuchen zu lassen.

(4) Absatz 1 gilt für Wasserversorgungsanlagen an Bord von Wasser-, Luft- und Landfahrzeugen nur, wenn diese gewerblichen Zwecken dienen. Der Unternehmer und der sonstige Inhaber einer Wasserversorgungsanlage an Bord eines Wasserfahrzeuges sind zur Untersuchung nur verpflichtet, wenn die letzte Prüfung oder Kontrolle durch das Gesundheitsamt länger als zwölf Monate zurückliegt. Sofern die Wasserversorgungsanlage an Bord eines gewerblich genutzten Wasserfahrzeuges vorübergehend stillgelegt war, ist bei Wiederinbetriebnahme eine Untersuchung nach Absatz 1 Nr. 1 durchzuführen, auch wenn die letzte Prüfung oder Kontrolle weniger als zwölf Monate zurückliegt.

(5) Absatz 1 Nr. 2 bis 5 gilt nicht für Anlagen zur Gewinnung von Wasser für den menschlichen Gebrauch aus Meerwasser durch Destillation oder andere gleichwertige Verfahren an Bord von Wasserfahrzeugen, die von der See-Berufsgenossenschaft zugelassen und überprüft werden, sowie für Wasserversorgungsanlagen an Bord von Wasser-, Luft- oder Landfahrzeugen, bei denen Wasser für den menschlichen Gebrauch aus untersuchungspflichtigen Wasserversorgungsanlagen übernommen wird.

(4) Der Unternehmer und der sonstige Inhaber einer Wasserversorgungsanlage nach § 3 Nummer 2 Buchstabe a oder Buchstabe b haben regelmäßig, mindestens jedoch jährlich, Besichtigungen der zur Wasserversorgungsanlage gehörenden Schutzzonen vorzunehmen oder vornehmen zu lassen, um etwaige Veränderungen zu erkennen, die Auswirkungen auf die Beschaffenheit des Trinkwassers haben können. Sind keine Schutzzonen festgelegt, haben sie Besichtigungen der Umgebung der Wasserfassungsanlage vorzunehmen oder vornehmen zu lassen. Das Ergebnis der Ortsbegehung ist zu dokumentieren und dem Gesundheitsamt auf Verlangen vorzulegen. Die Dokumentation ist zehn Jahre verfügbar zu halten. Soweit nach dem Ergebnis der Besichtigungen erforderlich, sind entsprechende Untersuchungen des Rohwassers vorzunehmen oder vornehmen zu lassen.

(5) Der Unternehmer und der sonstige Inhaber einer Wasserversorgungsanlage haben das Trinkwasser ferner auf besondere Anordnung der zuständigen Behörde nach § 9 Absatz 1 Satz 4 oder § 20 Absatz 1 zu untersuchen oder untersuchen zu lassen.

(6) Der Unternehmer und der sonstige Inhaber einer Wasserversorgungsanlage haben die Untersuchungen nach den Absätzen 1, 3, 4 und 5 durch eine Untersuchungsstelle durchführen zu lassen, die in einer aktuell bekannt gemachten Landesliste nach § 15 Absatz 4 Satz 2 gelistet ist.

(6)   Der Unternehmer und der sonstige Inhaber einer Wasserversorgungsanlage im Sinne von § 3 Nr. 2 Buchstabe c haben das Wasser
auf Anordnung der zuständigen Behörde zu untersuchen oder untersuchen zu lassen. Die zuständige Behörde ordnet die Untersuchung
an, wenn es unter Berücksichtigung der Umstände des Einzelfalles
zum Schutz der menschlichen Gesundheit oder zur Sicherstellung
einer einwandfreien Beschaffenheit des Wassers für den menschlichen Gebrauch erforderlich ist; dabei sind Art, Umfang und Häufigkeit der Untersuchung festzulegen.

<h1 style="text-align:center">§ 15</h1>

Untersuchungsverfahren und Untersuchungsstellen

(1)   Bei den Untersuchungen nach § 14 sind die in Anlage 5 bezeichneten Untersuchungsverfahren anzuwenden. Andere als die in
Anlage 5 Nr. 1 bezeichneten Untersuchungsverfahren können angewendet werden, wenn das Umweltbundesamt allgemein festgestellt
hat, dass die mit ihnen erzielten Ergebnisse im Sinne der allgemein
anerkannten Regeln der Technik mindestens gleichwertig sind wie
die mit den vorgegebenen Verfahren ermittelten Ergebnisse und
nachdem sie vom Umweltbundesamt in einer Liste alternativer Verfahren im Bundesgesundheitsblatt veröffentlicht worden sind.

(2)   Die Untersuchungen auf die in Anlage 5 Nr. 2 und 3 genannten Parameter sind nach Methoden durchzuführen, die hinreichend
zuverlässige Messwerte liefern und dabei die in Anlage 5 Nr. 2 und 3
genannten spezifizierten Verfahrenskennwerte einhalten.

(3)   Der Unternehmer und der sonstige Inhaber einer Wasserversorgungsanlage haben das Ergebnis jeder Untersuchung unverzüglich
schriftlich oder auf Datenträgern mit den Angaben nach Satz 2 aufzuzeichnen. Es sind der Ort der Probenahme nach Gemeinde, Straße,
Hausnummer und Entnahmestelle, die Zeitpunkte der Entnahme
sowie der Untersuchung der Wasserprobe und das bei der Untersuchung angewandte Verfahren anzugeben. Die zuständige oberste
Landesbehörde oder eine andere auf Grund Landesrechts zuständige
Stelle kann bestimmen, dass für die Niederschriften einheitliche Vordrucke oder EDV-Verfahren zu verwenden sind. Der Unternehmer und
der sonstige Inhaber einer Wasserversorgungsanlage haben eine
Kopie der Niederschrift innerhalb von zwei Wochen nach dem Zeitpunkt der Untersuchung dem Gesundheitsamt zu übersenden und
das Original ebenso wie die in § 19 Abs. 3 Satz 2 genannte Ausfertigung vom Zeitpunkt der Untersuchung an mindestens zehn Jahre
lang aufzubewahren. Der Unternehmer und der sonstige Inhaber
einer Wasserversorgungsanlage an Bord eines Wasserfahrzeuges

§ 15
Untersuchungsverfahren und Untersuchungsstellen

(1) Bei den Untersuchungen nach § 14 sind die in Anlage 5 bezeichneten Untersuchungsverfahren anzuwenden. Andere als die in Anlage 5 Teil 1 bezeichneten Untersuchungsverfahren können angewendet werden, wenn das Umweltbundesamt allgemein festgestellt hat, dass die mit ihnen erzielten Ergebnisse im Sinne der allgemein anerkannten Regeln der Technik gleichwertig und mindestens genauso zuverlässig sind wie die mit den vorgegebenen Verfahren ermittelten Ergebnisse und nachdem sie vom Umweltbundesamt in einer Liste alternativer Verfahren im Internet veröffentlicht worden sind.

(2) Die Untersuchungen auf die in Anlage 2 und 3 genannten Parameter sind nach Methoden durchzuführen, die hinreichend zuverlässige Messwerte liefern und dabei die in Anlage 5 Teil II und III genannten spezifizierten Verfahrenskennwerte einhalten.

(3) Der Unternehmer und der sonstige Inhaber einer Wasserversorgungsanlage haben das Ergebnis jeder Untersuchung nach den §§ 14 und 20 unverzüglich schriftlich oder auf Datenträgern mit den Angaben nach Satz 2 aufzuzeichnen oder aufzeichnen zu lassen. Es sind der Ort der Probennahme nach Gemeinde, Straße, Hausnummer und Entnahmestelle, die Zeitpunkte der Entnahme sowie der Untersuchung der Wasserprobe und das bei der Untersuchung angewandte Verfahren anzugeben. Die zuständige oberste Landesbehörde oder eine andere auf Grund Landesrechts zuständige Stelle kann bestimmen, dass für die Niederschriften einheitliche Vordrucke zu verwenden oder einheitliche EDV-Verfahren anzuwenden sind. Der Unternehmer und der sonstige Inhaber einer Wasserversorgungsanlage haben eine Kopie der Niederschrift innerhalb von zwei Wochen nach dem Abschluss der Untersuchung dem Gesundheitsamt zu übersenden und das Original ebenso wie die in § 19 Absatz 4 Satz 3 genannte Ausfertigung vom Zeitpunkt der Untersuchung an mindestens zehn Jahre lang verfügbar zu halten.

haben, soweit sie zu Untersuchungen nach den §§ 14 und 20 verpflichtet sind, eine Kopie der Niederschriften über die Untersuchungen unverzüglich dem für den Heimathafen des Wasserfahrzeuges
zuständigen Gesundheitsamt zu übersenden.

(4)   Die nach § 14 Abs. 1, Abs. 2 Satz 2, Abs. 3 und Abs. 6 Satz 1,
§ 16 Abs. 2 und 3, § 19 Abs. 1 Satz 2, Abs. 2 Satz 1, Abs. 6 und
Abs. 7 Satz 1 und § 20 Abs. 1 und 2 erforderlichen Untersuchungen
einschließlich der Probenahmen dürfen nur von solchen Untersuchungsstellen durchgeführt werden, die nach den allgemein anerkannten Regeln der Technik arbeiten, über ein System der internen
Qualitätssicherung verfügen, sich mindestens einmal jährlich an
externen Qualitätssicherungsprogrammen erfolgreich beteiligen,
über für die entsprechenden Tätigkeiten hinreichend qualifiziertes
Personal verfügen und eine Akkreditierung durch eine hierfür allgemein anerkannte Stelle erhalten haben. Die zuständige oberste
Landesbehörde hat eine Liste der im jeweiligen Land ansässigen
Untersuchungsstellen, die die Anforderungen nach Satz 1 erfüllen,
bekannt zu machen.

(5)   Eine von den Untersuchungsstellen unabhängige Stelle, die von
der zuständigen obersten Landesbehörde bestimmt wird, überprüft
regelmäßig, ob die Voraussetzungen des Absatzes 4 Satz 1 bei den
im jeweiligen Land niedergelassenen Untersuchungsstellen erfüllt
sind.

§ 16
Besondere Anzeige- und Handlungspflichten

(1)   Der Unternehmer und der sonstige Inhaber einer Wasserversorgungsanlage im Sinne von § 3 Nr. 2 Buchstabe a oder b haben dem
Gesundheitsamt unverzüglich anzuzeigen,

1. wenn die in § 5 Abs. 2 oder § 6 Abs. 2 in Verbindung mit den Anlagen 1 und 2 festgelegten Grenzwerte überschritten worden sind,

2. wenn die Anforderungen des § 5 Abs. 1, § 6 Abs. 1 oder die Grenzwerte und Anforderungen des § 7 in Verbindung mit Anlage 3
nicht erfüllt sind,

(4)   Die nach den §§ 14, 16 Absatz 2 und 3 sowie den §§ 19 und 20 erforderlichen Untersuchungen einschließlich der Probennahmen dürfen nur von Untersuchungsstellen durchgeführt werden, die

1. die Vorgaben der Anlage 5 einhalten,
2. nach den allgemein anerkannten Regeln der Technik arbeiten,
3. über ein System der internen Qualitätssicherung verfügen,
4. sich mindestens einmal jährlich an externen Qualitätssicherungsprogrammen erfolgreich beteiligen,
5. über Personal verfügen, das für die entsprechenden Tätigkeiten hinreichend qualifiziert ist, und
6. durch eine nationale Akkreditierungsstelle eines Mitgliedstaates der Europäischen Union für Trinkwasseruntersuchungen akkreditiert sind.

Die zuständige oberste Landesbehörde oder eine von ihr benannte Stelle hat eine Liste der im jeweiligen Land tätigen Untersuchungsstellen, die die Anforderungen nach Satz 1 erfüllen, bekannt zu machen, soweit die Untersuchungsstelle nicht bereits in einem anderen Land gelistet ist. Das mit der Listung verbundene Recht zur Untersuchung von Trinkwasser nach Satz 1 gilt bundesweit.

(5)   Eine von den Untersuchungsstellen unabhängige Stelle, die von der zuständigen obersten Landesbehörde bestimmt wird, überprüft regelmäßig, ob die Voraussetzungen des Absatzes 4 Satz 1 bei den im jeweiligen Land niedergelassenen Untersuchungsstellen erfüllt sind.

§ 16
Besondere Anzeige- und Handlungspflichten

(1)   Der Unternehmer und der sonstige Inhaber einer Wasserversorgungsanlage haben dem Gesundheitsamt unverzüglich anzuzeigen,

1. wenn die in § 5 Absatz 2 und 3 oder § 6 Absatz 2 in Verbindung mit den Anlagen 1 und 2 festgelegten Grenzwerte überschritten worden sind oder der in § 7 in Verbindung mit Anlage 3 Teil II festgelegte technische Maßnahmenwert erreicht oder überschritten worden ist,
2. wenn die Anforderungen des § 5 Absatz 1 oder des § 6 Absatz 1 nicht erfüllt oder die Grenzwerte oder Anforderungen des § 7 in Verbindung mit Anlage 3 nicht eingehalten sind,

3. wenn Grenzwerte oder Mindestanforderungen von Parametern nicht eingehalten werden, auf die das Gesundheitsamt eine Untersuchung nach § 20 Abs. 1 Nr. 4 angeordnet hat,

4. wenn die nach § 9 Abs. 6 Satz 1 oder Abs. 7 Satz 2 oder Abs. 8 oder 9 zugelassenen Höchstwerte für die betreffenden Parameter überschritten werden,

5. wenn ihnen Belastungen des Rohwassers bekannt werden, die zu einer Überschreitung der Grenzwerte führen können.

Sie haben ferner grobsinnlich wahrnehmbare Veränderungen des Wassers sowie außergewöhnliche Vorkommnisse in der Umgebung des Wasservorkommens oder an der Wasserversorgungsanlage, die Auswirkungen auf die Beschaffenheit des Wassers haben können, dem Gesundheitsamt unverzüglich anzuzeigen. Vom Zeitpunkt der Anzeige bis zur Entscheidung des Gesundheitsamtes nach § 9 über die zu treffenden Maßnahmen im Falle der Nichteinhaltung von Grenzwerten oder Anforderungen gilt die Abgabe des Wassers für den menschlichen Gebrauch als erlaubt, wenn nicht nach § 9 Abs. 3 Satz 2 eine sofortige Unterbrechung der Wasserversorgung zu erfolgen hat. Um den Verpflichtungen aus den Sätzen 1 und 2 nachkommen zu können, stellen der Unternehmer und der sonstige Inhaber einer Wasserversorgungsanlage vertraglich sicher, dass die von ihnen beauftragte Untersuchungsstelle sie unverzüglich über festgestellte Abweichungen von den in den §§ 5 bis 7 festgelegten Grenzwerten oder Anforderungen in Kenntnis zu setzen hat.

(2) Bei Feststellungen nach Absatz 1 Satz 1 oder wahrgenommenen Veränderungen nach Absatz 1 Satz 2 sind der Unternehmer und der sonstige Inhaber einer Wasserversorgungsanlage im Sinne von § 3 Nr. 2 Buchstabe a oder b verpflichtet, unverzüglich Untersuchungen zur Aufklärung der Ursache und Sofortmaßnahmen zur Abhilfe durchzuführen oder durchführen zu lassen.

3. wenn Grenzwerte oder Mindestanforderungen für Parameter nicht eingehalten werden, für die das Gesundheitsamt eine Untersuchung nach § 20 Absatz 1 Nummer 4 angeordnet hat, oder

4. wenn die nach § 9 Absatz 5, 6 und 9 geduldeten oder nach § 10 Absatz 1, 2, 5, 6 und 9 zugelassenen Höchstwerte für die betreffenden Parameter überschritten werden.

Der Unternehmer und der sonstige Inhaber einer Wasserversorgungsanlage haben dem Gesundheitsamt ferner grobsinnlich wahrnehmbare Veränderungen des Trinkwassers sowie außergewöhnliche Vorkommnisse in der Umgebung des Wasservorkommens oder an einer Wasserversorgungsanlage, die Auswirkungen auf die Beschaffenheit des Trinkwassers haben können, unverzüglich anzuzeigen. Der Unternehmer und der sonstige Inhaber einer Wasserversorgungsanlage nach § 3 Nummer 2 Buchstabe a, b oder Buchstabe c haben es dem Gesundheitsamt unverzüglich anzuzeigen, wenn ihnen Belastungen des Rohwassers bekannt werden, die zu einer Überschreitung der Grenzwerte im Trinkwasser führen können. Im Fall der Nichteinhaltung von Grenzwerten oder Anforderungen sowie des Erreichens oder der Überschreitung des technischen Maßnahmenwertes gilt die Abgabe des Trinkwassers vom Zeitpunkt der Anzeige bis zur Entscheidung des Gesundheitsamtes nach den §§ 9 und 10 über die zu treffenden Maßnahmen als erlaubt, wenn nicht nach § 9 Absatz 3 Satz 2 die Wasserversorgung sofort zu unterbrechen ist. Um den Verpflichtungen aus den Sätzen 1 bis 3 nachkommen zu können, stellen der Unternehmer und der sonstige Inhaber einer Wasserversorgungsanlage vertraglich sicher, dass die von ihnen beauftragte Untersuchungsstelle sie unverzüglich über festgestellte Abweichungen von den in den §§ 5 bis 7 festgelegten Grenzwerten oder Anforderungen sowie von einem Erreichen oder einer Überschreitung des technischen Maßnahmenwertes in Kenntnis zu setzen hat.

(2) Bei Feststellungen nach Absatz 1 Satz 1 oder bei bekannt gewordenen Veränderungen nach Absatz 1 Satz 2 und 3 sind der Unternehmer und der sonstige Inhaber einer Wasserversorgungsanlage nach § 3 Nummer 2 Buchstabe a, b, c oder, sofern Trinkwasser im Rahmen einer gewerblichen oder öffentlichen Tätigkeit abgegeben wird, nach Buchstabe d verpflichtet, unverzüglich Untersuchungen zur Aufklärung der Ursache und Sofortmaßnahmen zur Abhilfe durchzuführen oder durchführen zu lassen. § 9 Absatz 9 bleibt unberührt.

(3) Der Unternehmer und der sonstige Inhaber einer Wasserversorgungsanlage im Sinne von § 3 Nr. 2 Buchstabe c haben in den Fällen, in denen ihnen die Feststellung von Tatsachen bekannt wird, nach welchen das Wasser in der Hausinstallation in einer Weise verändert wird, dass es den Anforderungen der §§ 5 bis 7 nicht entspricht, erforderlichenfalls unverzüglich Untersuchungen zur Aufklärung der Ursache und Maßnahmen zur Abhilfe durchzuführen oder durchführen zu lassen und darüber das Gesundheitsamt unverzüglich zu unterrichten.

(4) Der Unternehmer und der sonstige Inhaber einer Wasserversorgungsanlage im Sinne von § 3 Nr. 2 Buchstabe a oder b haben die verwendeten Aufbereitungsstoffe nach § 11 Abs. 1 Satz 1 und ihre Konzentrationen im Wasser für den menschlichen Gebrauch schriftlich oder auf Datenträgern mindestens wöchentlich aufzuzeichnen. Die Aufzeichnungen sind vom Zeitpunkt der Verwendung der Stoffe an sechs Monate lang für die Anschlussnehmer und Verbraucher während der üblichen Geschäftszeiten zugänglich zu halten. Sofern das Wasser an Anschlussnehmer oder Verbraucher abgegeben wird, haben der Unternehmer und der sonstige Inhaber einer Wasserversorgungsanlage im Sinne von § 3 Nr. 2 Buchstabe a oder b ferner bei Beginn der Zugabe eines Aufbereitungsstoffes nach § 11 Abs. 1 Satz 1 diesen unverzüglich und alle verwendeten Aufbereitungsstoffe regelmäßig einmal jährlich in den örtlichen Tageszeitungen bekannt zu geben. Satz 3 gilt nicht, wenn den betroffenen Anschlussnehmern und Verbrauchern unmittelbar die Verwendung der Aufbereitungsstoffe schriftlich bekannt gegeben wird.

(5) Der Unternehmer und der sonstige Inhaber einer Wasserversorgungsanlage im Sinne von § 3 Nr. 2 Buchstabe c, die dem Wasser für den menschlichen Gebrauch Aufbereitungsstoffe nach § 11 Abs. 1 Satz 1 zugeben, haben den Verbrauchern die verwendeten Aufbereitungsstoffe und ihre Menge im Wasser für den menschlichen Gebrauch unverzüglich durch Aushang oder sonstige schriftliche Mitteilung bekannt zu geben.

(3)   Der Unternehmer und der sonstige Inhaber einer Wasserversorgungsanlage nach § 3 Nr. 2 Buchstabe c, d, e oder Buchstabe f haben in den Fällen, in denen ihnen die Feststellung von Tatsachen bekannt wird, nach welchen das Trinkwasser in der Trinkwasser-Installation in einer Weise verändert ist, dass es den Anforderungen der §§ 5 bis 7 nicht entspricht, erforderlichenfalls unverzüglich Untersuchungen zur Aufklärung der Ursache und erforderlichenfalls Maßnahmen zur Abhilfe durchzuführen oder durchführen zu lassen und darüber das Gesundheitsamt unverzüglich zu unterrichten.

(4)   Der Unternehmer und der sonstige Inhaber einer Wasserversorgungsanlage nach § 3 Nummer 2 Buchstabe a und b, oder, sofern Trinkwasser im Rahmen einer gewerblichen oder öffentlichen Tätigkeit abgegeben wird, nach Buchstabe d und e oder Buchstabe f haben die verwendeten Aufbereitungsstoffe nach § 11 Absatz 1 Satz 1 und ihre Konzentrationen im Trinkwasser schriftlich oder auf Datenträgern mindestens wöchentlich aufzuzeichnen oder aufzeichnen zu lassen. Die Aufzeichnungen sind vom Zeitpunkt der Verwendung der Stoffe an sechs Monate lang für die Anschlussnehmer und Verbraucher während der üblichen Geschäftszeiten zugänglich zu halten oder auf Anfrage zur Verfügung zu stellen. Sofern das Trinkwasser an Anschlussnehmer oder Verbraucher abgegeben wird, haben der Unternehmer und der sonstige Inhaber einer Wasserversorgungsanlage nach § 3 Nummer 2 Buchstabe a, b, d, e oder Buchstabe f ferner bei Beginn der Zugabe eines Aufbereitungsstoffes nach § 11 Absatz 1 Satz 1 diesen und seine Konzentration im Trinkwasser unverzüglich den betroffenen Anschlussnehmern und Verbrauchern unmittelbar schriftlich bekannt zu geben. Darüber hinaus sind alle verwendeten Aufbereitungsstoffe regelmäßig einmal jährlich den betroffenen Anschlussnehmern und Verbrauchern unmittelbar schriftlich bekannt zu geben. Für Wasserversorgungsanlagen nach § 3 Nummer 2 Buchstabe a und b kann die Bekanntmachung in den örtlichen Tageszeitungen erfolgen. Im Fall von Wasserversorgungsanlagen nach § 3 Nummer 2 Buchstabe e, die im Rahmen einer gewerblichen oder öffentlichen Tätigkeit betrieben werden, kann die Bekanntmachung durch Aushang an geeigneter Stelle erfolgen.

(6) Der Unternehmer und der sonstige Inhaber einer Wasserversorgungsanlage im Sinne von § 3 Nr. 2 Buchstabe a oder b haben, sofern das Wasser aus dieser gewerblich genutzt oder an Dritte abgegeben wird, bis zum 1. April 2003 einen Maßnahmeplan nach Satz 2 aufzustellen, der die örtlichen Gegebenheiten der Wasserversorgung berücksichtigt.

Dieser Maßnahmeplan muss Angaben darüber enthalten,

1. wie in den Fällen, in denen nach § 9 Abs. 3 Satz 2 die Wasserversorgung sofort zu unterbrechen ist, die Umstellung auf eine andere Wasserversorgung zu erfolgen hat und

2. welche Stellen im Falle einer festgestellten Abweichung zu informieren sind und wer zur Übermittlung dieser Information verpflichtet ist.

Der Maßnahmeplan bedarf der Zustimmung des zuständigen Gesundheitsamtes.

§ 17
Besondere Anforderungen

(1) Für die Neuerrichtung oder die Instandhaltung von Anlagen für die Aufbereitung oder die Verteilung von Wasser für den menschlichen Gebrauch dürfen nur Werkstoffe und Materialien verwendet werden, die in Kontakt mit Wasser Stoffe nicht in solchen Konzentrationen abgeben, die höher sind als nach den allgemein anerkannten Regeln der Technik unvermeidbar, oder den nach dieser Verordnung vorgesehenen Schutz der menschlichen Gesundheit unmittelbar oder mittelbar mindern, oder den Geruch oder den Geschmack des Wassers verändern; § 31 des Lebensmittel- und Bedarfsgegenständegesetzes in der Fassung der Bekanntmachung vom 9. September 1997 (BGBl. I S. 2296) bleibt unberührt. Die Anforderung des Satzes 1 gilt als erfüllt, wenn bei Planung, Bau und Betrieb der Anlagen mindestens die allgemein anerkannten Regeln der Technik eingehalten werden.

(2) Wasserversorgungsanlagen, aus denen Wasser für den menschlichen Gebrauch abgegeben wird, dürfen nicht mit Wasser führenden

(5) Der Unternehmer und der sonstige Inhaber einer Wasserversorgungsanlage nach § 3 Nr. 2 Buchstabe a oder Buchstabe b haben einen Maßnahmeplan nach Satz 2 aufzustellen, der die örtlichen Gegebenheiten der Wasserversorgung berücksichtigt.

Dieser Maßnahmeplan muss Angaben darüber enthalten,

1. wie in den Fällen, in denen nach § 9 Abs. 3 Satz 2 die Wasserversorgung sofort zu unterbrechen ist, die Umstellung auf eine andere Wasserversorgung zu erfolgen hat und

2. welche Stellen im Falle einer festgestellten Abweichung zu informieren sind und wer zur Übermittlung dieser Information verpflichtet ist.

Der Maßnahmeplan muss spätestens zur Inbetriebnahme vorliegen, ist bei wesentlichen Änderungen zu aktualisieren und bedarf der Zustimmung des zuständigen Gesundheitsamtes. Die zuständige oberste Landesbehörde oder eine andere auf Grund Landesrechts zuständige Stelle kann bestimmen, dass für die Maßnahmepläne einheitliche Vordrucke zu verwenden oder einheitliche EDV-Verfahren anzuwenden sind.

(6) Besondere Anzeige- und Handlungspflichten in Anlage 3 Teil I laufende Nummer 2, 10, 11 und 18 bleiben unberührt.

§ 17
Anforderungen an Anlagen für die Gewinnung, Aufbereitung oder Verteilung von Trinkwasser

(1) Für die Neuerrichtung oder die Instandhaltung von Anlagen für die Gewinnung, die Aufbereitung oder die Verteilung von Trinkwasser dürfen nur Werkstoffe und Materialien verwendet werden, die in Kontakt mit Wasser Stoffe nicht in solchen Konzentrationen abgeben, die höher als nach den allgemein anerkannten Regeln der Technik unvermeidbar sind. Weiterhin dürfen Werkstoffe und Materialien den nach dieser Verordnung vorgesehenen Schutz der menschlichen Gesundheit nicht unmittelbar oder mittelbar mindern oder den Geruch oder den Geschmack des Wassers verändern. Bei der Planung, dem Bau und Betrieb der in Satz 1 genannten Anlagen sind mindestens die allgemein anerkannten Regeln der Technik einzuhalten. Dies kann für die dabei betroffenen Verfahren und Produkte insbesondere sichergestellt werden, indem durch einen akkreditierten Branchenzertifizierer zertifizierte Verfahren und Produkte eingesetzt werden.

(2) Wasserversorgungsanlagen, aus denen Trinkwasser abgegeben wird, dürfen nicht ohne eine den allgemein anerkannten Regeln der

Teilen verbunden werden, in denen sich Wasser befindet oder fortgeleitet wird, das nicht für den menschlichen Gebrauch im Sinne des
§ 3 Nr. 1 bestimmt ist. Der Unternehmer und der sonstige Inhaber
einer Wasserversorgungsanlage im Sinne von § 3 Nr. 2 haben die
Leitungen unterschiedlicher Versorgungssysteme beim Einbau dauerhaft farblich unterschiedlich zu kennzeichnen oder kennzeichnen
zu lassen. Sie haben Entnahmestellen von Wasser, das nicht für den
menschlichen Gebrauch im Sinne des § 3 Nr. 1 bestimmt ist, bei der
Errichtung dauerhaft als solche zu kennzeichnen oder kennzeichnen
zu lassen.

(3)   Absatz 2 gilt nicht für Kauffahrteischiffe im Sinne des § 1 der
Verordnung über die Unterbringung der Besatzungsmitglieder an
Bord von Kauffahrteischiffen vom 8. Februar 1973 (BGBl. I S. 66),
die durch Artikel 1 in Verbindung mit Artikel 2 der Verordnung vom
23. August 1976 (BGBl. I S. 2443) geändert worden ist.

5. Abschnitt
Überwachung

§ 18
Überwachung durch das Gesundheitsamt

(1)   Das Gesundheitsamt überwacht die Wasserversorgungsanlagen im Sinne von § 3 Nr. 2 Buchstabe a und b sowie diejenigen Wasserversorgungsanlagen nach § 3 Nr. 2 Buchstabe c und Anlagen nach
§ 13 Abs. 3, aus denen Wasser für die Öffentlichkeit, insbesondere in
Schulen, Kindergärten, Krankenhäusern, Gaststätten und sonstigen
Gemeinschaftseinrichtungen, bereitgestellt wird, hinsichtlich der
Einhaltung der Anforderungen der Verordnung durch entsprechende
Prüfungen. Werden dem Gesundheitsamt Beanstandungen einer
anderen Wasserversorgungsanlage nach § 3 Nr. 2 Buchstabe c oder
einer anderen Anlage nach § 13 Abs. 3 bekannt, so kann diese in die
Überwachung einbezogen werden, sofern dies unter Berücksichti-
gung der Umstände des Einzelfalles zum Schutz der menschlichen
Gesundheit oder zur Sicherstellung einer einwandfreien Beschaffenheit des Wassers für den menschlichen Gebrauch erforderlich ist.

Technik entsprechende Sicherungseinrichtung mit Wasser führenden Teilen verbunden werden, in denen sich Wasser befindet oder fortgeleitet wird, das nicht für den menschlichen Gebrauch im Sinne des § 3 Nr. 1 bestimmt ist. Der Unternehmer und der sonstige Inhaber einer Wasserversorgungsanlage nach § 3 Nr. 2 haben die Leitungen unterschiedlicher Versorgungssysteme beim Einbau dauerhaft farblich unterschiedlich zu kennzeichnen oder kennzeichnen zu lassen. Sie haben Entnahmestellen von Wasser, das nicht für den menschlichen Gebrauch nach § 3 Nr. 1 bestimmt ist, bei der Errichtung dauerhaft als solche zu kennzeichnen oder kennzeichnen zu lassen und erforderlichenfalls gegen nicht bestimmungsgemäßen Gebrauch zu sichern.

5. Abschnitt
Überwachung

§ 18
Überwachung durch das Gesundheitsamt

(1) Das Gesundheitsamt überwacht die Wasserversorgungsanlagen nach § 3 Nummer 2 Buchstabe a, b und c und, sofern die Trinkwasserbereitstellung im Rahmen einer gewerblichen oder öffentlichen Tätigkeit erfolgt, nach Buchstabe d sowie die Wasserversorgungsanlagen nach Buchstabe e, sofern die Trinkwasserbereitstellung im Rahmen einer öffentlichen Tätigkeit erfolgt, und die Wasserversorgungsanlagen nach Buchstabe f hinsichtlich der Einhaltung der Anforderungen der Verordnung durch entsprechende Prüfungen. Dies gilt für Wasserversorgungsanlagen, aus denen Trinkwasser für Zwecke nach § 3 Nummer 1 Buchstabe b entnommen wird, nur dann, wenn die zuständige Behörde keine Ausnahme zugelassen hat. Die zuständige Behörde kann Ausnahmen zulassen, soweit sie davon überzeugt ist, dass die Qualität des verwendeten Wassers die Genusstauglichkeit des Enderzeugnisses nicht beeinträchtigen kann. Wasserversorgungsanlagen nach § 3 Nummer 2 Buchstabe d und e, sofern die Trinkwasserbereitstellung nicht im Rahmen einer gewerblichen oder öffentlichen Tätigkeit erfolgt, sowie Wasserversorgungsanlagen nach Buchstabe e, sofern die Trinkwasserbereitstellung nur im Rahmen einer gewerblichen Tätigkeit erfolgt, oder andere Anlagen nach § 13 Absatz 4 können in die Überwachung einbezogen werden, sofern dies unter Berücksichtigung von Einzelfällen

(2) Soweit es im Rahmen der Überwachung nach Absatz 1 erforderlich ist, sind die Beauftragten des Gesundheitsamtes befugt,

1. die Grundstücke, Räume und Einrichtungen sowie Wasser-, Luft- und Landfahrzeuge, in denen sich Wasserversorgungsanlagen befinden, während der üblichen Betriebs- oder Geschäftszeit zu betreten,

2. Proben nach den allgemein anerkannten Regeln der Technik zu entnehmen, die Bücher und sonstigen Unterlagen einzusehen und hieraus Abschriften oder Auszüge anzufertigen,

3. vom Unternehmer und vom sonstigen Inhaber einer Wasserversorgungsanlage alle erforderlichen Auskünfte zu verlangen, insbesondere über den Betrieb und den Betriebsablauf einschließlich dessen Kontrolle,

4. zur Verhütung drohender Gefahren für die öffentliche Sicherheit und Ordnung die in Nummer 1 bezeichneten Grundstücke, Räume und Einrichtungen und Fahrzeuge auch außerhalb der dort genannten Zeiten und auch dann, wenn sie zugleich Wohnzwecken dienen, zu betreten. Das Grundrecht der Unverletzlichkeit der Wohnung (Artikel 13 Abs. 1 des Grundgesetzes) wird insoweit eingeschränkt.

Zu den Unterlagen nach Nummer 2 gehören insbesondere die Protokolle über die Untersuchungen nach den §§ 14 und 20, die dem neuesten Stand entsprechenden technischen Pläne der Wasserversorgungsanlage sowie Unterlagen über die dazugehörigen Schutzzonen oder, soweit solche nicht festgesetzt sind, der Umgebung der Wasserfassungsanlage, soweit sie für die Wassergewinnung von Bedeutung sind.

(3) Der Unternehmer und der sonstige Inhaber einer Wasserversorgungsanlage sowie der sonstige Inhaber der tatsächlichen Gewalt über die in Absatz 2 Nr. 1 und 4 bezeichneten Grundstücke, Räume, Einrichtungen und Fahrzeuge sind verpflichtet,

1. die die Überwachung durchführenden Personen bei der Erfüllung ihrer Aufgabe zu unterstützen, insbesondere ihnen auf Verlangen die Räume, Einrichtungen und Geräte zu bezeichnen, Räume und Behältnisse zu öffnen und die Entnahme von Proben zu ermöglichen,

2. die verlangten Auskünfte zu erteilen.

zum Schutz der menschlichen Gesundheit oder zur Sicherstellung einer einwandfreien Beschaffenheit des Trinkwassers erforderlich ist.

(2) Soweit es im Rahmen der Überwachung nach Absatz 1 erforderlich ist, sind Personen, die die Überwachung durchführen befugt,

1. die Grundstücke, Räume und Einrichtungen sowie Land-, Wasser- und Luftfahrzeuge, in denen sich Wasserversorgungsanlagen befinden, während der üblichen Betriebs- oder Geschäftszeit zu betreten,

2. Proben nach den allgemein anerkannten Regeln der Technik zu entnehmen, die Betriebsbücher und sonstigen Unterlagen einschließlich elektronischer Datenträger einzusehen und hieraus Abschriften, Auszüge oder Kopien anzufertigen,

3. vom Unternehmer und vom sonstigen Inhaber einer Wasserversorgungsanlage alle erforderlichen Auskünfte zu verlangen, insbesondere über den Betrieb und den Betriebsablauf einschließlich dessen Kontrolle,

4. zur Verhütung drohender Gefahren für die öffentliche Sicherheit und Ordnung die in Nummer 1 bezeichneten Grundstücke, Räume und Einrichtungen und Fahrzeuge auch außerhalb der dort genannten Zeiten und auch dann, wenn sie zugleich Wohnzwecken dienen, zu betreten. Das Grundrecht der Unverletzlichkeit der Wohnung (Artikel 13 Abs. 1 des Grundgesetzes) wird insoweit eingeschränkt.

Zu den Unterlagen nach Nummer 2 gehören insbesondere die Protokolle über die Untersuchungen nach den §§ 14 und 20, die dem neuesten Stand entsprechenden technischen Pläne der Wasserversorgungsanlage sowie Unterlagen über die dazugehörigen Schutzzonen oder, soweit solche nicht festgesetzt sind, der Umgebung der Wasserfassungsanlage, soweit sie für die Wassergewinnung von Bedeutung sind.

(3) Der Unternehmer und der sonstige Inhaber einer Wasserversorgungsanlage sowie der sonstige Inhaber der tatsächlichen Gewalt über die in Absatz 2 Nr. 1 und 4 bezeichneten Grundstücke, Räume, Einrichtungen und Fahrzeuge sind verpflichtet,

1. die die Überwachung durchführenden Personen bei der Erfüllung ihrer Aufgabe zu unterstützen, insbesondere ihnen auf Verlangen die Räume, Einrichtungen und Geräte zu bezeichnen, den Zugang zu diesen Räumen zu ermöglichen, Behältnisse zu öffnen und die Entnahme von Proben zu ermöglichen,

2. die verlangten Auskünfte zu erteilen.

(4) Der zur Auskunft Verpflichtete kann die Auskunft auf solche Fragen verweigern, deren Beantwortung ihn selbst oder einen der in § 383 Abs. 1 Nr. 1 bis 3 der Zivilprozessordnung bezeichneten Angehörigen der Gefahr strafgerichtlicher Verfolgung oder eines Verfahrens nach dem Gesetz über Ordnungswidrigkeiten aussetzen würde.

§ 19
Umfang der Überwachung

(1) Im Rahmen der Überwachung nach § 18 hat das Gesundheitsamt die Erfüllung der Pflichten zu prüfen, die dem Unternehmer und dem sonstigen Inhaber einer Wasserversorgungsanlage auf Grund dieser Verordnung obliegen. Die Prüfungen umfassen auch die Besichtigungen der Wasserversorgungsanlage einschließlich der dazugehörigen Schutzzonen, oder, wenn solche nicht festgesetzt sind, der Umgebung der Wasserfassungsanlage, soweit sie für die Wassergewinnung von Bedeutung ist, sowie die Entnahme und Untersuchung von Wasserproben. Für den Untersuchungsumfang gilt § 14 Abs. 1, für das Untersuchungsverfahren § 15 Abs. 1 und 2, für die Aufzeichnung der Untersuchungsergebnisse § 15 Abs. 3 Satz 1 bis 3 und für die Untersuchungsstelle § 15 Abs. 4 Satz 1 entsprechend.

(4) Der zur Auskunft Verpflichtete kann die Auskunft auf solche Fragen verweigern, deren Beantwortung ihn selbst oder einen der in § 383 Abs. 1 Nr. 1 bis 3 der Zivilprozessordnung bezeichneten Angehörigen der Gefahr strafgerichtlicher Verfolgung oder eines Verfahrens nach dem Gesetz über Ordnungswidrigkeiten aussetzen würde.

§ 19
Umfang der Überwachung

(1) Im Rahmen der Überwachung nach § 18 hat das Gesundheitsamt die Erfüllung der Pflichten zu prüfen, die dem Unternehmer und dem sonstigen Inhaber einer Wasserversorgungsanlage auf Grund dieser Verordnung obliegen. Die Prüfungen umfassen auch die Besichtigungen der Wasserversorgungsanlagen nach § 3 Nummer 2 Buchstabe a, b und c einschließlich der dazugehörigen Schutzzonen, oder, wenn solche nicht festgesetzt sind, der Umgebung der Wasserfassungsanlage, soweit sie für die Wassergewinnung von Bedeutung ist, sowie die Entnahme und Untersuchung von Wasserproben. Die Notwendigkeit für Besichtigungen von Wasserversorgungsanlagen nach § 3 Nummer 2 Buchstabe d, e und f legt das zuständige Gesundheitsamt fest. § 9 Absatz 8 bleibt unberührt. Für den Untersuchungsumfang gilt § 14, für das Untersuchungsverfahren § 15 Abs. 1 und 2, für die Aufzeichnung der Untersuchungsergebnisse § 15 Abs. 3 Satz 1 bis 3 und für die Untersuchungsstelle § 15 Abs. 4 Satz 1 entsprechend. Für die Häufigkeit der Überwachung gilt Absatz 5.

(2) Das Gesundheitsamt legt für jedes Wasserversorgungsgebiet einen Probennahmeplan fest, der die Erfüllung der Berichtspflichten gemäß § 21 sicherstellt. Der Probennahmeplan berücksichtigt

1. die in Anlage 4 festgelegte Häufigkeit von Analysen,
2. den Untersuchungsumfang für routinemäßige und umfassende Untersuchungen und
3. den Untersuchungszeitpunkt und die Probennahmestelle.

Die Proben sind grundsätzlich an der Stelle der Einhaltung nach § 8 zu nehmen, um sicherzustellen, dass das Trinkwasser die Anforderungen der Verordnung erfüllt. Bei einem Verteilungsnetz können jedoch für bestimmte Parameter alternativ Proben innerhalb des Wasserversorgungsgebietes oder in den Aufbereitungsanlagen entnommen werden, wenn keine nachteiligen Veränderungen des Trinkwassers im Verteilungssystem bezüglich des untersuchten Parameters zu erwarten sind. Die Proben sollten so entnommen werden, dass sie für die Qualität des im Laufe des gesamten Jahres gelieferten oder entnommenen Trinkwassers repräsentativ sind. Saisonale Besonderheiten sind zu berücksichtigen. In den Probennahmeplan können alle Wasserversorgungsanlagen einbezogen werden, deren

(2)   Soweit das Gesundheitsamt die Entnahme oder Untersuchung von Wasserproben nach Absatz 1 Satz 2 nicht selbst durchführt, muss es diese durch eine von der zuständigen obersten Landesbehörde zu diesem Zweck bestellte Stelle durchführen lassen. Das Gesundheitsamt kann sich statt dessen auf die Überprüfung der Niederschriften (§ 15 Abs. 3) über die Untersuchungen nach § 14 beschränken, sofern der Unternehmer und der sonstige Inhaber einer Wasserversorgungsanlage diese in einer nach Satz 1 bestellten und vom Wasserversorgungsunternehmen unabhängigen Stelle haben durchführen lassen. Bei Wasserversorgungsanlagen an Bord von Wasser-, Luft- und Landfahrzeugen sind stets Wasserproben zu untersuchen oder untersuchen zu lassen.

(3)   Die Ergebnisse der Überwachung sind in einer Niederschrift festzuhalten. Eine Ausfertigung der Niederschrift sind dem Unternehmer und dem sonstigen Inhaber der Wasserversorgungsanlage auszuhändigen. Das Gesundheitsamt hat die Niederschrift zehn Jahre lang aufzubewahren.

(4)   Die Überwachungsmaßnahmen nach Absatz 1 sind mindestens einmal jährlich vorzunehmen; wenn die Überwachung während eines Zeitraums von vier Jahren keinen Grund zu wesentlichen Beanstandungen gegeben hat, kann das Gesundheitsamt die Überwachung in größeren Zeitabständen, die jedoch zwei Jahre nicht überschreiten dürfen, durchführen. Bei Wasserversorgungsanlagen an Bord von Wasserfahrzeugen sollen sie unbeschadet des Satzes 3 mindestens einmal jährlich, bei Wasserversorgungsanlagen an Bord von Wassertransportbooten mindestens viermal im Jahr durchgeführt werden. Bei Wasserversorgungsanlagen an Bord von Luft- und Landfahrzeugen sowie an Bord von nicht gewerblich genutzten Wasserfahrzeugen bestimmt das Gesundheitsamt, ob und in welchen Zeitabständen es die Maßnahmen durchführt. Die Maßnahmen dürfen vorher nicht angekündigt werden.

Trinkwasser für das betreffende Wasserversorgungsgebiet repräsentativ ist. Gegebenenfalls hat das Gesundheitsamt ergänzende Untersuchungen vorzunehmen oder vornehmen zu lassen. Die zuständige oberste Landesbehörde oder eine andere auf Grund Landesrechts zuständige Stelle kann bestimmen, dass für die Probennahmepläne des Gesundheitsamtes einheitliche Vordrucke zu verwenden oder einheitliche EDV-Verfahren anzuwenden sind.

(3) Soweit das Gesundheitsamt die Entnahme oder Untersuchung von Wasserproben nach den Absätzen 1 und 2 nicht selbst durchführt, beauftragt es hierfür eine vom Wasserversorgungsunternehmen unabhängige Untersuchungsstelle, die nicht bereits die Betreiberuntersuchung durchgeführt hat und welche die Anforderungen des § 15 Absatz 4 Satz 1 erfüllt. Die zuständige oberste Landesbehörde kann bestimmen, ob und welche über Satz 1 hinausgehenden Anforderungen das Gesundheitsamt für die Auftragsvergabe einer Überwachungsuntersuchung zu prüfen hat. Die Kosten für die Entnahme und Untersuchung von Wasserproben nach Satz 1 tragen der Unternehmer und der sonstige Inhaber der Wasserversorgungsanlage.

(4) Die Ergebnisse der Überwachung sind in einer Niederschrift festzuhalten. Die zuständige oberste Landesbehörde oder eine andere auf Grund Landesrechts zuständige Stelle kann bestimmen, dass für die Niederschriften einheitliche Vordrucke zu verwenden oder einheitliche EDV-Verfahren anzuwenden sind. Eine Ausfertigung der Niederschrift ist dem Unternehmer oder dem sonstigen Inhaber der Wasserversorgungsanlage zu übermitteln. Das Gesundheitsamt hat die Niederschrift zehn Jahre aufzubewahren.

(5) Die Überwachungsmaßnahmen nach Absatz 1 sind für Wasserversorgungsanlagen nach § 3 Nummer 2 Buchstabe a und b mindestens einmal jährlich vorzunehmen; wenn die Überwachung während eines Zeitraums von vier Jahren zu keinen wesentlichen Beanstandungen geführt hat, kann das Gesundheitsamt die Überwachung in größeren Zeitabständen, mindestens aber einmal in drei Jahren, durchführen. Die Überwachungshäufigkeit für Wasserversorgungsanlagen nach § 3 Nummer 2 Buchstabe c wird vom Gesundheitsamt festgelegt. Der Zeitraum zwischen den Überwachungen darf drei Jahre nicht überschreiten. Wasserversorgungsanlagen nach § 3 Nummer 2 Buchstabe d, die im Rahmen einer gewerblichen oder öffentlichen Tätigkeit betrieben werden, sollen mindestens einmal innerhalb von drei Jahren überwacht werden. Bei Wasserversorgungsanlagen an Bord von Land-, Wasser- und Luftfahrzeugen, die nicht im Rahmen einer gewerblichen oder öffentlichen Tätigkeit betrieben werden, bestimmt das Gesundheitsamt, ob und in welchen

(5) Das Gesundheitsamt kann bei Wasserversorgungsanlagen im Sinne von § 3 Nr. 2 Buchstabe a die Anzahl der Probenahmen für die in Anlage 4 Teil I Nr. 1 genannten Parameter verringern, wenn

1. die Werte der in einem Zeitraum von mindestens zwei aufeinander folgenden Jahren durchgeführten Probenahmen konstant und erheblich besser als die in den Anlagen 1 bis 3 festgesetzten Grenzwerte und Anforderungen sind und

2. es davon ausgeht, dass keine Umstände zu erwarten sind, die sich nachteilig auf die Qualität des Wassers für den menschlichen Gebrauch auswirken können.

Die Mindesthäufigkeit der Probenahmen darf nicht weniger als die Hälfte der in Anlage 4 Teil II genannten Anzahl betragen.

(6) Bei Wasserversorgungsanlagen im Sinne von § 3 Nr. 2 Buchstabe b bestimmt das Gesundheitsamt, welche Untersuchungen nach § 14 Abs. 1 Nr. 2 bis 4 durchzuführen sind und in welchen Zeitabständen sie zu erfolgen haben, wobei die Zeitabstände nicht mehr als drei Jahre betragen dürfen

(7) Bei Wasserversorgungsanlagen nach § 3 Nr. 2 Buchstabe c, aus denen Wasser für die Öffentlichkeit im Sinne des § 18 Abs. 1 bereitgestellt wird, hat das Gesundheitsamt im Rahmen der Überwachung mindestens diejenigen Parameter der Anlage 2 Teil II zu untersuchen oder untersuchen zu lassen, von denen anzunehmen ist, dass sie sich in der Hausinstallation nachteilig verändern können. Zur Durchführung richtet das Gesundheitsamt ein Überwachungsprogramm auf der Grundlage geeigneter stichprobenartiger Kontrollen ein.

§ 20
Anordnungen des Gesundheitsamtes

(1) Wenn es unter Berücksichtigung der Umstände des Einzelfalles zum Schutz der menschlichen Gesundheit oder zur Sicherstellung einer einwandfreien Beschaffenheit des Wassers für den menschlichen Gebrauch erforderlich ist, kann das Gesundheitsamt anordnen, dass der Unternehmer und der sonstige Inhaber einer Wasserversorgungsanlage

Zeitabständen es die Maßnahmen durchführt. Wassertransport-Fahrzeuge sollen mindestens viermal im Jahr überwacht werden.

(6)   Die Überwachungsmaßnahmen sollen vorher nicht angekündigt werden.

(7)   Bei Wasserversorgungsanlagen nach § 3 Nummer 2 Buchstabe e, aus denen Trinkwasser im Rahmen einer öffentlichen Tätigkeit bereitgestellt wird, bei Wasserversorgungsanlagen nach Buchstabe d, aus denen Trinkwasser im Rahmen einer gewerblichen oder öffentlichen Tätigkeit bereitgestellt wird, sowie bei Wasserversorgungsanlagen nach Buchstabe f hat das Gesundheitsamt im Rahmen der Überwachung mindestens diejenigen Parameter zu untersuchen oder untersuchen zu lassen, von denen anzunehmen ist, dass sie sich in der Trinkwasser-Installation nachteilig verändern können. Zur Durchführung richtet das Gesundheitsamt ein Überwachungsprogramm auf der Grundlage geeigneter stichprobenartiger Kontrollen ein.

§ 20
Anordnungen des Gesundheitsamtes

(1)   Wenn es unter Berücksichtigung der Umstände des Einzelfalles zum Schutz der menschlichen Gesundheit oder zur Sicherstellung einer einwandfreien Beschaffenheit des Trinkwassers erforderlich ist, kann das Gesundheitsamt anordnen, dass der Unternehmer und der sonstige Inhaber einer Wasserversorgungsanlage

1. die zu untersuchenden Proben an bestimmten Stellen und zu bestimmten Zeiten zu entnehmen oder entnehmen zu lassen haben,

2. bestimmte Untersuchungen außerhalb der regelmäßigen Untersuchungen sofort durchzuführen oder durchführen zu lassen haben,

3. die Untersuchungen nach § 14 Abs. 1 bis 4 und Abs. 6

   a) in kürzeren als den in dieser Vorschrift genannten Abständen,

   b) an einer größeren Anzahl von Proben durchzuführen oder durchführen zu lassen haben,

4. die Untersuchungen auszudehnen oder ausdehnen zu lassen haben zur Feststellung,

   a) ob andere als die in Anlage 1 genannten Mikroorganismen, insbesondere Salmonella spec., Pseudomonas aeruginosa, Legionella spec., Campylobacter spec., enteropathogene E. coli, Cryptosporidium parvum, Giardia lamblia, Coliphagen oder enteropathogene Viren in Konzentrationen im Wasser enthalten sind,

   b) ob andere als die in den Anlagen 2 und 3 genannten Parameter in Konzentrationen enthalten sind, die eine Schädigung der menschlichen Gesundheit besorgen lassen,

5. Maßnahmen zu treffen haben, die erforderlich sind, um eine Verunreinigung zu beseitigen, auf die die Überschreitung der nach § 5 Abs. 2 und § 6 Abs. 2 in Verbindung mit den Anlagen 1 und 2 festgesetzten Grenzwerte, die Nichteinhaltung der nach § 7 in Verbindung mit Anlage 3 und § 11 Abs. 1 Satz 1 festgelegten Grenzwerte und Anforderungen oder ein anderer Umstand hindeutet und um künftigen Verunreinigungen vorzubeugen.

(2) Wird aus einer Wasserversorgungsanlage Wasser für den menschlichen Gebrauch an andere Wasserversorgungsanlagen abgegeben, so kann das Gesundheitsamt regeln, welcher Unternehmer oder sonstige Inhaber die Untersuchungen nach § 14 durchzuführen oder durchführen zu lassen hat.

(3) Werden Tatsachen bekannt, wonach eine Nichteinhaltung der in den §§ 5 bis 7 festgesetzten Grenzwerte oder Anforderungen auf die Hausinstallation oder deren unzulängliche Instandhaltung zurückzuführen ist, so kann das Gesundheitsamt anordnen, dass

1. geeignete Maßnahmen zu ergreifen sind, um die aus der Nichteinhaltung möglicherweise resultierenden gesundheitlichen Gefahren auszuschalten oder zu verringern und

1. die zu untersuchenden Proben von einer bestimmten Untersuchungsstelle an bestimmten Probennahmestellen nach bestimmten technischen Vorgaben zur Durchführung und zu bestimmten Zeiten zu entnehmen oder entnehmen zu lassen haben,

2. bestimmte Untersuchungen nach einem bestimmten Untersuchungsverfahren außerhalb der regelmäßigen Untersuchungen sofort durchzuführen oder durchführen zu lassen haben,

3. die Untersuchungen nach § 14

   a) in kürzeren als den in dieser Vorschrift genannten Abständen,

   b) an einer größeren Anzahl von Proben durchzuführen oder durchführen zu lassen haben,

4. die Untersuchungen auszudehnen oder ausdehnen zu lassen haben zur Feststellung,

   a) ob andere als die nach den Anlagen 1 und 3 untersuchten Mikroorganismen in Konzentrationen im Trinkwasser enthalten sind,

   b) ob andere als die nach den Anlagen 2 und 3 untersuchten Parameter in Konzentrationen enthalten sind,

5. Maßnahmen zu treffen haben, die erforderlich sind, um eine Verunreinigung zu beseitigen, auf die die Überschreitung der nach § 5 Abs. 2 und § 6 Abs. 2 in Verbindung mit den Anlagen 1 und 2 festgesetzten Grenzwerte, die Nichteinhaltung der nach § 7 in Verbindung mit Anlage 3 und § 11 Abs. 1 Satz 1 festgelegten Grenzwerte und Anforderungen oder ein anderer Umstand hindeutet und um künftigen Verunreinigungen vorzubeugen.

(2) Wird aus einer Wasserversorgungsanlage nach § 3 Nummer 2 Buchstabe a oder Buchstabe b Trinkwasser an eine andere Wasserversorgungsanlage nach Buchstabe a oder Buchstabe b abgegeben, so kann das Gesundheitsamt regeln, welcher Unternehmer und sonstige Inhaber die Untersuchungen nach § 14 durchzuführen oder durchführen zu lassen hat.

2. die betroffenen Verbraucher über etwaige zusätzliche Abhilfemaßnahmen oder Verwendungseinschränkungen des Wassers,
die sie vornehmen sollten, angemessen zu unterrichten und zu
beraten sind.

Zu Zwecken des Satzes 1 hat das Gesundheitsamt den Unternehmer
und den sonstigen Inhaber der Anlage der Hausinstallation über
mögliche Abhilfemaßnahmen zu beraten und kann diese erforderlichenfalls anordnen; das Gesundheitsamt kann ferner anordnen,
dass bis zur Behebung der Nichteinhaltung zusätzliche Maßnahmen,
wie geeignete Aufbereitungstechniken, ergriffen werden, die zum
Schutz des Verbrauchers erforderlich sind.

§ 21
Information der Verbraucher und Berichtspflichten

(1) Der Unternehmer und der sonstige Inhaber einer Wasserversorgungsanlage im Sinne von § 3 Nr. 2 Buchstabe a oder b haben den
Verbraucher durch geeignetes und aktuelles Informationsmaterial
über die Qualität des ihm zur Verfügung gestellten Wassers für den
menschlichen Gebrauch auf der Basis der Untersuchungsergebnisse
nach § 14 zu informieren. Dazu gehören auch Angaben über die verwendeten Aufbereitungsstoffe und Angaben, die für die Auswahl
geeigneter Materialien für die Hausinstallation nach den allgemein
anerkannten Regeln der Technik erforderlich sind. Der Unternehmer
und der sonstige Inhaber einer Wasserversorgungsanlage im Sinne
von § 3 Nr. 2 Buchstabe c haben die ihnen nach Satz 1 zugegangenen
Informationen allen Verbrauchern in geeigneter Weise zur Kenntnis
zu geben.

(2) Das Gesundheitsamt übermittelt bis zum 15. März für das vorangegangene Kalenderjahr der zuständigen obersten Landesbehörde oder der von ihr benannten Stelle die über die Qualität des
für den menschlichen Gebrauch bestimmten Wassers nach Absatz 3

§ 21
Information der Verbraucher und Berichtspflichten

(1) Der Unternehmer und der sonstige Inhaber einer Wasserversorgungsanlage nach § 3 Nummer 2 Buchstabe a oder Buchstabe b und, sofern die Anlage im Rahmen einer gewerblichen oder öffentlichen Tätigkeit betrieben wird, nach Buchstabe d oder Buchstabe e haben den betroffenen Verbrauchern mindestens jährlich geeignetes und aktuelles Informationsmaterial über die Qualität des bereitgestellten Trinkwassers auf der Grundlage der Untersuchungsergebnisse nach § 14 und gegebenenfalls nach § 19 Absatz 7 und § 20 zu übermitteln. Dazu gehören auch Angaben über die Aufbereitungsstoffe, die bei der Aufbereitung und Verteilung verwendet werden, sowie Angaben, die für die Auswahl geeigneter Materialien für die Trinkwasser-Installation nach den allgemein anerkannten Regeln der Technik erforderlich sind. Ab dem 1. Dezember 2013 haben der Unternehmer und der sonstige Inhaber einer Wasserversorgungsanlage nach § 3 Nummer 2 Buchstabe a und b oder, sofern die Anlage im Rahmen einer gewerblichen oder öffentlichen Tätigkeit betrieben wird, nach Buchstabe e die betroffenen Verbraucher zur informieren, wenn Leitungen aus dem Werkstoff Blei in der von ihnen betriebenen Anlage vorhanden sind, sobald sie hiervon Kenntnis erlangen. Der Unternehmer und der sonstige Inhaber einer Wasserversorgungsanlage nach § 3 Nummer 2 Buchstabe f und, sofern die Anlage im Rahmen einer gewerblichen oder öffentlichen Tätigkeit betrieben wird, nach Buchstabe d und e, haben die ihnen nach Satz 1 zugegangenen Informationen unverzüglich allen betroffenen Verbrauchern schriftlich oder durch Aushang bekannt zu machen.

(2) Das Gesundheitsamt übermittelt der zuständigen obersten Landesbehörde oder der von dieser benannten Stelle jeweils bis zum 15. März die über die Qualität des Trinkwassers erforderlichen Angaben für das vorangegangene Kalenderjahr unter Beachtung des

erforderlichen Angaben für Wasserversorgungsanlagen im Sinne von § 3 Nr. 2 Buchstabe a. Die zuständige oberste Landesbehörde kann bestimmen, dass die Angaben auf Datenträgern oder auf anderem elektronischen Weg übermittelt werden und dass die übermittelten Daten mit der von ihr bestimmten Schnittstelle kompatibel sind. Die zuständige oberste Landesbehörde leitet ihren Bericht bis zum 15. April dem Bundesministerium für Gesundheit zu.

(3) Für die Berichte nach Absatz 2 ist das von der Kommission der Europäischen Gemeinschaften nach Artikel 13 Abs. 4 der Richtlinie 98/83/EG des Rates vom 3. November 1998 über die Qualität von Wasser für den menschlichen Gebrauch festzulegende Format einschließlich der dort genannten Mindestinformationen zu verwenden. Das Format wird im Bundesgesundheitsblatt vom Bundesministerium für Gesundheit veröffentlicht.

6. Abschnitt
Sondervorschriften

§ 22
Aufgaben der Bundeswehr

Der Vollzug dieser Verordnung obliegt im Bereich der Bundeswehr sowie im Bereich der auf Grund völkerrechtlicher Verträge in der Bundesrepublik stationierten Truppen den zuständigen Stellen der Bundeswehr.

§ 23
Aufgaben des Eisenbahnbundesamtes

Der Vollzug dieser Verordnung obliegt im Bereich der Eisenbahnen des Bundes für Wasserversorgungsanlagen in Schienenfahrzeugen sowie für ortsfeste Anlagen zur Befüllung von Schienenfahrzeugen dem Eisenbahnbundesamt.

§ 19 für Wasserversorgungsgebiete, in denen pro Tag mindestens 10 Kubikmeter Trinkwasser abgegeben werden oder in denen mindestens 50 Personen versorgt werden. Die zuständige oberste Landesbehörde kann bestimmen, dass die Angaben auf Datenträgern oder auf anderem elektronischen Weg übermittelt werden und dass die übermittelten Daten mit der von ihr bestimmten Schnittstelle kompatibel sind. Die zuständige oberste Landesbehörde oder eine von ihr benannte Stelle leitet ihren Bericht bis zum 15. April desselben Jahres dem Bundesministerium für Gesundheit oder einer von diesem benannten Stelle zu. Der Bericht hat dem von der Europäischen Kommission nach Artikel 13 Absatz 4 der Richtlinie 98/83/EG des Rates vom 3. November 1998 über die Qualität von Wasser für den menschlichen Gebrauch (ABl. L 330 vom 5.12.1998, S. 32) festgelegten Format und den dort genannten Mindestinformationen in der vom Bundesministerium für Gesundheit nach Beteiligung der Länder mitgeteilten Form zu entsprechen. Darüber hinausgehende Formatvorgaben durch das Bundesministerium für Gesundheit, insbesondere für einheitliche EDV-Verfahren, bedürfen der Zustimmung des Bundesrates.

6. Abschnitt
Sondervorschriften
§ 22
Vollzug im Bereich der Bundeswehr

Der Vollzug dieser Verordnung obliegt im Bereich der Bundeswehr sowie im Bereich der auf Grund völkerrechtlicher Verträge in der Bundesrepublik stationierten Truppen den zuständigen Stellen der Bundeswehr.

§ 23
Vollzug im Bereich der Eisenbahnen des Bundes

Der Vollzug dieser Verordnung obliegt im Bereich der Eisenbahnen des Bundes für Wasserversorgungsanlagen in Schienenfahrzeugen sowie für Anlagen zur Befüllung von Schienenfahrzeugen dem Eisenbahn-Bundesamt. Es nimmt in seinem Zuständigkeitsbereich die Aufgaben und Befugnisse des Gesundheitsamtes, der zuständigen Behörde und der zuständigen obersten Landesbehörde wahr. Es

7. Abschnitt
Straftaten und Ordnungswidrigkeiten
§ 24
Straftaten

(1)   Nach § 75 Abs. 2, 4 des Infektionsschutzgesetzes wird bestraft, wer als Unternehmer oder sonstiger Inhaber einer Wasserversorgungsanlage im Sinne von § 3 Nr. 2 Buchstabe a oder b oder Buchstabe c, soweit daraus Wasser für die Öffentlichkeit im Sinne von § 18 Abs. 1 Satz 1 bereitgestellt wird, vorsätzlich oder fahrlässig entgegen § 4 Abs. 2 oder § 11 Abs. 3 Wasser als Wasser für den menschlichen Gebrauch abgibt oder anderen zur Verfügung stellt.

(2)   Wer durch eine in § 25 bezeichnete vorsätzliche Handlung eine in § 6 Abs. 1 Nr. 1 des Infektionsschutzgesetzes genannte Krankheit oder einen in § 7 des Infektionsschutzgesetzes genannten Krankheitserreger verbreitet, ist nach § 74 des Infektionsschutzgesetzes strafbar.

§ 25
Ordnungswidrigkeiten

Ordnungswidrig im Sinne des § 73 Abs. 1 Nr. 24 des Infektionsschutzgesetzes handelt, wer vorsätzlich oder fahrlässig

1. entgegen § 5 Abs. 4 Satz 2 eine hinreichende Desinfektionskapazität nicht vorhält,

2. einer vollziehbaren Anordnung nach § 9 Abs. 1 Satz 4 oder Abs. 4 Satz 1, § 14 Abs. 6 Satz 2 oder § 20 Abs. 1 oder 3 Satz 2 zuwiderhandelt,

3. entgegen § 13 Abs. 1 Satz 1 oder 5, jeweils auch in Verbindung mit Abs. 3 Satz 3, oder § 16 Abs. 1 Satz 1 oder 2 eine Anzeige nicht, nicht richtig, nicht vollständig oder nicht rechtzeitig erstattet,

4. entgegen § 14 Abs. 1 eine Untersuchung nicht, nicht richtig, nicht vollständig oder nicht in der vorgeschriebenen Weise durchführt und nicht, nicht richtig, nicht vollständig oder nicht in der vorgeschriebenen Weise durchführen lässt,

ist in seinem Zuständigkeitsbereich auch zuständige Verwaltungsbehörde im Sinne von § 36 Absatz 1 Nummer 1 des Gesetzes über Ordnungswidrigkeiten in der Fassung der Bekanntmachung vom 19. Februar 1987 (BGBl. I S. 602), das zuletzt durch Artikel 2 des Gesetzes vom 29. Juli 2009 (BGBl. I S. 2353) geändert worden ist.

7. Abschnitt
Straftaten und Ordnungswidrigkeiten

§ 24
Straftaten

(1) Nach § 75 Absatz 2 und 4 des Infektionsschutzgesetzes wird bestraft, wer als Unternehmer oder als sonstiger Inhaber einer Wasserversorgungsanlage nach § 3 Nummer 2 Buchstabe a, b oder, sofern die Abgabe im Rahmen einer gewerblichen oder öffentlichen Tätigkeit erfolgt, einer Wasserversorgungsanlage nach Buchstabe d oder Buchstabe e oder einer Wasserversorgungsanlage nach Buchstabe f vorsätzlich oder fahrlässig entgegen § 4 Absatz 2 oder § 11 Absatz 7 Satz 2 Wasser als Trinkwasser abgibt oder anderen zur Verfügung stellt.

(2) Wer durch eine in § 25 bezeichnete vorsätzliche Handlung eine in § 6 Abs. 1 Nr. 1 des Infektionsschutzgesetzes genannte Krankheit oder einen in § 7 des Infektionsschutzgesetzes genannten Krankheitserreger verbreitet, ist nach § 74 des Infektionsschutzgesetzes strafbar.

§ 25
Ordnungswidrigkeiten

Ordnungswidrig im Sinne des § 73 Abs. 1 Nr. 24 des Infektionsschutzgesetzes handelt, wer vorsätzlich oder fahrlässig

1. entgegen § 5 Absatz 5 Satz 2 eine hinreichende Desinfektionskapazität nicht vorhält,

2. einer vollziehbaren Anordnung nach § 9 Absatz 1 Satz 4, Absatz 4 Satz 1 oder Absatz 7 Satz 1 Nummer 1 oder § 20 Absatz 1 zuwiderhandelt,

3. entgegen § 13 Absatz 1, auch in Verbindung mit Absatz 4 Satz 2, entgegen § 13 Absatz 4 Satz 1 und Absatz 5 oder § 16 Absatz 1 Satz 1, 2 oder Satz 3 eine Anzeige nicht, nicht richtig, nicht vollständig oder nicht rechtzeitig erstattet,

4. entgegen § 14 Absatz 1 oder Absatz 3 Satz 1 eine Untersuchung nicht, nicht richtig, nicht vollständig oder nicht in der vorgeschriebenen Weise durchführt und nicht, nicht richtig, nicht vollständig oder nicht in der vorgeschriebenen Weise durchführen lässt,

5. entgegen § 15 Abs. 3 Satz 1 das Untersuchungsergebnis nicht, nicht richtig, nicht vollständig, nicht in der vorgeschriebenen Weise oder nicht rechtzeitig aufzeichnet,

6. entgegen § 15 Abs. 3 Satz 4 oder 5 eine Kopie nicht oder nicht rechtzeitig übersendet oder das Original oder eine dort genannte Ausfertigung nicht oder nicht mindestens zehn Jahre aufbewahrt,

7. entgegen § 15 Abs. 4 Satz 1 eine Untersuchung durchführt,

8. entgegen § 16 Abs. 2 eine Untersuchung oder eine Sofortmaßnahme nicht oder nicht rechtzeitig durchführt und nicht oder nicht rechtzeitig durchführen lässt,

9. entgegen § 16 Abs. 4 Satz 1 oder 2 eine Aufzeichnung nicht, nicht richtig, nicht vollständig, nicht in der vorgeschriebenen Weise oder nicht rechtzeitig macht oder nicht oder nicht mindestens sechs Monate zugänglich hält,

10. entgegen § 16 Abs. 4 Satz 3 oder Abs. 5 einen Aufbereitungsstoff oder dessen Menge im Wasser nicht, nicht richtig, nicht vollständig, nicht in der vorgeschriebenen Weise oder nicht rechtzeitig bekannt gibt,

11. entgegen § 16 Abs. 6 Satz 1 einen Maßnahmeplan nicht, nicht richtig, nicht vollständig oder nicht rechtzeitig aufstellt,

12. entgegen § 17 Abs. 2 Satz 1 eine Wasserversorgungsanlage mit einem dort genannten Wasser führenden Teil verbindet,

13. entgegen § 17 Abs. 2 Satz 2 oder 3 eine Leitung oder eine Entnahmestelle nicht, nicht richtig oder nicht rechtzeitig kennzeichnet oder

14. entgegen § 18 Abs. 3 eine Person nicht unterstützt oder eine Auskunft nicht, nicht richtig, nicht vollständig oder nicht rechtzeitig erteilt.

5. entgegen § 15 Abs. 3 Satz 1 das Untersuchungsergebnis nicht, nicht richtig, nicht vollständig, nicht in der vorgeschriebenen Weise oder nicht rechtzeitig aufzeichnet,

6. entgegen § 15 Abs. 3 Satz 4 eine Kopie nicht oder nicht rechtzeitig übersendet oder das Original oder eine dort genannte Ausfertigung nicht oder nicht mindestens zehn Jahre verfügbar hält,

7. entgegen § 15 Abs. 4 Satz 1 eine Untersuchung durchführt,

8. entgegen § 16 Abs. 2 Satz 1 eine Untersuchung oder eine Sofortmaßnahme nicht oder nicht rechtzeitig durchführt und nicht oder nicht rechtzeitig durchführen lässt,

8a. entgegen § 16 Absatz 3 das Gesundheitsamt nicht, nicht richtig, nicht vollständig oder nicht rechtzeitig unterrichtet,

9. entgegen § 16 Abs. 4 Satz 1 oder 2 eine Aufzeichnung nicht, nicht richtig, nicht vollständig, nicht in der vorgeschriebenen Weise oder nicht rechtzeitig macht oder nicht oder nicht mindestens sechs Monate zugänglich hält,

10. entgegen § 16 Abs. 4 Satz 3 einen Aufbereitungsstoff oder dessen Konzentration im Trinkwasser nicht, nicht richtig, nicht vollständig, nicht in der vorgeschriebenen Weise oder nicht rechtzeitig bekannt gibt,

11. entgegen § 16 Abs. 5 Satz 1 einen Maßnahmeplan nicht, nicht richtig, nicht vollständig oder nicht rechtzeitig aufstellt,

11a. entgegen § 17 Absatz 1 eine dort genannte Anlage errichtet, betreibt, unterhält oder stilllegt,

12. entgegen § 17 Abs. 2 Satz 1 eine Wasserversorgungsanlage mit einem dort genannten Wasser führenden Teil verbindet,

13. entgegen § 17 Abs. 2 Satz 2 oder 3 eine Leitung oder eine Entnahmestelle nicht, nicht richtig oder nicht rechtzeitig kennzeichnet,

14. entgegen § 18 Abs. 3 eine Person nicht unterstützt oder eine Auskunft nicht, nicht richtig, nicht vollständig oder nicht rechtzeitig erteilt,

15. entgegen § 21 Absatz 1 Satz 1 Informationsmaterial nicht, nicht richtig, nicht vollständig oder nicht rechtzeitig übermittelt,

16. entgegen § 21 Absatz 1 Satz 3 einen Verbraucher nicht, nicht richtig, nicht vollständig oder nicht rechtzeitig informiert oder

17. entgegen § 21 Absatz 1 Satz 4 eine Information nicht, nicht richtig, nicht vollständig oder nicht rechtzeitig bekannt macht.

8. Abschnitt
Übergangs- und Schlussbestimmungen
§ 26
Übergangs- und Schlussbestimmungen

(1) Haben der Unternehmer und der sonstige Inhaber einer Wasserversorgungsanlage vor Inkrafttreten dieser Verordnung Untersuchungen des Wassers für den menschlichen Gebrauch durchgeführt oder durchführen lassen, die denen dieser Verordnung vergleichbar sind, kann das Gesundheitsamt bei der Berechnung des in § 19 Abs. 5 genannten Zeitraums einen vor Inkrafttreten dieser Verordnung liegenden Zeitraum von zwei Jahren berücksichtigen.

(2) Hat das Gesundheitsamt vor Inkrafttreten dieser Verordnung Prüfungen im Rahmen der Überwachung durchgeführt, die denen dieser Verordnung vergleichbar sind, kann bei der Berechnung der in § 19 Abs. 4 genannte Zeiträume ein vor Inkrafttreten dieser Verordnung liegender Zeitraum berücksichtigt werden.

8. Abschnitt
Übergangs- und Schlussbestimmungen
§ 26
Übergangs- und Schlussbestimmungen

[Aufgehoben]

Anhang zur Trinkwasserverordnung 2011

In diesem Abschnitt wird auf den rechten und linken Buchseiten nur der Anhang der TrinkwV 2011 abgedruckt. Die Änderungen gegenüber der TrinkwV 2001 sind im Text grau markiert und werden in den Fußnoten näher erläutert.

Anhang TrinkwV 2011

Anlage 1
(zu § 5 Abs. 2 und 3)

Mikrobiologische Parameter

Teil I
Allgemeine Anforderungen an Trinkwasser[1]

Lfd. Nr.	Parameter	Grenzwert (Anzahl/100 ml)
1	Escherichia coli (E. coli)	0
2	Enterokokken	0
[ ][2]		

Teil II
Anforderungen an Trinkwasser, das zur Abgabe in verschlossenen Behältnissen bestimmt ist[3]

Lfd. Nr.	Parameter	Grenzwert
1	Escherichia coli (E. coli)	0/250 ml
2	Enterokokken	0/250 ml
3	Pseudomonas aeruginosa	0/250 ml
[ ][4]		
[ ][5]		
[ ][6]		

---

[1] In der TrinkwV 2011 wurde aus der Bezeichnung „Wasser für den menschlichen Gebrauch" der Begriff „Trinkwasser".

[2] In der TrinkwV 2011 wurde die lfd. Nr. 3 „Coliforme Bakterien" aus Anlage 1, Teil I als „Allgemeiner Indikator" in die Anlage 3 [zu § 7], Teil I, lfd. Nr. 5 verschoben (siehe Fn. 37).

[3] In der TrinkwV 2011 wurde aus der Überschrift „Anforderungen an Wasser für den menschlichen Gebrauch, das zur Abfüllung in Flaschen oder sonstige Behältnisse zum Zwecke der Abgabe bestimmt ist" die jetzige Überschrift.

[4] In der TrinkwV 2011 wurde die lfd. Nr. 4 aus Anlage 1, Teil II als „Allgemeiner Indikator" in die Anlage 3 [zu § 7], Teil I, lfd. Nr. 10 verschoben (siehe dort).

[5] In der TrinkwV 2011 wurde die lfd. Nr. 5 aus Anlage 1, Teil II als „Allgemeiner Indikator" in die Anlage 3 [zu § 7], Teil I, lfd. Nr. 11 verschoben (siehe dort).

[6] In der TrinkwV 2011 wurde die lfd. Nr. 6 aus Anlage 1, Teil II als „Allgemeiner Indikator" in die Anlage 3 [zu § 7], Teil I, lfd. Nr. 5 verschoben (siehe dort).

Anlage 2
(zu § 6 Abs. 2)

Chemische Parameter

Teil I
Chemische Parameter, deren Konzentration sich im Verteilungsnetz einschließlich der Hausinstallation in der Regel nicht mehr erhöht

Lfd. Nr.	Parameter	Grenzwert mg/l	Bemerkungen
1	Acrylamid	0,0001	Der Grenzwert bezieht sich auf die Restmonomerkonzentration im Wasser, berechnet auf Grund der maximalen Freisetzung nach den Spezifikationen des entsprechenden Polymers und der angewandten Polymerdosis. Der Nachweis der Einhaltung des Grenzwertes kann auch durch die Analyse des Trinkwassers erbracht werden. Die Anforderungen nach § 11 bleiben unberührt[7]
2	Benzol	0,001	
3	Bor	1	
4	Bromat	0,01	
5	Chrom	0,05	Zur Bestimmung wird die Konzentration von Chromat auf Chrom umgerechnet
6	Cyanid	0,05	
7	1,2-Dichlorethan	0,003	
8	Fluorid	1,5	
9	Nitrat	50	Die Summe aus Nitratkonzentration in mg/l geteilt durch 50 und Nitritkonzentration in mg/l geteilt durch 3 darf nicht größer als 1 mg/l sein
10	Pflanzenschutzmittel und Biozidprodukte	0,0001	Pflanzenschutzmittel-Wirkstoffe und Biozidprodukte-Wirkstoffe[8] bedeuten: organische Insektizide, organische Herbizide, organische Fungizide, organische Nematizide, organische Akarizide, organische Algizide, organische Rodentizide, organische Schleimbekämpfungsmittel, verwandte Produkte (u. a. Wachstumsregulatoren) und die relevanten Metaboliten, Abbau- und Reaktionsprodukte. Es brauchen nur solche Pflanzenschutzmittel-Wirkstoffe und Biozidprodukte-Wirkstoffe[9] überwacht zu werden,

---

[7] Die markierte Textpassage wurde neu in die TrinkwV 2011 aufgenommen.

[8] In der TrinkwV 2011 wurde aus den Begriffen „Pflanzenschutzmittel und Biozidprodukte" die Begriffe „Pflanzenschutzmittel-Wirkstoffe und Biozidprodukte-Wirkstoffe".

[9] In der TrinkwV 2011 wurde aus den Begriffen „Pflanzenschutzmittel und Biozidprodukte" die Begriffe „Pflanzenschutzmittel-Wirkstoffe und Biozidprodukte-Wirkstoffe".

Lfd. Nr.	Parameter	Grenzwert mg/l	Bemerkungen
			deren Vorhandensein in einer bestimmten Wasserversorgung wahrscheinlich ist. Der Grenzwert gilt jeweils für die einzelnen Pflanzenschutzmittel-Wirkstoffe und Biozidprodukte-Wirkstoffe[10]. Für Aldrin, Dieldrin, Heptachlor und Heptachlorepoxid gilt der Grenzwert von 0,00003 mg/l
11	Pflanzenschutzmittel und Biozidprodukte insgesamt	0,0005	Der Parameter bezeichnet die Summe der bei dem Kontrollverfahren nachgewiesenen und mengenmäßig bestimmten einzelnen Pflanzenschutzmittel-Wirkstoffe und Biozidprodukte-Wirkstoffe[11]. Siehe Anmerkung 1[12]
12	Quecksilber	0,001	
13	Selen	0,01	
14	Tetrachlorethen und Trichlorethen	0,01	Summe der für die beiden Stoffe nachgewiesenen Konzentrationen
15[13]	Uran	0,010	

Teil II
Chemische Parameter, deren Konzentration im Verteilungsnetz einschließlich der Trinkwasser-Installation[14] ansteigen kann

Lfd. Nr.	Parameter	Grenzwert mg/l	Bemerkung
1	Antimon	0,005	
2	Arsen	0,01	
3	Benzo-(a)-pyren	0,00001	

---

[10] In der TrinkwV 2011 wurde aus den Begriffen „Pflanzenschutzmittel und Biozidprodukte" die Begriffe „Pflanzenschutzmittel-Wirkstoffe und Biozidprodukte-Wirkstoffe".

[11] In der TrinkwV 2011 wurde aus den Begriffen „Pflanzenschutzmittel und Biozidprodukte" die Begriffe „Pflanzenschutzmittel-Wirkstoffe und Biozidprodukte-Wirkstoffe".

[12] In der TrinkwV 2011 ist die Textpassage „Siehe Anmerkung 1" neu aufgenommen worden.

[13] In der TrinkwV 2011 wurde Uran unter der lfd. Nr. 15 neu aufgenommen!

[14] In der TrinkwV 2011 wurde der Begriff „Hausinstallation" durch den Begriff „Trinkwasser-Installation" ersetzt.

Lfd. Nr.	Parameter	Grenzwert mg/l	Bemerkung
4	Blei	0,01	Grundlage ist eine für die durchschnittliche wöchentliche Trinkwasseraufnahme[15] durch Verbraucher repräsentative Probe [ ][16]. Die zuständigen Behörden stellen sicher, dass alle geeigneten Maßnahmen getroffen werden, um die Bleikonzentration in Trinkwasser[17] so weit wie möglich zu reduzieren. Maßnahmen zur Erreichung dieses Grenzwertes[18] sind schrittweise und vorrangig dort durchzuführen, wo die Bleikonzentration in Trinkwasser[19] am höchsten ist
5	Cadmium	0,003[20]	Einschließlich der bei Stagnation von Wasser in Rohren aufgenommenen Cadmiumverbindungen
6	Epichlorhydrin	0,0001	Der Grenzwert bezieht sich auf die Restmonomerkonzentration im Trinkwasser[21], berechnet auf Grund der maximalen Freisetzung nach den Spezifikationen des entsprechenden Polymers und der angewandten Polymerdosis. Der Nachweis der Einhaltung des Grenzwertes kann auch durch die Analyse des Trinkwassers erbracht werden[22]
7	Kupfer	2	Grundlage ist eine für die durchschnittliche wöchentliche Trinkwasseraufnahme[23] durch Verbraucher repräsentative Probe. Auf eine Untersuchung im Rahmen der Überwachung nach § 19 Absatz 7 kann in der Regel verzichtet werden, wenn der pH-Wert im Wasserversorgungsgebiet größer oder gleich 7,8 ist[24]

[15] In der TrinkwV 2011 wurde der Begriff „Wasseraufnahme" durch den Begriff „Trinkwasseraufnahme" ersetzt.

[16] In der TrinkwV 2011 wurde die Textpassage „; hierfür soll nach Artikel 7 Abs. 4 der Trinkwasserrichtlinie ein harmonisiertes Verfahren festgesetzt werden" gestrichen.

[17] In der TrinkwV 2011 wurde die Textpassage „Wasser für den menschlichen Gebrauch innerhalb des Zeitraums, der zur Erreichung des Grenzwertes erforderlich ist," durch das Wort Trinkwasser ersetzt.

[18] In der TrinkwV 2011 wurde der Begriff „Wertes" durch den Begriff „Grenzwertes" ersetzt.

[19] In der TrinkwV 2011 wurde der Begriff „Wasser für den menschlichen Gebrauch" durch den Begriff „Trinkwasser" ersetzt.

[20] In der TrinkwV 2011 wurde der Grenzwert für Cadmium von „0,005 mg/l" auf den markierten Wert gesenkt.

[21] In der TrinkwV 2011 wurde der Begriff „Wasser" durch den Begriff „Trinkwasser" ersetzt.

[22] In der TrinkwV 2011 wurde die markierte Textpassage neu aufgenommen.

[23] In der TrinkwV 2011 wurde der Begriff „Wasseraufnahme" durch den Begriff „Trinkwasseraufnahme" ersetzt.

[24] In der TrinkwV 2011 wurde die Textpassage „; hierfür soll nach Artikel 7 Abs. 4 der Trinkwasserrichtlinie ein harmonisiertes Verfahren festgesetzt werden. Die Untersuchung im Rahmen der Überwachung nach § 19 Abs. 7 ist nur dann erforderlich, wenn der pH-Wert im Versorgungsgebiet kleiner als 7,4 ist" durch die markierte Textpassage ersetzt.

Lfd. Nr.	Parameter	Grenzwert mg/l	Bemerkung
8	Nickel	0,02	Grundlage ist eine für die durchschnittliche wöchentliche Trinkwasseraufnahme[25] durch Verbraucher repräsentative Probe; hierfür soll nach Artikel 7 Abs. 4 der Trinkwasser-richtlinie ein harmonisiertes Verfahren festgesetzt werden
9	Nitrit	0,5	Die Summe aus Nitratkonzentration in mg/l geteilt durch 50 und Nitritkonzentration in mg/l geteilt durch 3 darf nicht größer[26] als 1 mg/l sein. Am Ausgang des Wasserwerks darf der Wert von 0,1 mg/l für Nitrit nicht überschritten werden
10	Polyzyklische aromatische Kohlenwasser-stoffe	0,0001	Summe der nachgewiesenen und mengenmäßig bestimmten nachfolgenden Stoffe: Benzo-(b)-fluoranthen, Benzo-(k)-fluoranthen, Benzo-(ghi)-perylen und Indeno-(1,2,3-cd)-pyren (Anmerkung 1)[27]
11	Trihalogen-methane	0,05	Summe der am Zapfhahn des Verbrauchers nachgewiesenen und mengenmäßig bestimmten Reaktionsprodukte im Trink-wasser[28], die bei der Desinfektion oder Oxidation des Wassers entstehen: Trichlormethan (Chloroform), Bromdichlormethan, Dibromchlormethan und Tribrommethan (Bromoform); eine Untersuchung im Versorgungsnetz ist nicht erforderlich, wenn am Ausgang des Wasserwerks der Wert von 0,01 mg/l nicht überschritten wird. Das Gesundheitsamt kann befristet höhere Konzentrationen am Zapfhahn in der Trinkwasser-Installation bis 0,1 mg/l zulassen, wenn dies aus seuchenhygienischen Gründen als Folge von Desinfektionsmaßnahmen erforderlich ist (Anmerkung 1)[29]
12	Vinylchlorid	0,0005	Der Grenzwert bezieht sich auf die Restmonomerkonzentra-tion im Trinkwasser[30], berechnet auf Grund der maximalen Freisetzung nach den Spezifikationen des entsprechenden Polymers und der angewandten Polymerdosis. Der Nachweis der Einhaltung des Grenzwertes kann auch durch die Analyse des Trinkwassers erbracht werden[31]

Anmerkung 1: Voraussetzung für die Summenbildung ist mindestens das jeweilige Erreichen der Bestimmungsgrenze des analytischen Verfahrens.[32]

---

[25] In der TrinkwV 2011 wurde der Begriff „Wasseraufnahme" durch den Begriff „Trinkwasseraufnahme" ersetzt.

[26] In der TrinkwV 2011 wurde der Begriff „höher" durch den Begriff „größer" ersetzt.

[27] In der TrinkwV 2011 ist die markierte Textpassage neu aufgenommen worden.

[28] In der TrinkwV 2011 wurden die Wörter „im Trinkwasser" zusätzlich eingefügt.

[29] In der TrinkwV 2011 wurde die markierte Textpassage neu aufgenommen.

[30] In der TrinkwV 2011 wurde der Begriff „Wasser" durch den Begriff „Trinkwasser" ersetzt.

[31] In der TrinkwV 2011 wurde die markierte Textpassage neu aufgenommen.

[32] In der TrinkwV 2011 wurde die markierte Textpassage neu aufgenommen.

Anlage 3
(zu § 7)

Indikatorparameter

Teil I
Allgemeine Indikatorparameter[33]

Lfd. Nr.	Parameter	Einheit, als	Grenzwert/ Anforderung	Bemerkungen
1	Aluminium	mg/l	0,2	
2	Ammonium	mg/l	0,5	[ ][34] Die Ursache einer plötzlichen oder kontinuierlichen Erhöhung der üblicherweise gemessenen Konzentration ist zu untersuchen
3	Chlorid	mg/l	250	Das Trinkwasser[35] sollte nicht korrosiv wirken (Anmerkung 1)
4	Clostridium perfringens (einschließlich Sporen)	Anzahl/100 ml	0	Dieser Parameter braucht nur bestimmt zu werden, wenn das Rohwasser[36] von Oberflächenwasser stammt oder von Oberflächenwasser beeinflusst wird. Wird dieser Grenzwert nicht eingehalten, veranlasst die zuständige Behörde Nachforschungen im Versorgungssystem, um sicherzustellen, dass keine Gefährdung der menschlichen Gesundheit auf Grund eines Auftretens krankheitserregender Mikroorganismen, z. B. Cryptosporidium, besteht. Über das Ergebnis dieser Nachforschungen unterrichtet die zuständige Behörde über die zuständige oberste Landesbehörde das Bundesministerium für Gesundheit
5[37]	Coliforme Bakterien	Anzahl/100 ml	0	Für Trinkwasser, das zur Abgabe in verschlossenen Behältnissen bestimmt ist, gilt der Grenzwert 0/250 ml

[33] In der TrinkwV 2011, Anlage 3 (zu § 7), wurde die Überschrift „Teil I Allgemeine Indikatorparameter" neu aufgenommen.
[34] In der TrinkwV 2011 wurde die Textpassage „Geogen bedingte Überschreitungen bleiben bis zu einem Grenzwert von 30 mg/l außer Betracht." gestrichen.
[35] In der TrinkwV 2011 wurde der Begriff „Wasser" durch den Begriff „Trinkwasser" ersetzt.
[36] In der TrinkwV 2011 wurde der Begriff „Wasser" durch den Begriff „Rohwasser" ersetzt.
[37] In der TrinkwV 2011 wurde die lfd. Nr. 5 „Eisen" durch „Coliforme Bakterien" aus Anlage 1, Teil I „Allgemeiner Indikator", lfd. Nr. 3 ersetzt (siehe Fn. 2).

Lfd. Nr.	Parameter	Einheit, als	Grenzwert/ Anforderung	Bemerkungen
6[38]	Eisen	mg/l	0,2	[ ][39]
7[40]	Färbung (spektraler Absorptions-koeffizient Hg 436 nm)	m-1	0,5	Bestimmung des spektralen Absorptions-koeffizienten mit Spektralphotometer oder Filterphotometer
8[41]	Geruch[42]	TON[43]	3 bei 23 °C[44]	Bei der routinemäßigen Untersuchung kann alternativ eine qualitative Untersuchung (Geruch gemäß Richtlinie 98/83/EG) durchgeführt werden, mit dem Ziel, einen für den Verbraucher annehmbaren Geruch zu attestieren und anormale Veränderungen auszuschließen. Es ist das Analysenverfahren nach DIN EN 1622 anzuwenden[45]
9[46]	Geschmack		für den Verbraucher annehmbar und ohne anormale Veränderung	Bei Verdacht auf eine mikrobiologische Kontamination kann auf eine Geschmacksprobe verzichtet werden[47]

---

[38] In der TrinkwV 2011 wurde die lfd. Nr. 6 „Färbung (spektraler Absorptionskoeffizient Hg 436 nm)" durch „Eisen" ersetzt.

[39] In der TrinkwV 2011 wurde die Textpassage „Geogen bedingte Überschreitungen bleiben bei Anlagen mit einer Abgabe von bis 1 000 cbm im Jahr bis zu 0,5 mg/l außer Betracht" gestrichen.

[40] In der TrinkwV 2011 wurde die lfd. Nr. 7 „Geruchsschwellenwert" durch „Färbung (spektraler Absorptionskoeffizient Hg 436 nm)" ersetzt.

[41] In der TrinkwV 2011 wurde die lfd. Nr. 8 „Geschmack" durch „Geruch" ersetzt.

[42] In der TrinkwV 2011 wurde der Begriff „Geruchschwellenwert" durch den Begriff „Geruch" ersetzt.

[43] In der TrinkwV 2011 wurde die Einheit als „TON" eingefügt.

[44] In der TrinkwV 2011 wurden die Angaben Grenzwert/Anforderung „2 bei 12 Grad C, 3 bei 25 Grad C" durch die markierte Angabe ersetzt.

[45] In der TrinkwV 2011 wurde die Textpassage „Stufenweise Verdünnung mit geruchsfreiem Wasser und Prüfung auf Geruch" durch die markierte Textpassage ersetzt.

[46] In der TrinkwV 2011 wurde die lfd. Nr. 9 „Koloniezahl bei 22 Grad C" durch „Geschmack" ersetzt.

[47] In der TrinkwV 2011 wurde die markierte Textpassage eingefügt.

Lfd. Nr.	Parameter	Einheit, als	Grenzwert/ Anforderung	Bemerkungen
10[48]	Koloniezahl bei 22 °C		ohne anormale Veränderung	Bei der Anwendung des Verfahrens nach Anlage 5 Teil I Buchstabe d Doppelbuchstabe bb[49] gelten folgende Grenzwerte: 100/ml am Zapfhahn des Verbrauchers; 20/ml unmittelbar nach Abschluss der Aufbereitung im desinfizierten Trinkwasser[50]; 1 000/ml bei Wasserversorgungsanlagen nach § 3 Nummer[51] 2 Buchstabe c[52] sowie in Wasserspeichern von Anlagen nach Buchstabe d[53]. Der Unternehmer und[54] der sonstige Inhaber einer Wasserversorgungsanlage haben unabhängig vom angewandten Verfahren einen plötzlichen oder kontinuierlichen Anstieg unverzüglich der zuständigen Behörde zu melden. Das Untersuchungsverfahren nach Anlage 5 Teil I Buchstabe d Doppelbuchstabe bb darf nicht eingesetzt werden für Trinkwasser, das zur Abgabe in verschlossenen Behältnissen bestimmt ist. Für Trinkwasser, das zur Abgabe in verschlossenen Behältnissen bestimmt ist, gilt der Grenzwert 100/ml[55]

---

[48] In der TrinkwV 2011 wurde die lfd. Nr. 10 „Koloniezahl bei 36 Grad C" durch „Koloniezahl bei 22 Grad C" ersetzt.

[49] In der TrinkwV 2011 wurde die Textpassage „Anlage 1 Nr. 5 TrinkwV a. F." durch die markierte Textpassage ersetzt.

[50] In der TrinkwV 2011 wurde der Begriff „Wasser" durch den Begriff „Trinkwasser" ersetzt.

[51] In der TrinkwV 2011 wurde die Abkürzung „Nr." durch den Begriff „Nummer" ersetzt.

[52] In der TrinkwV 2011 wurde der Buchstabe „b" durch den Buchstaben „c" ersetzt.

[53] In der TrinkwV 2011 wurde die Textpassage „sowie in Tanks von Land-, Luft- und Wasserfahrzeugen. Bei Anwendung anderer Verfahren ist das Verfahren nach Anlage 1 Nr. 5 TrinkwV a. F. für die Dauer von mindestens einem Jahr parallel zu verwenden, um entsprechende Vergleichswerte zu erzielen." durch die markierte Textpassage ersetzt.

[54] In der TrinkwV 2011 wurde der Begriff „oder" durch den Begriff „und" ersetzt.

[55] In der TrinkwV 2011 wurde die markierte Textpassage eingefügt.

Lfd. Nr.	Parameter	Einheit, als	Grenzwert/ Anforderung	Bemerkungen
11 [56]	Koloniezahl bei 36 °C		ohne anormale Veränderung	Bei der Anwendung des Verfahrens nach Anlage 5 Teil I Buchstabe d Doppelbuchstabe bb [57] gilt der Grenzwert von 100/ml. [ ] [58] Der Unternehmer und [59] der sonstige Inhaber einer Wasserversorgungsanlage haben unabhängig vom angewandten Verfahren einen plötzlichen oder kontinuierlichen Anstieg unverzüglich der zuständigen Behörde zu melden. Das Untersuchungsverfahren nach Anlage 5 Teil I Buchstabe d Doppelbuchstabe bb darf nicht eingesetzt werden für Trinkwasser, das zur Abgabe in verschlossenen Behältnissen bestimmt ist. Für Trinkwasser, das zur Abgabe in verschlossenen Behältnissen bestimmt ist, gilt der Grenzwert 20/ml [60]
12 [61]	Elektrische Leitfähigkeit	μS/cm	2790 bei 25 °C [62]	Das Wasser sollte nicht korrosiv wirken (Anmerkungen 1 und 2 [63])
13 [64]	Mangan	mg/l	0,05	[ ] [65]
14 [66]	Natrium	mg/l	200	

---

[56] In der TrinkwV 2011 wurde die lfd. Nr. 11 „Elektrische Leitfähigkeit" durch „Koloniezahl bei 36 °C" ersetzt.

[57] In der TrinkwV 2011 wurde die Textpassage „Anlage 1 Nr. 5 TrinkwV a. F." durch die markierte Textpassage ersetzt.

[58] In der TrinkwV 2011 wurde die Textpassage „Bei Anwendung anderer Verfahren ist das Verfahren nach Anlage 1 Nr. 5 TrinkwV a. F. für die Dauer von mindestens einem Jahr parallel zu verwenden, um entsprechende Vergleichswerte zu erzielen." gestrichen.

[59] In der TrinkwV 2011 wurde das Wort „oder" durch das Wort „und" ersetzt.

[60] In der TrinkwV 2011 wurde die markierte Textpassage eingefügt.

[61] In der TrinkwV 2011 wurde die lfd. Nr. 12 „Mangan" durch „Elektrische Leitfähigkeit" ersetzt.

[62] In der TrinkwV 2011 wurden die Angaben „2 500 bei 20 Grad C" durch die markierten Angaben ersetzt.

[63] In der TrinkwV 2011 wurde die markierte Textpassage eingefügt.

[64] In der TrinkwV 2011 wurde die lfd. Nr. 13 „Natrium" durch „Mangan" ersetzt.

[65] In der TrinkwV 2011 wurde die Textpassage „Geogen bedingte Überschreitungen bleiben bei Anlagen mit einer Abgabe von bis 1 000 cbm im Jahr bis zu einem Grenzwert von 0,2 mg/l außer Betracht" gestrichen.

[66] In der TrinkwV 2011 wurde die lfd. Nr. 14 „Organisch gebundener Kohlenstoff (TOC)" durch „Natrium" ersetzt.

Lfd. Nr.	Parameter	Einheit, als	Grenzwert/ Anforderung	Bemerkungen
15[67]	Organisch gebundener Kohlenstoff (TOC)		ohne anormale Veränderung	
16[68]	Oxidierbarkeit	mg/l O_2	5,0	Dieser Parameter braucht nicht bestimmt zu werden, wenn der Parameter TOC analysiert wird
17[69]	Sulfat	mg/l	250[70]	Das Wasser sollte nicht korrosiv wirken (Anmerkung 1) [ ][71]
18[72]	Trübung	nephelometrische Trübungseinheiten (NTU)	1,0	Der Grenzwert gilt als eingehalten, wenn am Ausgang des Wasserwerks der Grenzwert nicht überschritten wird[73]. Der Unternehmer und[74] der sonstige Inhaber einer Wasserversorgungsanlage nach § 3 Nummer 2 Buchstabe a oder Buchstabe b[75] haben einen plötzlichen oder kontinuierlichen Anstieg unverzüglich der zuständigen Behörde zu melden. Letzteres gilt auch für das Verteilungsnetz[76]

[67] In der TrinkwV 2011 wurde die lfd. Nr. 15 „Oxidierbarkeit" durch „Organisch gebundener Kohlenstoff (TOC)" ersetzt.

[68] In der TrinkwV 2011 wurde die lfd. Nr. 16 „Sulfat" durch „Oxidierbarkeit" ersetzt.

[69] In der TrinkwV 2011 wurde die lfd. Nr. 17 „Trübung" durch „Sulfat" ersetzt.

[70] In der TrinkwV 2011 wurde der Grenzwert von „240" auf den markierten Wert erhöht.

[71] In der TrinkwV 2011 wurde die Textpassage „Geogen bedingte Überschreitungen bleiben bis zu einem Grenzwert von 500 mg/l außer Betracht" gestrichen.

[72] In der TrinkwV 2011 wurde die lfd. Nr. 18 „Wasserstoffionen-Konzentration" durch „Trübung" ersetzt.

[73] In der TrinkwV 2011 wurde die Textpassage „Der Grenzwert gilt am Ausgang des Wasserwerks." durch die markierte Textpassage ersetzt.

[74] In der TrinkwV 2011 wurde der Begriff „oder" durch den Begriff „und" ersetzt.

[75] In der TrinkwV 2011 wurde die markierte Textpassage eingefügt.

[76] In der TrinkwV 2011 wurde die markierte Textpassage eingefügt.

Lfd. Nr.	Parameter	Einheit, als	Grenzwert/ Anforderung	Bemerkungen
19[77]	Wasserstoff- ionen- Konzentration	pH-Einheiten	$\geq 6,5$ und $\leq 9,5$	Das Trinkwasser[78] sollte nicht korrosiv wirken (Anmerkung 1). Für Trinkwasser, das zur Abfüllung in verschließbare Behältnisse vorgesehen ist, kann der Mindestwert auf 4,5 pH-Einheiten herabgesetzt werden. Ist diese Trinkwasser von Natur aus kohlensäurehaltig, kann der Mindestwert niedriger sein[79]
20[80]	Calcitlöse- kapazität	mg/l $CaCO_3$	5	Die Anforderung gilt für Wasserversorgungsanlagen nach § 3 Nummer 2 Buchstabe a und b. Die Anforderung gilt als erfüllt, wenn der pH-Wert am Wasserwerksausgang $\geq 7,7$ ist. Hinter der Stelle der Mischung von Trinkwasser aus zwei oder mehr Wasserwerken darf die Calcitlösekapazität im Verteilungsnetz den Wert von 10 mg/l nicht überschreiten. Für Wasserversorgungsanlagen nach § 3 Nummer 2 Buchstabe c wird empfohlen, sich nach dieser Anforderung zu richten, wenn nicht andere Maßnahmen zur Berücksichtigung der Aggressivität des Trinkwassers gegenüber Werkstoffen getroffen werden. Es ist das Berechnungsverfahren 3 nach DIN 38404-10 anzuwenden

[77] In der TrinkwV 2011 wurde die lfd. Nr. 19 „Tritium" durch „Wasserstoffionen-Konzentration" ersetzt.
[78] In der TrinkwV 2011 wurde der Begriff „Wasser" durch den Begriff „Trinkwasser" ersetzt.
[79] In der TrinkwV 2011 wurde die Textpassage „Die berechnete Calcitlösekapazität am Ausgang des Wasserwerks darf 5 mg/l $CaCO_3$ nicht überschreiten; diese Forderung gilt als erfüllt, wenn der pH-Wert am Wasserwerksausgang $\geq 7,7$ ist. Bei der Mischung von Wasser aus zwei oder mehr Wasserwerken darf die Calcitlösekapazität im Verteilungsnetz den Wert von 10 mg/l nicht überschreiten. Für in Flaschen oder Behältnisse abgefülltes Wasser kann der Mindestwert auf 4,5 pH-Einheiten herabgesetzt werden. Für in Flaschen oder Behältnisse abgefülltes Wasser, das von Natur aus kohlensäurehaltig ist oder das mit Kohlensäure versetzt wurde, kann der Mindestwert niedriger sein" durch die markierte Textpassage ersetzt.
[80] In der TrinkwV 2011 wurde die lfd. Nr. 20 „Gesamtdosis" durch die neu aufgenommene „Calcitlösekapazität" ersetzt.

Lfd. Nr.	Parameter	Einheit, als	Grenzwert/ Anforderung	Bemerkungen
21[81]	Tritium	Bq/l	100	Anmerkungen 3 und 4[82]
22[83]	Gesamt-richtdosis	mSv/Jahr	0,1	Anmerkungen 3 bis 5[84]

Anmerkung 1: Die entsprechende Beurteilung, insbesondere zur Auswahl geeigneter Materialien im Sinne von § 17 Abs. 1, erfolgt nach den allgemein anerkannten Regeln der Technik.

Anmerkung 2[85]: Messungen bei anderen Temperaturen sind erlaubt; in diesem Fall ist die Norm EN 27888 zu berücksichtigen.

Anmerkung 3[86]: Die Kontrollhäufigkeit, die Kontrollmethoden und die relevantesten Überwachungsstandorte werden zu einem späteren Zeitpunkt gemäß dem nach Artikel 12 der Trinkwasserrichtlinie festgesetzten Verfahren festgelegt.

Anmerkung 4[87]: Die zuständige Behörde ist nicht verpflichtet, eine Überwachung von Trinkwasser[88] im Hinblick auf Tritium oder der Radioaktivität zur Festlegung der Gesamtrichtdosis durchzuführen, wenn sie auf der Grundlage anderer durchgeführter Überwachungen davon überzeugt ist, dass der Wert für Tritium bzw. der berechnete Gesamtrichtwert deutlich unter dem Parameterwert liegt. In diesem Fall teilt sie dem Bundesministerium für Gesundheit über die zuständige oberste Landesbehörde oder eine von ihr benannte Stelle[89] die Gründe für ihren Beschluss und die Ergebnisse dieser anderen Überwachungen mit.

Anmerkung 5[90]: Mit Ausnahme von Tritium, Kalium-40, Radon und Radonzerfallsprodukten.

Teil II:
Spezielle Anforderungen an Trinkwasser in Anlagen der Trinkwasser-Installation

Parameter	Technischer Maßnahmenwert
Legionella spec.	100/100 ml[91]

[81] In der TrinkwV 2011 wurde unter der lfd. Nr. 21 „Tritium" positioniert (vorher lfd. Nr. 19).
[82] In der TrinkwV 2011 wurde aus „2 und 3" die markierte Textpassage.
[83] In der TrinkwV 2011 wurde unter der lfd. Nr. 22 „Gesamtdosis" positioniert (vorher lfd. Nr. 20).
[84] In der TrinkwV 2011 wurde aus „2 bis 4" die markierte Textpassage.
[85] In der TrinkwV 2011 wurde die „Anmerkung 2" neu aufgenommen.
[86] In der TrinkwV 2011 wurde aus der „Anmerkung 2" die „Anmerkung 3".
[87] In der TrinkwV 2011 wurde aus der „Anmerkung 3" die „Anmerkung 4".
[88] In der TrinkwV 2011 wurde der Begriff „Wasser" durch den Begriff „Trinkwasser" ersetzt.
[89] In der TrinkwV 2011 wurde die markierte Textpassage neu aufgenommen.
[90] In der TrinkwV 2011 wurde aus der „Anmerkung 4" die „Anmerkung 5".
[91] In der TrinkwV 2011 wurde die markierte Textpassage neu aufgenommen.

Anlage 4
(zu §§ 14 und 19[92])

Umfang und Häufigkeit von Untersuchungen
Teil I[93]
Umfang der Untersuchung
a)[94] Routinemäßige Untersuchungen

Folgende Parameter sind routinemäßig zu untersuchen, wobei die Einzeluntersuchung entfallen kann bei Parametern, für die laufende Messwerte bestimmt und aufgezeichnet werden[95] [ ][96]:

Aluminium (Anmerkung 1)

Ammonium

Clostridium perfringens (einschließlich Sporen) (Anmerkung 2)

Coliforme Bakterien

Eisen (Anmerkung 1)

Elektrische Leitfähigkeit

Escherichia coli (E. coli)

Färbung

Geruch

Geschmack

Koloniezahl bei 22 °C und 36 °C

[ ][97]

Pseudomonas aeruginosa (Anmerkung 3[98])

Trübung

Wasserstoffionen-Konzentration

Das Gesundheitsamt kann bei Wasserversorgungsanlagen nach § 3 Nummer 2 Buchstabe a die Anzahl der Analysen für die routinemäßig zu untersuchenden Parameter verringern, wenn

1. die Analysenergebnisse der in einem Zeitraum von mindestens zwei aufeinanderfolgenden Jahren durchgeführten Untersuchungen konstant und erheblich besser als die in den Anlagen 1 bis 3 festgelegten Grenzwerte und Anforderungen sind und

2. es davon ausgeht, dass keine Umstände zu erwarten sind, die sich nachteilig auf die Qualität des Trinkwassers auswirken können.

Die Mindesthäufigkeit der Analysen darf nicht weniger als die Hälfte der in Anlage 4 Teil II genannten Anzahl betragen.[99]

---

[92] In der TrinkwV 2011 wurde die Textpassage „§ 14 Abs. 1" durch die markierte Textpassage ersetzt.

[93] In der TrinkwV 2011 wurde aus der Bezeichnung „I." die markierte Bezeichnung.

[94] In der TrinkwV 2011 wurde aus der Bezeichnung „1." die markierte Bezeichnung.

[95] In der TrinkwV 2011 wurde die markierte Textpassage neu aufgenommen.

[96] In der TrinkwV 2011 wurde die Fußnote „*) Die Einzeluntersuchung entfällt bei Parametern, für die laufend Messwerte bestimmt und aufgezeichnet werden." gestrichen.

[97] In der TrinkwV 2011 wurde die Textpassage „Nitrit (Anmerkung 3)" gestrichen.

[98] In der TrinkwV 2011 wurde aus „4" die markierte Ziffer.

[99] In der TrinkwV 2011 wurde die markierte Textpassage neu aufgenommen.

Anmerkung 1[100]:
Nur erforderlich bei einer Zugabe gemäß § 11. In allen anderen Fällen sind die Parameter in der Liste für die umfassenden Untersuchungen enthalten.

Anmerkung 2:
Nur erforderlich, wenn das Rohwasser[101] von Oberflächenwasser stammt oder von Oberflächenwasser beeinflusst wird. [ ][102]

Anmerkung 3[103]:
Nur erforderlich bei Trinkwasser, das zur Abfüllung in verschließbare Behältnisse zum Zwecke der Abgabe bestimmt ist.

b) Umfassende Untersuchungen[104]

Alle gemäß den Anlagen 1 bis 3 festgelegten Parameter, die nicht unter den routinemäßigen Untersuchungen aufgeführt sind, beziehungsweise in deren Umfang nicht untersucht werden müssen,[105] sind Gegenstand der periodischen Untersuchungen. Dies gilt nicht, wenn die routinemäßigen Untersuchungen bezüglich eines bestimmtes Parameters sich auf eine bestimmte Situation beschränken, wie z. B. die Abfüllung von Trinkwasser in Behältnisse oder mikrobiologische Untersuchungen in bestimmten Teilen der Trinkwasser-Installation, oder wenn die zuständigen Behörden für einen von ihnen festzulegenden Zeitraum feststellen, dass das Vorhandensein eines Parameters in einem bestimmten Wasserversorgungsgebiet nicht in Konzentrationen zu erwarten ist, die die Einhaltung des entsprechenden Grenzwertes gefährden könnten. Satz 1 gilt nicht für die Parameter für Radioaktivität, die vorbehaltlich der Anmerkungen 3 bis 5 in Anlage 3 Teil I überwacht werden.[106]

---

[100] In der TrinkwV 2011 wurde die „Anmerkung 1: Nur erforderlich, wenn das Wasser von Oberflächenwasser stammt oder von Oberflächenwasser beeinflusst wird*)" durch den markierten Text ersetzt.

[101] In der TrinkwV 2011 wurde der Begriff „Wasser" durch den Begriff „Rohwasser" ersetzt.

[102] In der TrinkwV 2011 entfällt an der markierten Stelle das Fußnotenzeichen.

[103] In der TrinkwV 2011 wurde die „Anmerkung 3: Gilt nur für Wasserversorgungsanlagen im Sinne von § 3 Nr. 2 Buchstabe b und c" durch die leicht modifizierte „Anmerkung 4: Nur erforderlich bei Wasser, das zur Abfüllung in Flaschen oder andere Behältnisse zum Zwecke der Abgabe bestimmt ist" ersetzt. Die ehemalige Anmerkung 3 ist entfallen.

[104] In der TrinkwV 2011 wurde die Bezeichnung „2. Periodische Untersuchungen" durch die markierte Textstelle ersetzt.

[105] In der TrinkwV 2011 wurde die markierte Textpassage neu aufgenommen.

[106] In der TrinkwV 2011 wurde die Textpassage „, es sei denn, die zuständigen Behörden können für einen von ihnen festzulegenden Zeitraum feststellen, dass das Vorhandensein eines Parameters in einer bestimmten Wasserversorgung nicht in Konzentrationen zu erwarten ist, die die Einhaltung des entsprechenden Grenzwertes gefährden könnten. Der periodischen Untersuchung unterliegt auch die Untersuchung auf Legionellen in zentralen Erwärmungsanlagen der Hausinstallation nach § 3 Nr. 2 Buchstabe c, aus denen Wasser für die Öffentlichkeit bereitgestellt wird. Satz 1 gilt nicht für die Parameter für Radioaktivität, die vorbehaltlich der Anmerkungen 1 bis 3 in Anlage 3 überwacht werden." durch die markierte Textpassage ersetzt.

Teil II[107]
Häufigkeit der Untersuchungen

a) Mindesthäufigkeit der Analysen in einem Wasserversorgungsgebiet[108]

Menge des in einem Wasserversorgungsgebiet abgegebenen oder produzierten Wassers in Kubikmeter pro Tag (Anmerkung 1)[109]	Routinemäßige Untersuchungen Anzahl der Analysen[110]/Jahr (Anmerkung 2)[111]	Periodische Untersuchungen Anzahl der Proben/Jahr [ ][112]
≤ 10[113]	1 [ ][114]	1 [ ][115]
> 10 bis ≤ 1 000[116]	4	1

---

[107] In der TrinkwV 2011 wurde aus der Bezeichnung „I." die markierte Bezeichnung.

[108] In der TrinkwV 2011 wurde die Textpassage „Mindesthäufigkeit der Probenahmen und Analysen bei Wasser für den menschlichen Gebrauch, das aus einem Verteilungsnetz oder einem Tankfahrzeug bereitgestellt oder in einem Lebensmittelbetrieb verwendet wird. Die Proben sind an der Stelle der Einhaltung nach § 8 zu nehmen, um sicherzustellen, dass das Wasser für den menschlichen Gebrauch die Anforderungen der Verordnung erfüllt. Bei einem Verteilungsnetz können jedoch für bestimmte Parameter alternativ Proben innerhalb des Versorgungsgebietes oder in den Aufbereitungsanlagen entnommen werden, wenn daraus nachweislich keine nachteiligen Veränderungen beim gemessenen Wert des betreffenden Parameters entstehen." durch die markierte Textpassage ersetzt.

[109] In der TrinkwV 2011 wurde aus der Spaltenüberschrift „Menge des in einem Versorgungsgebiet abgegebenen oder produzierten Wassers cbm/Tag (Anmerkungen 1 und 2)" die markierte Überschrift. Die „Anmerkung 1: Ein Versorgungsgebiet ist ein geografisch definiertes Gebiet, in dem das Wasser für den menschlichen Gebrauch aus einem oder mehreren Wasservorkommen stammt und in dem die Wasserqualität als nahezu einheitlich im Sinne der anerkannten Regeln der Technik angesehen werden kann." wird durch den ersten Satz der „alten" Anmerkung 2 ersetzt. Der zweite Satz der „alten" Anmerkung 2 „Anstelle der Menge des abgegebenen oder produzierten Wassers kann zur Bestimmung der Mindesthäufigkeit auch die Einwohnerzahl eines Versorgungsgebiets herangezogen und ein täglicher Pro-Kopf-Verbrauch von 200 l angesetzt werden." wird gestrichen.

[110] In der TrinkwV 2011 wurde der Begriff „Proben" durch den markierten Begriff ersetzt.

[111] In der TrinkwV 2011 ersetzt die markierte „Anmerkung 2" die „Anmerkung 3: Bei zeitweiliger kurzfristiger Wasserversorgung durch Tankfahrzeuge wird das darin bereitgestellte Wasser alle 48 Stunden untersucht, wenn der betreffende Tank nicht innerhalb dieses Zeitraums gereinigt oder neu befüllt worden ist."

[112] In der TrinkwV 2011 entfiel der Hinweis „(Anmerkungen 3 und 4)".

[113] In der TrinkwV 2011 wurde aus „≤ 3" die markierte Angabe.

[114] In der TrinkwV 2011 entfiel die Angabe „oder nach § 19 Abs. 5 und 6".

[115] In der TrinkwV 2011 entfiel die Angabe „oder nach § 19 Abs. 5 und 6".

[116] In der TrinkwV 2011 wurde aus „> 3 ≤ 1 000" die markierte Angabe.

Menge des in einem Wasserversorgungsgebiet abgegebenen oder produzierten Wassers in Kubikmeter pro Tag (Anmerkung 1)[109]	Routinemäßige Untersuchungen Anzahl der Analysen[110]/Jahr (Anmerkung 2)[111]	Periodische Untersuchungen Anzahl der Proben/Jahr [ ][112]
> 1 000 bis ≤ 10 000[117]	4 zuzüglich für die über 1 000 Kubikmeter pro Tag hinausgehende Menge jeweils 3 pro weitere 1 000 Kubikmeter pro Tag (Teilmenge als Rest der Berechnung werden auf 1 000 Kubikmeter aufgerundet)[118]	1 zuzüglich jeweils 1 pro 3 300 Kubikmeter pro Tag (Teilmengen als Rest der Berechnung werden auf 3 300 Kubikmeter aufgerundet)[119]
< 10 000 bis ≤ 100 000[120]		3 zuzüglich jeweils 1 pro 10 000 Kubikmeter pro Tag (kleinere Mengen werden auf 10 000 aufgerundet)[121]
> 100 000[122]		10 zuzüglich jeweils 1 pro 25 000 cbm/Tag (kleinere Mengen werden auf 25 000 aufgerundet)[123]

---

[117] In der TrinkwV 2011 wurden die Mengenangaben „> 1 000 ≤ 1 333, > 1 333 ≤ 2 667, > 2 667 ≤ 4 000, > 4 000 ≤ 6 667 und > 6 667 ≤ 10 000 zu der Angabe > 1 000 bis ≤ 10 000

[118] In der TrinkwV 2011 wurden die Angaben „8, 12, 16, 24, 36 und 36 zuzüglich jeweils 3 pro weitere 1 000 cbm/Tag (kleinere Mengen werden auf 1 000 aufgerundet)" durch die markierte Angabe ersetzt.

[119] In der TrinkwV 2011 wurde die Angabe „1 zuzüglich jeweils 1 pro 3 300 cbm/Tag (kleinere Mengen werden auf 3 300 aufgerundet)" durch die markierte Angabe ersetzt.

[120] In der TrinkwV 2011 wurde die Angabe „< 10 000 ≤ 100 000" durch die markierte Angabe ersetzt.

[121] In der TrinkwV 2011 wurde die Angabe „3 zuzüglich jeweils 1 pro 10 000 cbm/Tag (kleinere Mengen werden auf 10 000 aufgerundet)" durch die markierte Angabe ersetzt.

[122] In der TrinkwV 2011 wurde die Angabe „> 100 000" durch die markierte Angabe ersetzt.

[123] In der TrinkwV 2011 wurde die Angabe „10 zuzüglich jeweils 1 pro 25 000 cbm/Tag (kleinere Mengen werden auf 25 000 aufgerundet)" durch die markierte Angabe ersetzt.

123

Anmerkung 1:   Die Mengen werden als Mittelwerte über ein Kalenderjahr berechnet.[124]

Anmerkung 2:   Bei einer zeitweiligen, kurzen Wasserversorgung (Ersatzversorgung) durch Wassertransport-Fahrzeuge ist das darin bereitgestellte Wasser alle 48 Stunden zu untersuchen oder untersuchen zu lassen, wenn der betreffende Wasserspeicher nicht innerhalb dieses Zeitraums gereinigt oder neu befüllt worden ist.[125]

[ ][126]

b) Untersuchung von Trinkwasser-Installationen nach § 14 Absatz 3

Der Parameter Legionella spec. ist mindestens einmal jährlich entsprechend den Vorgaben in § 14 Absatz 3 zu untersuchen. Für Wasserversorgungsanlagen nach § 3 Nummer 2 Buchstabe d legt das Gesundheitsamt die Häufigkeit fest.

Sind bei den jährlichen Untersuchungen auf Legionella spec. in drei aufeinanderfolgenden Jahren keine Beanstandungen festgestellt worden, so kann das Gesundheitsamt auch längere Untersuchungsintervalle festlegen, sofern die Anlage und Betriebsweise nicht verändert wurden und nachweislich den allgemein anerkannten Regeln der Technik entsprechen. Diese Verlängerung der Untersuchungsintervalle ist nicht möglich in Bereichen, in denen sich Patienten mit höherem Risiko für Krankenhausinfektionen befinden (z. B. Krankenhäuser, Vorsorge- und Rehabilitationseinrichtungen, Einrichtungen für ambulantes Operieren, Dialyseeinrichtungen, Entbindungseinrichtungen).

Anzahl und Beschreibung der repräsentativen Probennahmestellen gemäß § 14 Absatz 3 Satz 1 richten sich nach den allgemein anerkannten Regeln der Technik. Die Probennahme erfolgt nach DIN EN ISO 19458 wie dort unter „Zweck b" beschrieben. Die Menge des vor dem Befüllen des Probenbehälters abgelaufenen Wassers darf 3 Liter nicht übersteigen.[127]

---

[124] In der TrinkwV 2011 wurde die „Anmerkung 1: Ein Versorgungsgebiet ist ein geografisch definiertes Gebiet, in dem das Wasser für den menschlichen Gebrauch aus einem oder mehreren Wasservorkommen stammt und in dem die Wasserqualität als nahezu einheitlich im Sinne der anerkannten Regeln der Technik angesehen werden kann." durch die markierte Textpassage (erster Satz der Anmerkung 2 zu dieser Tabelle in der TrinkwV 2001) ersetzt.

[125] In der TrinkwV 2011 wurde die „Anmerkung 2: Die Mengen werden als Mittelwert über ein Kalenderjahr hinweg berechnet. Anstelle der Menge des abgegebenen oder produzierten Wassers kann zur Bestimmung der Mindesthäufigkeit auch die Einwohnerzahl eines Versorgungsgebiets herangezogen und ein täglicher Pro-Kopf-Wasserverbrauch von 200 l angesetzt werden." durch die markierte Textpassage (ehemals Anmerkung 3 zu dieser Tabelle in der TrinkwV 2001) ersetzt.

[126] In der TrinkwV 2011 wurden die Anmerkungen 3 und 4 gestrichen.

[127] In die TrinkwV 2011 wurde die markierte Textpassage neu eingefügt.

c) Mindesthäufigkeit der Analysen von Trinkwasser, das zur Abfüllung zum Zwecke der Abgabe in verschlossenen Behältnissen bestimmt ist[128]

Menge des Trinkwassers, das zur Abfüllung zum Zwecke der Abgabe in verschlossenen Behältnissen bestimmt ist, in Kubikmeter pro Tag[129] (Anmerkung 1)[130]	Routinemäßige Untersuchungen Anzahl der Proben pro Jahr[131]	Umfassende Untersuchungen[132] Anzahl der Proben pro Jahr[133]
≤ 10	1	1
> 10 ≤ 60	12	1
≥ 60	1 pro 5 Kubikmeter (Teilmengen als Rest der Berechnung werden auf 5 Kubikmeter aufgerundet)[134]	1 pro 100 Kubikmeter (Teilmengen als Rest der Berechnung werden auf 100 Kubikmeter aufgerundet)[135]

Anmerkung 1:[136] Für die Berechnung der Mengen werden Durchschnittswerte – ermittelt über ein Kalenderjahr – zugrunde gelegt.

---

[128] In der TrinkwV 2011 wurde aus „III. Mindesthäufigkeit der Probenahme und Analysen bei Wasser, das zur Abfüllung in Flaschen oder andere Behältnisse zum Zwecke der Abgabe bestimmt ist" die markierte Textpassage.

[129] In der TrinkwV 2011 wurde die Spaltenüberschrift „Menge des Wassers, das zur Abgabe in Flaschen oder andere Behältnisse bestimmt ist cbm/Tag" in die markierte Spaltenüberschrift überführt.

[130] In der TrinkwV 2011 wurde „*)" durch die markierte Textpassage ersetzt.

[131] In der TrinkwV 2011 wurde die Textpassage „Anzahl der Proben/Jahr" durch die markierte Textpassage ersetzt.

[132] In der TrinkwV 2011 wurde die Textpassage „Periodische Untersuchungen" durch die markierte Textpassage ersetzt.

[133] In der TrinkwV 2011 wurde die Textpassage „Anzahl der Proben/Jahr" durch die markierte Textpassage ersetzt.

[134] In der TrinkwV 2011 wurde die Textpassage „1 pro 5 cbm (kleinere Mengen werden auf 5 cbm aufgerundet)" durch die markierte Textpassage ersetzt.

[135] In der TrinkwV 2011 wurde die Textpassage „1 pro 100 cbm (kleinere Mengen auf 100 cbm aufgerundet)" durch die markierte Textpassage ersetzt.

[136] In der TrinkwV 2011 wurde „*)" durch die markierte Textpassage ersetzt.

Anlage 5
(zu § 15 Abs. 1, 2 und 4)[137]

Spezifikationen für die Analyse der Parameter

Teil I[138]
Parameter, für die mikrobiologische Analysenverfahren spezifiziert sind

Die nachstehenden Verfahrensgrundsätze für mikrobiologische Parameter haben Referenzfunktion, sofern ein CEN/ISO-Verfahren angegeben ist; andernfalls dienen sie – bis zur etwaigen künftigen Annahme weiterer internationaler CEN/ISO-Verfahren für diese Parameter – als Orientierungshilfe.

a)[139] Coliforme Bakterien und Escherichia coli (E. coli): DIN EN ISO 9308-1[140]

b)[141] Enterokokken: DIN EN ISO 7899-2[142]

c)[143] Pseudomonas aeruginosa: DIN EN ISO 16266[144]

d)[145] Bestimmung kultivierbarer Mikroorganismen – Koloniezahl bei 22 °C und 36 °C:[146] [ ][147]

    aa) Verfahren nach DIN EN ISO 6222[148]

    bb) Als Koloniezahl wird die Zahl der mit 6- bis 8-facher Lupenvergrößerung sichtbaren Kolonie definiert, die sich aus den in 1 Milliliter des zu untersuchenden Wassers befindlichen Bakterien in Plattengusskulturen mit nährstoffreichen, peptonhaltigen Nährböden (1 % Fleischextrakt, 1 % Pepton) bei einer Bebrütungstemperatur von (20 ± 2) °C und (36 ± 1) °C nach (44 ± 4) Stunden Bebrütungsdauer bilden. Die verwendbaren Nährböden unterscheiden sich hauptsächlich durch das Verfestigungsmittel, sodass folgende Methoden möglich sind:

        aaa) Agar-Gelatine-Nährböden, Bebrütungstemperatur (20 ± 2) °C und (36 ± 1) °C, Bebrütungsdauer (44 ± 4) Stunden oder

---

[137] In der TrinkwV 2011 wurde „(zu § 15 Abs. 1 und 2) durch die markierte Textpassage ersetzt.

[138] In der TrinkwV 2011 wurde aus der Nummerierung „1." die markierte Bezeichnung.

[139] In der TrinkwV 2011 wurden die biologischen Parameter alphabetisch bezeichnet.

[140] In der TrinkwV 2011 wurde die ISO 9308-1 durch die markierte Norm ersetzt.

[141] In der TrinkwV 2011 wurden die biologischen Parameter alphabetisch bezeichnet.

[142] In der TrinkwV 2011 wurde die ISO 7899-2 durch die markierte Norm ersetzt.

[143] In der TrinkwV 2011 wurden die biologischen Parameter alphabetisch bezeichnet.

[144] In der TrinkwV 2011 wurde die prEN ISO 12780 durch die markierte Norm ersetzt.

[145] In der TrinkwV 2011 wurden die biologischen Parameter alphabetisch bezeichnet.

[146] In der TrinkwV 2011 wurde aus „Bestimmung kultivierbarer Mikroorganismen – Koloniezahl bei 22 °C (nach Anlage 1 Nr. 5 TrinkwV a. F. oder nach EN ISO 6222) Bestimmung kultivierbarer Mikroorganismen – Koloniezahl bei 36 °C (nach Anlage 1 Nr. 5 TrinkwV a. F. oder nach EN ISO 6222)" die markierte Textpassage.

[147] In der TrinkwV 2011 entfiel die Textpassage „(nach Anlage 1 Nr. 5 TrinkwV a. F.)".

[148] In der TrinkwV 2011 wurde die Textpassage „oder nach EN ISO 6222" (siehe auch Fn. 147) durch die markierte Textpassage ersetzt.

bbb) Agar-Nährböden, Bebrütungstemperatur (20 ± 2) °C und (36 ± 1) °C, Bebrütungsdauer (44 ± 4) Stunden[149]

e)[150] Clostridium perfringens (einschließlich Sporen):

Membranfiltration, dann anaerobe Bebrütung der Membran auf m-CP-Agar

[ ][151]

bei (44 ± 1) °C über (21 ± 3) Stunden. Auszählen aller dunkelgelben Kolonien, die nach einer Bedampfung mit Ammoniumhydroxid über eine Dauer von 20 bis 30 Sekunden rosafarben oder rot werden.

Zusammensetzung des m-CP-Agar:

Basismedium:

Tryptose	30 Gramm
Hefeextrakt	20 Gramm
Saccharose	5 Gramm
L-Cysteinhydrochlorid	1 Gramm
$MgSO_4 \cdot 7H_2O$	0,1 Gramm
Bromkresolpurpur	0,04 Gramm
Agar	15 Gramm
Wasser (Anmerkung 1)[152]	1 000 Milliliter

Die Bestandteile des Basismediums auflösen und einen pH-Wert von 7,6 einstellen. Autoklavieren bei 121 °C für eine Dauer von 15 Minuten. Abkühlen lassen und Folgendes hinzufügen:

D-Cycloserin	0,4 Gramm
Polymyxin-B-Sulfat	0,025 Gramm
Indoxyl-β-D-Glukosid	
aufgelöst in 8 ml sterilem Wasser	0,06 Gramm
Sterilfiltrierte 0,5%ige Phenolphthalein-Diphosphat-Lösung	20 Milliliter
Sterilfiltrierte 4,5%ige Lösung von $FeCl_3 \cdot 6H_2O$	2 Milliliter

f)[153] Legionellen: Die Untersuchung auf Legionella spec. ist entsprechend ISO 11731 sowie DIN EN ISO 11731 Teil 2 unter Berücksichtigung gegebenenfalls vorliegender Empfehlungen des Umweltbundesamtes durchzuführen.

Anmerkung 1: Es ist destilliertes oder deionisiertes Wasser zu verwenden, das frei von Substanzen ist, die das Wachstum der Bakterien unter den Untersuchungsbedingungen hemmen, und das der DIN ISO 3696 entspricht.[154]

---

[149] In der TrinkwV 2011 wurde die markierte Textpassage neu aufgenommen.
[150] In der TrinkwV 2011 wurden die biologischen Parameter alphabetisch bezeichnet.
[151] In der TrinkwV 2011 wurde die „Anmerkung 1" in den Fließtext übernommen.
[152] In der TrinkwV 2011 wurde eine neue „Anmerkung 1" aufgenommen.
[153] In der TrinkwV 2011 wurden die biologischen Parameter alphabetisch bezeichnet.
[154] In der TrinkwV 2011 wurde die markierte Textpassage hinzugefügt.

Teil II[155]
Parameter, für die Verfahrenskennwerte spezifiziert sind

Für folgende Parameter sollen die spezifizierten Verfahrenskennwerte gewährleisten, dass das verwendete Analysenverfahren mindestens geeignet ist, dem Grenzwert entsprechende Konzentrationen mit den nachstehend genannten Spezifikationen für Richtigkeit, Präzision und Nachweisgrenze zu messen. Unabhängig von der Empfindlichkeit des verwendeten Analysenverfahrens ist das Ergebnis mindestens bis auf die gleiche Dezimalstelle wie bei dem jeweiligen Grenzwert in den Anlagen 2 und 3 anzugeben.

Laufende Nummer [156]	Parameter	Richtigkeit in % des Grenzwertes (Anmerkung 1)	Präzision in % des Grenzwertes (Anmerkung 1[157])	Nachweisgrenze in % des Grenzwertes (Anmerkung 2[158])	[ ][159]	[ ][160]	Bemerkungen[161]
1	Acrylamid				[ ][162]		Anhand der Produktspezifikation zu kontrollieren[163]
2	Aluminium	10	10	10			
3	Ammonium	10	10	10			
4	Antimon	25	25	25			
5	Arsen	10	10	10			
6	Benzo-(a)-pyren	25	25	25			
7	Benzol	25	25	25			
8	Blei	10	10	10			
9	Bor	10	10	10			

[155] In der TrinkwV 2011 wurde aus der Nummerierung „2." die markierte Bezeichnung.

[156] In der TrinkwV 2011 wurde eine zusätzliche Spalte für die Nummerierung der Parameter eingefügt.

[157] In der TrinkwV 2011 wurde aus „Anmerkung 2" die markierte Anmerkung. Inhaltlich hat sich nichts geändert.

[158] In der TrinkwV 2011 wurde aus „Anmerkung 3" die markierte Anmerkung. Inhaltlich hat sich nichts geändert.

[159] In der TrinkwV 2011 wurde die Spalte „Bedingungen" gestrichen. Die Bedingungen werden jetzt in der neu eingefügten Spalte Bemerkungen genannt.

[160] In der TrinkwV 2011 wurde die Spalte „Anmerkung" gestrichen.

[161] In der TrinkwV 2011 wurde die Spalte „Bemerkungen" neu eingefügt.

[162] In der TrinkwV 2011 wurde die Angabe „anhand der Produktspezifikation zu kontrollieren" in die neue Spalte Bemerkungen verschoben.

[163] In der TrinkwV 2011 wurde die markierte Textpassage aus der Spalte „Bedingungen" übernommen (siehe auch Fn. 159).

Laufende Nummer [156]	Parameter	Richtigkeit in % des Grenzwertes (Anmerkung 1)	Präzision in % des Grenzwertes (Anmerkung 1 [157])	Nachweisgrenze in % des Grenzwertes (Anmerkung 2 [158])	[ ][159]	[ ][160]	Bemerkungen [161]
10	Bromat	25	25	25			
11	Cadmium	10	10	10			
12	Chlorid	10	10	10			
13	Chrom	10	10	10			
14	Cyanid	10	10	10		[ ][164]	Mit dem Verfahren sollte der Gesamtcyanidgehalt in allen Formen bestimmt werden können [165]
15	1,2-Dichlorethan	25	25	10			
16	Eisen	10	10	10			
17	Elektrische Leitfähigkeit	10	10	10			
18	Epichlorhydrin				[ ][166]		Anhand der Produktspezifikation zu kontrollieren [167]
19	Fluorid	10	10	10			
20	Kupfer	10	10	10			
21	Mangan	10	10	10			
22	Natrium	10	10	10			
23	Nickel	10	10	10			
24	Nitrat	10	10	10			
25	Nitrit	10	10	10			
26	Oxidierbarkeit	25	25	10		[ ][168]	

---

[164] In der TrinkwV 2011 wurde die „Anmerkung 4" gestrichen. Der Inhalt der „Anmerkung 4" wurde unter Bemerkungen abgedruckt (siehe auch Fn. 165).

[165] In der TrinkwV 2011 wurde die markierte Textpassage unter „Bemerkungen" neu aufgenommen (war in der TrinkwV 2001 Inhalt von „Anmerkung 4", siehe auch Fn. 164).

[166] In der TrinkwV 2011 wurde die Angabe „anhand der Produktspezifikation zu kontrollieren" aus der Spalte „Bedingungen" in die neue Spalte Bemerkungen verschoben (siehe auch Fn. 167).

[167] In der TrinkwV 2011 wurde die markierte Textpassage aus der Spalte „Bedingungen" übernommen (siehe auch Fn. 166).

[168] In der TrinkwV 2011 entfällt die „Anmerkung 5: Die Oxidation ist über 10 Minuten bei 100 Grad C in saurem Milieu mittels Permanganat durchzuführen." ersatzlos.

Laufende Nummer [156]	Parameter	Richtigkeit in % des Grenzwertes (Anmerkung 1)	Präzision in % des Grenzwertes (Anmerkung 1 [157])	Nachweisgrenze in % des Grenzwertes (Anmerkung 2 [158])	[ ] [159]	[ ] [160]	Bemerkungen [161]
27	Pflanzenschutzmittel-Wirkstoffe und Bioprodukt-Wirkstoffe [169]	25	25	25		[ ] [170]	Die Verfahrenskennwerte gelten für jeden einzelnen Pflanzenschutzmittel-Wirkstoff und Biozidprodukt-Wirkstoff und hängen von dem betreffenden Mittel ab. Die Nachweisgrenze ist möglicherweise nicht für alle Pflanzenschutzmittel-Wirkstoffe und Biozidprodukt-Wirkstoffe erreichbar; die Erreichung dieses Standards sollte angestrebt werden [171]
28	Polyzyklische aromatische Kohlenwasserstoffe	25	25	25		[ ] [172]	Die Verfahrenskennwerte gelten für die einzelnen spezifizierten Stoffe bei 25 % des Grenzwertes in Anlage 2 [173]
29	Quecksilber	20	10	10			
30	Selen	10	10	10			

---

[169] In der TrinkwV 2011 wurde aus den Begriffen „Pflanzenschutzmittel und Biozidprodukte" die Begriffe „Pflanzenschutzmittel-Wirkstoffe und Biozidprodukt-Wirkstoffe".

[170] In der TrinkwV 2011 wurde die Angabe „Die Verfahrenskennwerte gelten für jedes einzelne Pflanzenschutzmittel und Biozidprodukt und hängen von dem betreffenden Mittel ab. Die Nachweisgrenze ist möglicherweise nicht für alle Pflanzenschutzmittel und Biozidprodukte erreichbar, die Erreichung dieses Standards sollte angestrebt werden." mit den begrifflichen Änderungen in die neue Spalte Bemerkungen verschoben (siehe auch Fn. 171).

[171] In der TrinkwV 2011 wurde die markierte Textpassage unter „Bemerkungen" mit begrifflichen Änderungen neu aufgenommen (war in der TrinkwV 2001 Inhalt von „Anmerkung 6", siehe auch Fn. 170).

[172] In der TrinkwV 2011 wurde die „Anmerkung 7" gestrichen. Der Inhalt der „Anmerkung 7" wurde unter Bemerkungen abgedruckt (siehe auch Fn. 173).

[173] In der TrinkwV 2011 wurde der markierte Text (ehemalige „Anmerkung 7" unter Anmerkung) unter Bemerkungen abgedruckt (siehe auch Fn. 172).

Laufende Nummer [156]	Parameter	Richtigkeit in % des Grenzwertes (Anmerkung 1)	Präzision in % des Grenzwertes (Anmerkung 1 [157])	Nachweisgrenze in % des Grenzwertes (Anmerkung 2 [158])	[ ] [159]	[ ] [160]	Bemerkungen [161]
31	Sulfat	10	10	10			
32	Tetrachlorethen	25	25	10		[ ] [174]	Die Verfahrenskennwerte gelten für die einzelnen spezifizierten Stoffe bei 50 % des Grenzwertes in Anlage 2 [175]
33	Trichlorethen	25	25	10		[ ] [176]	Die Verfahrenskennwerte gelten für die einzelnen spezifizierten Stoffe bei 50 % des Grenzwertes in Anlage 2 [177]
34	Trihalogenmethane	25	25	10		[ ] [178]	Die Verfahrenskennwerte gelten für die einzelnen spezifizierten Stoffe bei 25 % des Grenzwertes in Anlage 2 [179]
35	Uran [180]	10	10	10			
36	Vinylchlorid					[ ] [181]	Anhand der Produktspezifikation zu kontrollieren [182]

---

[174] In der TrinkwV 2011 wurde die „Anmerkung 8" gestrichen. Der Inhalt der „Anmerkung 8" wurde unter Bemerkungen abgedruckt (siehe auch Fn. 175).

[175] In der TrinkwV 2011 wurde der markierte Text (ehemalige „Anmerkung 8" unter Anmerkung) unter Bemerkungen abgedruckt (siehe auch Fn. 174).

[176] In der TrinkwV 2011 wurde die „Anmerkung 8" gestrichen. Der Inhalt der „Anmerkung 8" wurde unter Bemerkungen abgedruckt (siehe auch Fn. 177).

[177] In der TrinkwV 2011 wurde der markierte Text (ehemalige „Anmerkung 8" unter Anmerkung) unter Bemerkungen abgedruckt (siehe auch Fn. 176).

[178] In der TrinkwV 2011 wurde die „Anmerkung 7" gestrichen. Der Inhalt der „Anmerkung 7" wurde unter Bemerkungen abgedruckt (siehe auch Fn. 179).

[179] In der TrinkwV 2011 wurde der markierte Text (ehemalige „Anmerkung 7" unter Anmerkung) unter Bemerkungen abgedruckt (siehe auch Fn. 178).

[180] In der TrinkwV 2011 wurde der Parameter Uran neu aufgenommen.

[181] In der TrinkwV 2011 wurde die Angabe „anhand der Produktspezifikation zu kontrollieren" in die neue Spalte Bemerkungen verschoben (siehe auch Fn. 182).

[182] In der TrinkwV 2011 wurde die markierte Textpassage aus der Spalte „Bedingungen" übernommen (siehe auch Fn. 181).

Für die Wasserstoffionen-Konzentration sollen die spezifizierten Verfahrenskennwerte gewährleisten, dass das verwendete Analysenverfahren geeignet ist, dem Grenzwert entsprechende Konzentrationen mit einer Richtigkeit von 0,1 pH-Einheiten[183] und einer Präzision von 0,1 pH-Einheiten[184] zu messen. Für die Kontrolle der Trübung von aufbereitetem Oberflächenwasser sollen die spezifizierten Verfahrenskennwerte gewährleisten, dass das angewandte Analysenverfahren mindestens geeignet ist, den Trübungswert mit einer Richtigkeit, einer Präzision und einer Nachweisgrenze von jeweils 25 % zu messen.[185]

Anmerkung 1:   Dieser Begriff ist in ISO 5725 definiert.

Anmerkung 2[186]: Nachweisgrenze ist entweder

- die dreifache relative Standardabweichung (innerhalb einer Messwertreihe) einer natürlichen Probe mit einer niedrigen Konzentration des Parameters oder
- die fünffache relative Standardabweichung (innerhalb einer Messwertreihe) einer Blindprobe.

[ ][187]

Teil III[188]
Parameter, für die keine Verfahrenskennwerte spezifiziert sind[189]

Färbung

Geruch

Geschmack

Organisch gebundener Kohlenstoff

[ ][190]

[ ][191]

---

[183] In der TrinkwV 2011 wurde der Wert „0,2 pH-Einheiten" durch den markierten Wert ersetzt.

[184] In der TrinkwV 2011 wurde der Wert „0,3 pH-Einheiten" durch den markierten Wert ersetzt.

[185] In der TrinkwV 2011 wurde die markierte Textpassage an dieser Stelle neu aufgenommen. Sie war ursprünglich als Anmerkung 1 zum Parameter Trübung unter „3. Parameter, für die kein Analyseverfahren spezifiziert ist" abgedruckt.

[186] In der TrinkwV 2011 wurde aus der Anmerkung 3 die Anmerkung 2.

[187] In der TrinkwV 2011 wurden die Anmerkungen 4 und 6 bis 8 in der neuen Spalte Bemerkungen abgedruckt. Die Anmerkung 5 wurde gestrichen.

[188] In der TrinkwV 2011 wurde aus der Nummerierung „3." die markierte Bezeichnung.

[189] In der TrinkwV 2011 wurde aus dem Wort „ist" das markierte Wort.

[190] In der TrinkwV 2011 wurde der Parameter Trübung unter „3. Parameter, für die kein Analyseverfahren spezifiziert ist" mit der Anmerkung 1 gestrichen. Die Anmerkung 1 „Für die Kontrolle der Trübung von aufbereitetem Oberflächenwasser sollen die spezifizierten Verfahrenskennwerte gewährleisten, dass das angewandte Analysenverfahren mindestens geeignet ist, den Trübungswert mit einer Richtigkeit, einer Präzision und einer Nachweisgrenze von jeweils 25 % zu messen." ist in den Fließtext (letzter Absatz „Teil II Parameter, für die Verfahrenskennwerte spezifiziert sind") aufgenommen worden (siehe auch Fn. 185).

[191] In der TrinkwV 2011 wurde die „Anlage 6 (zu § 12 Abs. 1 und 2) Mittel für die Aufbereitung in besonderen Fällen" nicht mehr aufgenommen.

Teil C
Auszug aus der Bundesrats-Drucksache 530/10
vom 2. September 2010, „Begründung
zur Ersten Verordnung zur Änderung der
Trinkwasserverordnung"; Bundesministerium
für Gesundheit, Bonn

Begründung

Allgemeiner Teil

1. Einführung

Die Verordnung über die Qualität von Wasser für den menschlichen Gebrauch (Trinkwasserverordnung – TrinkwV 2001) vom 21. Mai 2001, durch die die Richtlinie 98/83/EG des Rates vom 3. November 1998 über die Qualität von Wasser für den menschlichen Gebrauch (Trinkwasserrichtlinie) umgesetzt worden ist, ist am 1. Januar 2003 in Kraft getreten. In den über sieben Jahren ihrer Geltung hat sich in der praktischen Anwendung gezeigt, dass die TrinkwV 2001 eine gute und im Wesentlichen hinreichende rechtliche Grundlage für den Trinkwasserbereich bildet, dennoch aber auch Passagen enthält, die verbesserungsbedürftig sind. Es liegen zahlreiche Änderungsvorschläge aus den Ländern (der Vollzug der TrinkwV 2001 liegt bei den Ländern), den Verbänden, dem Umweltbundesamt (UBA) und der Trinkwasserkommission (TWK) des Bundesministeriums für Gesundheit (BMG) beim UBA vor. Dabei geht es

- um Klarstellungen,
- um die Berücksichtigung neuer wissenschaftlicher Erkenntnisse,
- um die genauere Anpassung an die Vorgaben der Richtlinie,
- um die Änderung von Regelungen, die sich in der Praxis nicht bewährt haben,
- um die Schließung von Regelungslücken und
- um Änderungen mit dem Ziel der Entbürokratisierung.

Die TrinkwV 2001 soll durch die Novellierung insgesamt praktikabler gestaltet werden. Die Wahrung und nach Möglichkeit Steigerung des hohen Qualitätsstandards des Trinkwassers in Deutschland ist dabei oberste Zielsetzung.

Im Rahmen der Novelle der TrinkwV 2001 soll erstmalig ein Grenzwert für Uran im Trinkwasser festgelegt werden. Mit Uran ist vor allem und naturbedingt in solchen Trinkwässern zu rechnen, die aus einem Rohwasser (meist Grundwasser) gewonnen werden, das einen engen Kontakt zu uranhaltigen Gesteinen und Sedimenten aufweist. In Abhängigkeit von den jeweiligen geo- und hydrogeologischen Verhältnissen können diese sehr unterschiedliche Konzentrationen Uran enthalten. Der neu geregelte Grenzwert basiert auf einem bereits 2004 veröffentlichten Leitwert des UBA in Höhe von 10 Mikrogramm pro Liter Trinkwasser. Dieser Leitwert ist aktuell der weltweit niedrigste. Er bietet allen Bevölkerungsgruppen, Säuglinge eingeschlossen, lebenslang gesundheitliche Sicherheit vor möglichen Schädigungen durch Uran im Trinkwasser. Er ist wissenschaftlich (toxikologisch) begründet und bezieht sich nicht auf die Radiotoxizität von Uran, sondern allein auf die chemische Toxizität, da unterhalb von 60 Mikrogramm Uran pro Liter die Radioaktivität für den Gesundheitsschutz nicht von Belang ist.

Weiter wird der aus gesundheitspolitischer Sicht wichtige Parameter Legionellen klar geregelt. Für diesen Parameter waren bislang lediglich in der Anlage 4 der TrinkwV 2001 Regelungen getroffen, die insbesondere bezüglich der Untersuchungspflichten und -häufigkeiten für den Unternehmer oder sonstigen Inhaber einer Warmwasser-Installation nicht eindeutig waren. Maßstäbe zur Bewertung eines Befundes waren ebenfalls nicht genannt. Der bei den Indikatorparametern neu eingeführte technische Maßnahmenwert trägt sowohl dem Aspekt Rechnung, dass nicht jede Besiedlung mit Legionellen zwangsläufig auch zu Erkrankungen führt, dennoch die relevanten Systeme der Trinkwasser-Installation systemisch untersucht werden sollen, um Gefahren insbesondere für Risikogruppen durch eine Gefährdungsanalyse und nötigenfalls Abhilfemaßnahmen zu minimieren. Der unter Umständen nötige Mehraufwand für Unternehmer oder sonstige Inhaber und überwachende Behörde rechtfertigt sich mit der tödlichen Gefahr, die mit Legionelleninfektionen insbesondere bei speziellen Personengruppen, wie alten oder immunsupprimierten Menschen, verbunden ist.

Die Novelle der Trinkwasserverordnung soll erstmalig Anforderungen an die Messung und Überwachung der Trinkwasserqualität im Hinblick auf Radioaktivität festlegen, um damit die Voraussetzungen für den praktischen Vollzug zu schaffen.

Die TrinkwV 2001, ebenso wie die Trinkwasserrichtlinie, enthält zwar Vorgaben hinsichtlich radioaktiver Stoffe (für Tritium eine Aktivitätskonzentration von 100 Becquerel pro Liter und für alle anderen Radionuklide – mit Ausnahme von Tritium, Kalium-40, Radon und Radonzerfallsprodukten – eine Gesamtrichtdosis von 0,1 Millisievert pro Jahr), allerdings fehlen bislang – in Deutschland wie auch auf EU-Ebene – die zu deren Ermittlung erforderlichen Konkretisierungen (Kontrollmethoden, Kontrollhäufigkeit, relevante Überwachungsstandorte und Referenzkonzentrationen der dosisrelevanten Radionuklide im Trinkwasser). Gegenwärtig finden daher weder durch die Wasserversorgungsunternehmen (WVU) durchgängige Messungen der Radioaktivität im Trinkwasser noch vertiefte Überwachungsmaßnahmen durch die Landesbehörden statt. Die in der TrinkwV 2001 enthaltenen behördlichen

Anordnungsbefugnisse sowie die generell formulierten Pflichten des WVU laufen im Hinblick auf die Überwachung von Radioaktivität im Trinkwasser ins Leere.

In Folge der Neuregelungen können und müssen die WVU – nach Ablauf eines Übergangszeitraumes von drei Jahren – Messungen der Radioaktivität im Trinkwasser vornehmen (lassen) und gegebenenfalls zusätzliche Maßnahmen zur Wasseraufbereitung vorsehen. Die zuständigen Landesbehörden können dann die WVU überwachen und gegebenenfalls erforderliche Maßnahmen anordnen.

Ausgangspunkt für die Neuregelungen ist der derzeit auf EU-Ebene diskutierte Entwurf einer EU-Richtlinie unter dem Euratom-Vertrag zur Festlegung von Anforderungen zum Schutz vor Radioaktivität im Trinkwasser (Council Directive laying down requirements for the protection of the health of the general public with regard to radioactive substances in water intended for human consumption; Entwurf Stand: April 2008, im Folgenden: „EU-Richtlinienentwurf Radioaktivität im Trinkwasser"), durch welchen die Trinkwasserrichtlinie konkretisiert werden soll. Auf dieser Grundlage sowie der Empfehlung der EU-Kommission über den Schutz der Öffentlichkeit vor der Exposition gegenüber Radon im Trinkwasser vom 20. Dezember 2001 („EU-Radon-Empfehlung") und unter Berücksichtigung der Erfahrungen des vom Bundesamt für Strahlenschutz in den Jahren 2003 bis 2007 durchgeführten Trinkwassermessprogramms ist das der Novelle zugrunde liegende Überwachungskonzept entwickelt worden.

Der bisherige Richtwert in der Trinkwasserverordnung für die Strahlenexposition der Bevölkerung durch den Verzehr von Trinkwasser (Gesamtrichtdosis) in Höhe von 0,1 Millisievert pro Jahr bleibt – wie auf EU-

Ebene ebenfalls weiter vorgesehen – der grundlegende Maßstab zur Beurteilung der Radioaktivität im Trinkwasser. Es wird aber klargestellt, dass es sich bei diesem Wert nicht um einen Grenzwert, sondern um einen Richtwert handelt.

Das Überwachungskonzept beruht auf einem Bewertungsansatz, bei dem neben künstlichen Radionukliden und den Uran- und Radiumisotopen U-238, U-234, Ra-226, Ra-228 auch Radon (Rn-222) und die Radonfolgeprodukte Pb-210 und Po-210 in die Überwachung des Trinkwassers einzubeziehen sind. Dadurch wird über die im „EU-Richtlinienentwurf Radioaktivität im Trinkwasser" enthaltenen Vorgaben hinaus die „EU-Radon-Empfehlung" in nationales Recht umgesetzt.

Ausgehend von der Gesamtrichtdosis bzw. der Rn-222-Aktivitätskonzentration werden für den praktischen Vollzug messbare Referenzkonzentrationen der dosisrelevanten Radionuklide im Trinkwasser angegeben. Diese Werte sind identisch mit den von der EU vorgesehenen bzw. empfohlenen Referenzwerten.

Für die Prüfung und Überwachung der Einhaltung der Gesamtrichtdosis bzw. der Rn-222-Aktivitätskonzentration werden Anforderungen an die Probennahme, Messstrategie und Messverfahren sowie Vorgaben für Messhäufigkeiten formuliert. Dabei werden in einem gestuften Verfahren sowohl einfache Orientierungsmessungen als auch aufwändigere vertiefende Messungen vorgesehen.

Durch die Novelle wird ein Reduzierungsgebot für die Radioaktivität im Trinkwasser eingeführt. Dieses grundsätzlich im Strahlenschutz vorgesehene und bereits im deutschen Strahlenschutzrecht in § 6 Absatz 2 und § 94 der Strahlenschutzverordnung enthaltene Gebot dient der gesundheitlichen

Vorsorge und beinhaltet, dass die Strahlenexposition – auch unterhalb der Grenz- bzw. Richtwerte – so gering wie mit vertretbarem Aufwand erreichbar zu halten ist.

2. Kosten und Preiswirkungen

a) Kosten der öffentlichen Haushalte

Für den Bund ist nicht mit nennenswerten Kostenfolgen zu rechnen. Die durch den neuen § 11 Absatz 1 auf das UBA als zuständige Bundesbehörde zukommenden Belastungen sind als gering einzustufen. Zudem wird gleichzeitig durch die Streichung des § 12 eine Flexibilisierung für das Bundesministerium der Verteidigung und das Bundesministerium des Innern erreicht. Änderungen an den Formaten der gemäß § 21 Absatz 2 zu erstattenden Berichte und daraus resultierende technische Anpassungen führen gleichfalls nicht zu nennenswerten Belastungen. Ausgaben des Bundes werden im jeweiligen Einzelplan im Rahmen der zur Verfügung stehenden Haushaltsansätze (einschließlich Planstellen/Stellen) und den Ansätzen der jeweils geltenden Finanzplanung erwirtschaftet.

Die Länder und deren Vollzugsbehörden werden durch die Änderungen der TrinkwV 2001 sowohl in be- als auch in entlastender Form betroffen. Neue Belastungen beruhen dabei im Wesentlichen auf Anpassungen an die Vorgaben der Trinkwasserrichtlinie. Das gilt etwa für die Vorgabe in § 19 Absatz 2, Proben am Zapfhahn zu nehmen. Auf der anderen Seite sehen die Änderungen zahlreiche Entlastungen insbesondere für die Gesundheitsämter vor, etwa durch die Reduzierung der Überwachungsvorgaben in § 18 Absatz 1 und § 19 Absatz 5 sowie der Entgegennahme von Anzeigen nach § 13.

Insgesamt überwiegen die Entlastungen die Belastungen, so dass für die Vollzugsbehörden in der Summe mit Erleichterungen zu rechnen ist.

Auch die Regelungen zur Überwachung von Anforderungen an das Trinkwasser im Hinblick auf Radioaktivität begründen einen zusätzlichen Vollzugsaufwand für die zuständigen Behörden. Durch die Vorgaben der Anlage 3 Teil III werden die Untersuchungspflichten des Unternehmers oder sonstigen Inhabers von Wasserversorgungsanlagen erweitert; die Einhaltung dieser Vorschriften ist von den Vollzugsbehörden der Länder zu überwachen. Im Rahmen des Überwachungskonzepts tragen die Unternehmer und sonstigen Inhaber von Wasserversorgungsanlagen eine wesentliche Verantwortung für die Durchführung der notwendigen Untersuchungen. Die für die Vollzugsbehörden entstehenden Mehrkosten hängen also davon ab, wie intensiv diese kontrollieren und sind daher nur schwer abzuschätzen. Mit einem erheblichen Mehraufwand ist nicht zu rechnen.

b) Kosten für die Wirtschaft und Preiswirkungen

Mehrkosten können durch die klarstellenden Regelungen in § 14 Absatz 3 zur Untersuchung auf Legionellen entstehen. Betroffen hiervon sind allerdings lediglich diejenigen der in § 14 Absatz 3 bezeichneten Unternehmer und sonstigen Inhaber von Wasserversorgungsanlagen, die bislang entgegen dem geltenden technischen Regelwerk derartige Untersuchungen unterlassen haben.

Es entstehen dadurch zusätzliche Kosten für die Wirtschaft, dass die Unternehmer und sonstigen Inhaber von bestimmten Wasserversorgungsanlagen künftig das von ihnen abgegebene Trinkwasser auch auf den Gehalt an Radioaktivität untersuchen

und gegebenenfalls bei Überschreitung von Anforderungen Aufbereitungsmaßnahmen treffen müssen.

Das Konzept, das der Ausgestaltung dieser neuen Untersuchungspflichten zu Grunde liegt, beruht auf einem abgestuften Verfahren: Im Rahmen der ersten Stufe dieses Verfahrens können die Unternehmer und sonstigen Inhaber entweder in einem ersten Schritt anhand der Messung und Berücksichtigung der Gesamtalpha-, Gesamtbeta- und der Rn-222-Aktivitätskonzentration (Überblicksmessung) oder – sofern erforderlich – in einem zweiten Schritt anhand der detaillierten Messung und Berücksichtigung einzelner Radionuklide durch vier aufeinander folgende Messungen nachweisen, dass die Gesamtrichtdosis und die Rn-222-Aktivitätskonzentration als eingehalten gelten. Gelingt dieser Nachweis, sind – sofern keine wesentlichen Veränderungen eintreten – keine weiteren Untersuchungen der Radioaktivitätsparameter erforderlich. Gelingt dieser Nachweis nicht, ist grundsätzlich eine regelmäßige fortgesetzte Untersuchung des Trinkwassers verpflichtend (zweite Stufe).

Auf der ersten Stufe muss das Trinkwasser von ca. 15.000 Wasserversorgungsanlagen untersucht werden. Eine Untersuchung umfasst grundsätzlich die Probennahme (ggf. auch den Probentransport) sowie die Analyse. Die Kosten für eine Untersuchung in Form einer Überblicksmessung der relevanten Gesamtalpha- und der Rn-222-Aktivitätskonzentration betragen ca. 250 Euro (jeweils ca. 125 Euro). Bei vier erforderlichen Messungen ist somit mit Kosten von ca. 1.000 Euro pro Wasserversorgungsanlage zu rechnen (insgesamt ca. 15 Millionen Euro). Eine Untersuchung in Form einer nuklidspezifischen Bestimmung kostet ca. 600 €. Aufgrund von Überschreitungen der Gesamtalphakonzentration wird dies bei ca. 5.000 Wasserversorgungsanlagen erforderlich sein (Kosten dafür pro Wasserversorgungsanlage ca. 2.400 Euro; insgesamt ca. 12 Millionen Euro). Eine regelmäßige fortgesetzte Untersuchung (zweite Stufe) wird im Hinblick auf die Gesamtalphakonzentration bei ca. 200 Wasserversorgungsanlagen notwendig sein. Im Hinblick auf die Rn-222-Aktivitätskonzentration werden ca. 870 Wasserversorgungsanlagen fortlaufend untersucht werden müssen. Über den Untersuchungsumfang im Rahmen der fortgesetzten Untersuchung entscheidet das Gesundheitsamt. Die Häufigkeit der umfassenden Untersuchung hängt grundsätzlich von der Größe des Wasserwerkes ab; das Gesundheitsamt kann geringere Häufigkeiten festlegen. Zudem kann das Gesundheitsamt im Falle geringfügiger Überschreitungen der Richtwerte auch von der Pflicht weiterer Untersuchungen entbinden. Die zu erwartenden jährlichen Kosten sind folglich nur schwer abzuschätzen. Sie werden jedenfalls deutlich unter den Kosten der ersten Verfahrensstufe (mindestens eine Größenordnung) liegen. Die Kosten der Aufbereitung hängen davon ab, ob und gegebenenfalls welche Maßnahmen zur Aufbereitung des Trinkwassers zu treffen sind. Eine Überschreitung von Richtwerten hat nicht automatisch die Veranlassung von Maßnahmen durch das Gesundheitsamt zur Folge; es findet eine Abwägung im konkreten Einzelfall unter Einbeziehung der technischen Machbarkeit und Wirtschaftlichkeit statt. Kosten für eventuelle Aufbereitungsmaßnahmen sind deshalb nur schwer einzuschätzen.

Die betroffenen Unternehmer und sonstigen Inhaber von Wasserversorgungsanlagen, hierzu zählen auch zum Beispiel Wohnungsgesellschaften, Vermieter größerer Wohnkomplexe oder von Booten oder Caravans, öffentliche Einrichtungen wie Krankenhäuser und die Bundesbahn als Betreiber von Wasserversorgungsanlagen, können ihre potenziellen Mehrkosten für die Abgabe des Trinkwassers an die Verbraucherinnen und Verbraucher weitergeben. Da die Mehrkosten für das einzelne Unternehmen jedoch nur von geringfügigem Umfang sind, ist die Durchschlagskraft und sind damit die Auswirkungen auf die Einzelpreise als gering einzustufen. Auswirkungen auf das allgemeine Preisniveau sowie das Verbraucherpreisniveau können ausgeschlossen werden

3. Bürokratiekosten

Die TrinkwV 2001 enthält zahlreiche an die Gesundheitsämter und/oder die WVU gerichtete Anforderungen und Vorgaben. Beispielsweise handelt es sich dabei um die Themenbereiche „Zulassung von Abweichungen in Fällen von Grenzwertüberschreitungen", „vorzunehmende Ortsbesichtigungen" oder „durchzuführende Untersuchungen". Diese Anforderungen und Vorgaben werden häufig als „bürokratische Erfordernisse" dargestellt. Begründet sind sie durch die Trinkwasserrichtlinie (dann besteht für nationale „Erleichterungen" kein Spielraum) und durch gesundheitspolitische und trinkwasserhygienische Aspekte.

Durch die Änderung der TrinkwV 2001 sind in einigen Fällen zusätzliche Anforderungen vorgesehen, die aber wiederum entweder aus Anpassungen an die Vorgaben der Trinkwasserrichtlinie oder aber aus überwiegend gesundheitspolitischen Aspekten resultieren. Insgesamt stehen 14 neuen „Belastungen" durch zusätzliche Anforderungen 32 „Entlastungen" durch die Streichung oder Verringerung der jeweiligen Anforderungen gegenüber. Bei den neuen Anforderungen ist zudem zu berücksichtigen, dass es sich zum Teil um Anpassungen an die Trinkwasserrichtlinie und vielfach um lediglich einmalige oder fallbezogene Anforderungen handelt. In der Summe überwiegen die „Entlastungen" deutlich. Die konkrete Bezifferung einer dadurch erzielten „Einsparsumme" ist nicht möglich. Insgesamt werden aber insbesondere alle Inhaber von Kleinanlagen zur Eigenversorgung entlastet, z. B. durch die Flexibilisierung der generellen Untersuchungshäufigkeit sowie der Maßnahmen bei Überschreitung von Indikatorparametern. In diesen Fällen wird der Verwaltungsaufwand der zuständigen Behörden gesenkt.

Die TrinkwV 2001 enthält insgesamt 47 Informationspflichten im Sinne des § 2 Absatz 1 des Gesetzes zur Einsetzung eines Nationalen Normenkontrollrates. In 5 Fällen sind Erweiterungen bestehender oder neue Informationspflichten vorgesehen. Alle 5 Fälle sind lediglich anlassbezogene Informationspflichten für den Unternehmer und sonstigen Inhaber einer Wasserversorgungsanlage, die in 4 Fällen nur nötig sind, wenn die Anlage oder das Trinkwasser auffällig ist.

Demgegenüber sollen 20 der bestehenden Informationspflichten gestrichen oder aber zumindest hinsichtlich des dadurch verursachten Aufwandes deutlich reduziert werden. Auch bei den Informationspflichten ist daher in der Summe von einer deutlichen Erleichterung für die Gesundheitsämter und/ oder die Unternehmer und sonstigen Inhaber von Wasserversorgungsanlagen auszugehen. Auch hier ist eine genaue Bezifferung des Einspareffektes nicht möglich. Bislang vom Statistischen Bundesamt vorliegende Einzelergebnisse der dort durchgeführten Bürokratiekostenmessungen sind auf die Gesamtzahl betrachtet nicht aussagekräftig.

Neue Informationspflichten sind im Einzelnen vorgesehen in den §§ 9 Absatz 8 (Dokumentation der Ortsbesichtigung bei Überschreitung von Maßnahmenwerten für

Legionellen), 14 Absatz 4 Satz 3 (Inhaber von bestimmten Wasserversorgungsanlagen müssen das Ergebnis von Ortsbegehungen dokumentieren und auf Verlangen dem Gesundheitsamt vorlegen), 16 Absatz 1 Satz 1 (Meldung der Überschreitung der neu eingeführten oder neu geregelten Parameter Uran, Legionellen, Radioaktivität), 16 Absatz 1 Satz 3 (Meldung von relevanten Rohwasserverunreinigungen) und 21 Absatz 1 Satz 3 (Information an Verbraucher über noch vorhandene Bleileitungen ab dem 1. Dezember 2013). Diese Informationspflichten sind aus gesundheitspolitischer Sicht erforderlich. In den beiden ersten Fällen ist eine Einschränkung dadurch vorgesehen, dass lediglich anlassbezogen bzw. auf Anforderung durch das Gesundheitsamt informiert werden muss. Zwar sollte im Rahmen der guten fachlichen Praxis eine Dokumentation selbstverständlich sein, jedoch hat die Praxis des Vollzugs gezeigt, dass eine explizite Forderung notwendig ist. Der dritte Fall ergibt sich zwangsläufig durch Einführung neuer spezieller Regelungen für die o. g. Parameter, die sich in die vorhandenen Meldepflichten einreihen müssen. Im vierten Fall sind die Informationen wichtig z. B. für ggf. nötige Zulassungsbeschränkungen von Pflanzenschutzmitteln. Im letzten Fall ist es für die Nutzer des Trinkwassers unabdingbar, über nach dem 1. Dezember 2013 noch vorhandene Bleileitungen unterrichtet zu sein, um entsprechend reagieren zu können. Dies gilt insbesondere für gefährdete Personengruppen wie Schwangere oder Familien mit kleinen Kindern.

Dem gegenüber entfallen 20 Informationspflichten, die eine erhebliche Reduktion des Aufwandes sowohl für die Unternehmer und sonstigen Inhaber der Anlagen als auch für die Gesundheitsämter bedeuten. Hauptsächlich Inhaber von Kleinanlagen zur Eigenversorgung, von mobilen Wasserversorgungsanlagen, die im Rahmen einer gewerblichen oder öffentlichen Tätigkeit genutzt werden, sowie von Trinkwasser-Installationen in öffentlichen Gebäuden werden durch gesenkte Anzeigepflichten entlastet (§ 13). Aber auch für die Verwaltung (Gesundheitsämter, Oberste Landesbehörden) werden bei den Berichtspflichten zur Trinkwasserqualität Informationspflichten gesenkt (§ 9 und § 21).

4. Gleichstellungspolitische Auswirkungen („Gender Mainstreaming")

Die Änderungen der TrinkwV 2001 wirken sich auf Frauen und Männer gleichermaßen aus.

5. Vereinbarkeit mit europarechtlichen Vorgaben

Die Änderungen der TrinkwV 2001 sind mit Europarecht vereinbar.

Beschränkungen für den nach Artikel 34 des Vertrages über die Arbeitsweise der Europäischen Union (AEUV) zu gewährleistenden freien Warenverkehr, die nicht mit Artikel 36 AEUV zu vereinbaren sind, enthalten die Änderungen der TrinkwV 2001 nicht. Regelungen, die in diesem Zusammenhang von Bedeutung sein könnten, sind in den Änderungen der §§ 11 Absatz 3, 15 Absatz 4 und 17 Absatz 1 enthalten.

§ 11 Absatz 3 wird aus europarechtlichen Gründen um eine Gleichwertigkeitsklausel ergänzt. Als Bewertungsmaßstab wird das für Aufbereitungsstoffe in Deutschland einzuhaltende Schutzniveau festgelegt, das vorrangig durch die Vorgaben der Trinkwasserverordnung, insbesondere auch das Minimierungsgebot der §§ 5 Absatz 4 und 6 Absatz 3 sowie die allgemein anerkannten

Regeln der Technik (a.a.R.d.T.) vorgegeben wird. Diese Anforderungen werden in der § 11-Liste für die einzelnen Aufbereitungsstoffe konkretisiert.

Um Doppelprüfungen zu vermeiden, wird zudem klargestellt, dass das UBA Prüfungen, die bereits im Herkunftsmitgliedstaat der Europäischen Union, der Türkei oder einem anderen Vertragsstaat des Vertrages über den Europäischen Wirtschaftsraum vorgenommen worden sind, bei seinen Bewertungen berücksichtigt. Zu beachten sind dabei insbesondere auch die Bestimmungen des Gesetzes zum Schutz vor gefährlichen Stoffen (Chemikaliengesetz), durch das die Richtlinie 98/8/EG des Europäischen Parlaments und des Rates vom 16. Februar 1998 über das Inverkehrbringen von Biozid-Produkten (Biozidrichtlinie) in nationales Recht umgesetzt wurde. Soweit bereits Prüfungen nach diesen rechtlichen Vorgaben durchgeführt worden sind, werden auch diese Prüfungen bei der Prüfung durch das UBA berücksichtigt.

Die Umsetzung der europäischen Dienstleistungsrichtlinie macht es erforderlich, § 15 Absatz 4 Satz 2 zu ändern. Die Führung einer Liste mit den im jeweiligen Land *ansässigen* Untersuchungsstellen benachteiligt Untersuchungsstellen aus anderen Mitgliedstaaten der EU und ist mit den Vorgaben der Dienstleistungsrichtlinie nicht vereinbar. Vorgesehen sind deshalb künftig Listen der im jeweiligen Land *tätigen* Untersuchungsstellen.

Durch den in § 17 Absatz 1 vorgesehenen Hinweis auf Zertifikate akkreditierter Branchenzertifizierer soll der Nachweis der Einhaltung der a.a.R.d.T. vereinfacht werden. Diese Zertifikate können durchaus auch von anerkannten ausländischen Branchenzertifizierern stammen. Hier wird kein Unterschied zwischen deutschen und ausländischen Einrichtungen gemacht, wenn die Zertifizierung den Nachweis der Einhaltung der Anforderungen nach § 17 Absatz 1 beinhaltet.

6. Ermächtigungsgrundlage

Die Änderungen der TrinkwV 2001 stützen sich auf die Ermächtigungsgrundlage des § 38 Absatz 1 des Gesetzes zur Verhütung und Bekämpfung von Infektionskrankheiten beim Menschen (Infektionsschutzgesetz – IfSG). Dort wird das BMG ermächtigt, mit Zustimmung des Bundesrates innerhalb des durch die Nummern 1 bis 8 des § 38 Absatz 1 Satz 1 des IfSG gesetzten Rahmens detaillierte Regelungen zum Wasser für den menschlichen Gebrauch zu treffen.

In § 38 Absatz 1 Satz 1 Nummer 1 ist geregelt, dass in der Verordnung bestimmt werden kann, welchen Anforderungen das Trinkwasser entsprechen muss, um den Anforderungen des § 37 Absatz 1 IfSG zu genügen. § 37 Absatz 1 IfSG spricht davon, dass Trinkwasser so beschaffen sein muss, dass durch seinen Gebrauch eine Schädigung der menschlichen Gesundheit, *insbesondere* durch Krankheitserreger, nicht zu besorgen ist. Durch diese Formulierung („insbesondere") wird deutlich, dass nicht lediglich Vorgaben für die mikrobiologische Beschaffenheit, sondern beispielsweise auch zur chemischen Beschaffenheit des Trinkwassers getroffen werden können.

Gemäß § 38 Absatz 1 Satz 2 IfSG können auch Regelungen über die Anforderungen an die Wassergewinnungs- und Wasserversorgungsanlagen getroffen werden. Soweit Vorgaben für Wassergewinnungsanlagen vorgesehen sind, ist gemäß § 38 Absatz 1 Satz 3 IfSG das Einvernehmen des Bundesministeriums für Umwelt, Naturschutz und Reaktorsicherheit (BMU) erforderlich. Neuregelungen, die Vorgaben für die Betreiber von Wassergewinnungsanlagen beinhalten, sind in den neuen §§ 3 Nummer 7, 11 Absatz 1,

14 Absatz 4 und 17 Absatz 1 enthalten. Das insoweit erforderliche Einvernehmen des BMU ist erteilt.

Besonderer Teil

§ 2:

Absatz 1:

Satz 1:

Die bislang verwendete Formulierung „Wasser für den menschlichen Gebrauch" sollte deutlich machen, dass die Trinkwasserverordnung nicht nur die Qualitätsanforderungen für Wasser zum Trinken und für Ernährungszwecke festlegt, sondern auch für solches Wasser, das für andere häusliche Zwecke oder zu bestimmten Zwecken in Lebensmittelbetrieben verwendet wird. In der Praxis wird jedoch durchgängig nahezu ausschließlich von „Trinkwasser" gesprochen – durchaus auch in Kenntnis der weiten Definition dieses Begriffes. Die Trinkwasserverordnung soll sich diesem auch in den meisten anderen Mitgliedsstaaten der EU und bei der WHO praktizierten Sprachgebrauch anpassen und nach einer Eingangsdefinition auf die Formulierung „Wasser für den menschlichen Gebrauch" verzichten. Dementsprechend wird die bislang geltende Trinkwasser-Definition des § 3 Nummer 1 Buchstabe a TrinkwV 2001 auf das bisherige „Wasser für Lebensmittelbetriebe" ausgeweitet (s. auch Begründung zu § 3 Satz 1 Nummer 1).

Satz 2:

Nummer 3:

Die Ergänzung durch die neue Nummer 3 dient der Klarstellung in Anpassung an die in § 37 IfSG vorgenommene Trennung zwischen Trinkwasser einerseits und Schwimm- und Badebeckenwasser andererseits.

Nummer 4:

Satz 2 Nummer 4 stellt fest, dass die Trinkwasserverordnung nicht für Wasser hinter (d. h. in Fließrichtung) Sicherungseinrichtungen von Anlagen und Apparaten gilt, die kein Trinkwasser im Sinne dieser Verordnung führen. Sicherungseinrichtungen sind aus hygienischen Gründen erforderlich, um ein Rückfließen dieses Wassers, das keine Trinkwasserqualität hat, zu verhindern. Derartige Anlagen und Apparate können dazu dienen, Wasser für spezielle medizinische Anwendungen aufzubereiten (z. B. Dialyseeinrichtungen) oder das Wasser als technisches Hilfsmittel zu verwenden (z. B. Zahnarztstühle, Darmspülapparate). Die fehlende Trinkwasserqualität kann hier zum einen durch mikrobielle Kontamination zustande kommen, zum anderen aber auch lediglich dadurch, dass Zusätze wie bestimmte Desinfektionsmittel eingesetzt werden, die im Trinkwasserbereich nicht zulässig sind. Weitere abzusichernde Anlagen sind z. B. Heizungsanlagen und Fahrzeugwaschanlagen. Auch direkt an die Trinkwasser-Installation angeschlossene Apparate, in denen dem aus der Wasserversorgungsanlage entnommenen Trinkwasser z. B. Kohlensäure oder andere Mittel zugesetzt werden, müssen durch eine Sicherungseinrichtung von der Trinkwasser-Installation getrennt werden. Das Wasser in diesen Apparaten ist nach dem Verlassen der Sicherungseinrichtung kein Trinkwasser mehr, sondern z. B. Lebensmittel im Sinne des Lebensmittelrechts oder Prozesswasser. Wenn sich die Sicherungseinrichtung im Apparat befindet (und nicht vorgeschaltet ist), gilt die Trinkwasserverordnung bis einschließlich der Sicherungseinrichtung.

Im technischen Regelwerk ist festgelegt, mit welcher Art von Sicherungseinrichtung die Trinkwasser-Installation gegen verschiedene nicht Trinkwasser führende Anlagen und Apparate abzusichern ist. Der wiederholte Verweis auf die allgemein anerkannten Regeln der Technik ist erforderlich, um die genannten Umstände oder technischen Begriffe eindeutig festzulegen. Siehe auch Begründung zu § 8 Nummer 1 und 2.

Absatz 2:

Sprachliche Klarstellungen und Anpassungen werden vorgenommen. Durch die Streichung des Zusatzes „im Haushalt" wird verdeutlicht, dass nicht nur Anlagen gemeint sind, die im Wohnbereich installiert werden. Derartige Anlagen können sich auch außerhalb des „Haushaltes" befinden (z. B. an Bord von Schiffen).

Siehe auch Begründung zu § 13 Absatz 2.

§ 3:

Satz 1:

Nummer 1:

In der TrinkwV 2001 werden in § 3 Nummer 1 Buchstabe a und b „Trinkwasser" und „Wasser für Lebensmittelbetriebe" näher bestimmt. Diese Unterscheidung hat in der Praxis des Vollzugs jedoch keine Vorteile gezeigt, insbesondere da es keine Unterschiede in den Qualitätsanforderungen gibt und auch zukünftig nicht geben soll. Aus diesem Grund wird die bisherige vom Trinkwasser abgegrenzte Definition von „Wasser für Lebensmittelbetriebe" in § 3 gestrichen und als neuer Buchstabe b in die Definition von „Trinkwasser" aufgenommen. Diese Formulierung ist analog der Begriffsbestimmung in Artikel 2 Nummer 1 Buchstabe b der Trinkwasserrichtlinie gefasst. Dort wird auch auf das „Inverkehrbringen von für den menschlichen Gebrauch bestimmten Erzeugnissen oder Substanzen" Bezug genommen. Anzumerken ist, dass es sich dabei nur um Erzeugnisse oder Substanzen in einem

Lebensmittelbetrieb handelt. Durch die neue Formulierung und geänderte Gliederung wird insgesamt klargestellt, dass Wasser sowohl für die Zwecke nach Buchstabe a als auch für die Zwecke der Verwendung nach Buchstabe b (Lebensmittelbetrieb) Trinkwasserqualität besitzen muss. Für bestimmte Einsatzbereiche in der Lebensmittelherstellung kann es allerdings durchaus sinnvoll sein, nicht zwingend ein Wasser mit Trinkwasserqualität zu nutzen. Wichtig ist dabei, dass die Genusstauglichkeit des Enderzeugnisses nicht beeinträchtigt wird. Die Möglichkeit der Ausnahme wird daher hier in Anlehnung an die Trinkwasserrichtlinie aufgegriffen. Die Voraussetzungen der Zulassung einer Ausnahme durch die zuständige Behörde sind in § 18 Absatz 1 Satz 2 und 3 geregelt.

Durch die Streichung der Worte „Herkunft des Wassers" wird den hygienischen Grundanforderungen an eine Rohwasser-Ressource Rechnung getragen (siehe auch Begründung zu Nummer 7). Dadurch wird auch im Sinne der DIN 2000 und DIN 2001-1 klargestellt, dass z. B. ein hochgradig mikrobiell belastetes Abwasser oder Dachablaufwasser nicht als Rohwasser zur Trinkwasseraufbereitung verwendet werden soll.

Durch die Änderung der Bezeichnung für ein Wassertransport-Fahrzeug wird klargestellt, dass nach den a.a.R.d.T. nur für diesen Zweck geeignete Fahrzeuge eingesetzt werden dürfen. Ein solches Fahrzeug wird damit außerdem gegenüber einem „Wasserfahrzeug" abgegrenzt, welches auf dem Wasser fährt und nicht etwa Wasser transportiert. Der bisher verwendete Begriff „Tankfahrzeug" ist unspezifisch und bereits anderweitig belegt (z.B. bei „Tankschiff" oder „Tankwagen").

Unter verschlossenen Behältnissen sind Flaschen, Ballons, Kanister und ähnliche Behälter zu verstehen, die über nur eine Öffnung verfügen, die zu verschließen ist. Die Behältnisse werden zum Zwecke der Abgabe von dem Abfüller bis zum Rand gefüllt in verschlossenem (ggf. versiegeltem) Zustand abgegeben, so dass ein Austausch mit der umgebenden Atmosphäre und dadurch ein Eintrag von Schadstoffen aus der Umgebung bis zur Nutzung (Erstöffnung) durch die Verbraucher ausgeschlossen ist.

Durch die Erweiterung „verschlossen" soll klargestellt werden, dass es sich um einen gegenüber Gasen und Flüssigkeiten dichten Verschluss an den Behältnissen handeln sollte, der eine Beeinträchtigung der Trinkwasserqualität in den Behältnissen verhindert. Die Streichung des Begriffs „Flaschen" dient der Vereinfachung und der Klarstellung, da auch Flaschen unter den Begriff „Behältnisse" fallen.

Trinkwasserspeicher in Wasserversorgungsanlagen an Bord von Land-, Wasser- und Luftfahrzeugen sowie Speicher von Wassertransport-Fahrzeugen zählen nicht zu den verschlossenen Behältnissen im Sinne der o. g. Definition.

Auf Grund der Tatsache, dass in Behältnisse abgefülltes Trinkwasser häufig als Ersatz für leitungsgebundenes Trinkwasser verwendet wird, sind hinsichtlich der gesundheitsbezogenen Parameter grundsätzlich einheitliche Anforderungen zu stellen. Es muss allerdings betont werden, dass die Anforderungen dieser Verordnung wie auch der Trinkwasserrichtlinie zwar am Punkt der Abfüllung in das verschließbare Behältnis einzuhalten sind, sich die Qualität von abgefülltem Trinkwasser im Behältnis aber verändern kann. Dies liegt jedoch außerhalb des Regelungsbereiches der Trinkwasserverordnung. Für die ordnungsgemäße Lagerung dieser Behälter und die hygienischen Anforderungen bei der Nutzung gelten die einschlägigen lebensmittelrechtlichen Bestimmungen.

Nummer 1 stellt ferner klar, dass der Anwendungsbereich der Trinkwasserverordnung nicht auf das Trinkwasser, das aus dem Verteilungsnetz abgegeben bzw. entnommen wird, beschränkt ist, sondern auch das Trinkwasser umfasst, das für die Bereitstellung in Behältnissen vorgesehen ist. Diese Behältnisse können Wasserspeicher darstellen, die über eine Einfüllöffnung und eine oder mehrere Entnahmestellen verfügen, und die mehrfach nachgefüllt werden sowie fester Bestandteil einer Wasserversorgungsanlage z. B. in Fahrzeugen oder Kleinanlagen zur Eigenversorgung (als Wasserspeicher) sind.

Ferner gehört dazu auch die Abgabe von Trinkwasser im Rahmen einer Ersatzversorgung (z. B. in Eimern aus einem Wassertransport-Fahrzeug an Verbraucher).

Da festgelegt ist, für welche häuslichen Zwecke Trinkwasser vorgesehen ist, und die Trinkwasserverordnung insbesondere die mikrobiologischen Anforderungen an Trinkwasser bestimmt, ist es nicht gestattet, bestimmte Zwecke (z. B. das Händewaschen) mittels eines Schildes mit dem irreführenden Text „Kein Trinkwasser!" davon auszunehmen. Die Annahme, dass das Wasser einer so gekennzeichneten Wasserentnahmestelle an einem Waschbecken in einem Toilettenraum nicht den Anforderungen der Verordnung entsprechen muss, ist falsch. Zulässig sind sicherlich Hinweise zu Nutzungseinschränkungen, die ihren Grund nicht in der Qualität des Trinkwassers haben.

Nummer 2:

Diese Regelung enthält neue Begriffsbestimmungen für Wasserversorgungsanlagen und dient der Klarstellung und dem Bürokratieabbau, indem flexible Regelungen bei der Überwachung durch die nach Landesrecht zuständigen Behörden ermöglicht und als Folge der Verwaltungsaufwand gesenkt

wird. Die neue Regelung trennt eindeutig den Verantwortungsbereich des Unternehmers oder sonstigen Inhabers einer „klassischen" Wasserversorgungsanlage (Buchstaben a bis d) von dem einer Anlage der Wasserverteilung (Buchstaben e und f). Bislang aufgetretene Abgrenzungsschwierigkeiten werden hierdurch beseitigt und damit der Vollzug erleichtert.

Buchstabe a:

Die Aufnahme der Kurzbezeichnung „zentrale Wasserwerke" in den Verordnungstext dient der besseren Verständlichkeit und Unterscheidbarkeit in der Praxis. Die Definition lehnt sich bezüglich der Abgabemenge und der Versorgungsbedingungen an Artikel 3 Nummer 2 Buchstabe b Trinkwasserrichtlinie an (tagesbezogene Mengen) und ist zur Abgrenzung gegenüber den „dezentralen kleinen Wasserwerken" nach Buchstabe b und den „Kleinanlagen zur Eigenversorgung" nach Buchstabe c notwendig. Tagesbezogene Mengen werden aus Jahresmittelwerten berechnet. Siehe auch Anlage 4 Teil II Anmerkung 1.

Aus solchen Anlagen werden mindestens 10 Kubikmeter Trinkwasser pro Tag entnommen, an Zwischenabnehmer geliefert oder es werden mindestens 50 Personen versorgt. Die Verantwortung des Wasserversorgungsunternehmers bei der Abgabe von Trinkwasser auf festen Leitungswegen erstreckt sich bis zu dem Punkt, an dem es an den Anschlussnehmer oder (z. B. im Falle einer Fernwasserversorgung) an einen Zwischenabnehmer übergeben wird; in der Regel ist dieser Punkt der Wasserzähler.

Ein denkbarer „Extremfall" wäre, dass aus einer Eigenversorgungsanlage in einem großen Privathaus durchschnittlich mehr als 10 Kubikmeter Trinkwasser pro Tag entnommen werden, die Bewohner aber lediglich einen Teil dieser Wassermenge zu Trinkwasserzwecken nutzen (was nach der Definition einer b-Anlage entsprechen kann). Der mengenmäßig wesentlich größere Teil dient zum Beispiel der Bewässerung des zum Privathaus gehörenden Parks. In einem solchen Fall ist es sinnvoll, in Absprache mit dem Gesundheitsamt und gegebenenfalls anderen Behörden mittels sog. „Sprengwasserzähler" nur den Teil der entnommenen Trinkwassermenge als Grundlage zur Einstufung in die Anlagenkategorie heranzuziehen, der zu Trinkwasserzwecken im Sinne von § 3 Nummer 1 genutzt wird, so dass eine Einordnung als c-Anlage statthaft ist. Das ist auch im Hinblick auf das Schutzziel der Verordnung angemessen; eine amtliche Überwachung im gleichen Umfang wie für ein großes Wasserwerk wäre hier überzogen.

Gleiches gilt für einen Bauernhof mit einer Trinkwasserentnahme von mehr als 10 Kubikmetern pro Tag aus einer eigenen Gewinnungsanlage (Brunnen). Auch hier ist es statthaft, dass nur der Anteil des Trinkwassers für die Anlagenkategorisierung zugrunde gelegt wird, der von den Hofbewohnern für Zwecke nach § 3 Nummer 1 genutzt wird. Das andere Wasser (auch mit Trinkwasserqualität), das z.B. zum Tränken des Viehs verwendet wird, kann unberücksichtigt bleiben und die Anlage damit ebenfalls als c-Anlage eingestuft werden. Wichtig ist in solchen Fällen ein sicherer Betrieb der Anlagen nach den a.a.R.d.T. Voraussetzung sollte außerdem sein, dass die Trinkwassermengen für die unterschiedlichen Nutzungsarten erheblich voneinander abweichen (und damit auch die erforderlichen Probenzahlen bei der Überwachung) sowie die Möglichkeit einer relativ guten Abschätzung des Anteils an Trinkwasser, der für Zwecke nach § 3 Nummer 1 TrinkwV 2001 genutzt wird. Außerdem sollten die Proben zur Überwachung dann aus dem entsprechenden Trink-

wassernetz stammen. Es ist ratsam, das Wasser in einem technisch nicht abgetrennten anderen Teil des Netzes zusätzlich in festgelegten Abständen auf „veränderliche" (insbesondere allgemein mikrobiologische) Parameter zu untersuchen, um sicherzustellen, dass die Trinkwasserqualität dort auch erhalten bleibt und nicht negative Rückwirkungen auf den „anderen" Teil zu befürchten sind. Das zuständige Gesundheitsamt kann den Umfang dafür und die Notwendigkeit technischer Sicherungseinrichtungen am besten einschätzen.

Buchstabe b:

Die Aufnahme der Kurzbezeichnung „**dezentrale kleine Wasserwerke**" in den Verordnungstext dient der besseren Verständlichkeit und Unterscheidbarkeit in der Praxis. In diese Gruppe gehörend werden Anlagen definiert, aus denen entweder eine nur geringe Anzahl von Verbrauchern mit Trinkwasser versorgt wird oder die Trinkwasser im Rahmen einer anderen gewerblichen oder öffentlichen Tätigkeit abgeben. Dabei handelt es sich um Anlagen, aus denen im Durchschnitt weniger als 10 Kubikmeter Trinkwasser pro Tag abgegeben und von denen weniger als 50 Personen versorgt werden. Diese Definition lehnt sich bezüglich der maximalen Abgabemenge und den Versorgungsbedingungen an die Trinkwasserrichtlinie an und ist zur Abgrenzung gegenüber den Kleinanlagen zur Eigenversorgung nach Buchstabe c notwendig. Beispiele wären eine Ferienhaussiedlung mit einem eigenen Brunnen, aus dem Trinkwasser weniger als 50 Personen zur Verfügung gestellt wird oder eine kleine Landbäckerei mit einem eigenen Brunnen.

Buchstabe c:

Die Aufnahme der Kurzbezeichnung „**Kleinanlagen zur Eigenversorgung**" in den Verordnungstext dient der besseren Verständlichkeit und Unterscheidbarkeit in der Praxis. Hierbei handelt es sich um kleine Wasserversorgungsanlagen mit eigener Wassergewinnung, aus denen weniger als 10 Kubikmeter Wasser pro Tag entnommen werden und die nur die Wasserversorgung des Hauseigentümers und der in der häuslichen Gemeinschaft lebenden Personen sicherstellen. Bestandteil dieser Anlagen ist auch die zugehörige Trinkwasser-Installation bis zur Entnahmestelle. Bei solchen Anlagen kann der Fall auftreten, dass ein Rohwasser, welches Trinkwasserqualität besitzt, direkt mittels einer Förderpumpe aus der Wassergewinnungsanlage (Hausbrunnen) in die Trinkwasser-Installation eingespeist wird. Es ist der Anpassung an EG-Recht geschuldet, dass der Begriff „Kleinanlagen zur Eigenversorgung" hinsichtlich der Wasserentnahmemenge nicht der Definition des zurzeit gültigen technischen Regelwerkes (DIN 2001-1) entspricht.

Hervorzuheben ist, dass aus diesen Anlagen Trinkwasser auf Leitungswegen oder in Behältnissen „Dritten" wie z. B. Bewohnern von Häusern in der Nachbarschaft nicht dauerhaft oder regelmäßig zur Verfügung gestellt werden darf. Darunter fallen jedoch z. B. nicht Handwerker, die im Haus Arbeiten ausführen, oder Gäste. Zur Abgrenzung von Anlagen nach Buchstabe a in Spezialfällen siehe auch die Begründung zu Buchstabe a.

Buchstabe d:

Die Aufnahme der Kurzbezeichnung **„mobile Versorgungsanlagen"** in den Verordnungstext dient der besseren Verständlichkeit und Unterscheidbarkeit in der Praxis. Unter dieser Bezeichnung werden zwei Gruppen von nicht ortsfesten Anlagen zusammengefasst:

– **Wasserversorgungsanlagen an Bord von Land-, Wasser- und Luftfahrzeugen**

Zu diesen Anlagen gehören Anlagen der Wassergewinnung (z. B. auf Schiffen durch Meerwasserentsalzung), der Wasserspeicherung und der Wasserverteilung (Trinkwasser-Installation an Bord) bis hin zu den Entnahmestellen. Bei diesen Anlagen besteht die Möglichkeit, während der Fahrt bzw. des Fluges Trinkwasser an die Passagiere oder Besatzungsmitglieder mittels Trinkwasserzapfstellen abzugeben. Diese Anlagen verfügen immer über einen eigenen Wasserspeicher. Dazu gehören auch Fahrzeuge, deren Ladung aus Trinkwasser besteht (Wassertransport-Fahrzeuge). Bei den Luft- und Schienenfahrzeugen gehörten die Befüllschläuche konstruktionsbedingt stets zu den Befüllungsanlagen. Die DIN 2001-2 sieht dies nun auch für Befüllungsanlagen für Straßen- und Wasserfahrzeuge vor. Die für diese Art Befüllungsanlagen verwendeten Leitungen und Schläuche müssen nach den a.a.R.d.T. für die Verwendung im Trinkwasserbereich erfolgreich geprüft sein. Dies kann z. B. durch ein DIN-DVGW- oder DVGW-Prüfzeichen nachgewiesen werden.

Die Ergänzung, dass auch die an Bord betriebenen Wasserversorgungsanlagen dazu zählen, ist besonders für die für den Vollzug der Trinkwasserverordnung auf Wasserfahrzeugen zuständigen Behörden wichtig. Die explizite Nennung dient der fachlichen Richtigstellung und der Erhöhung der Rechtssicherheit. Beispiele dafür sind die nach verschiedenen Prinzipien arbeitenden Anlagen zur Meerwasserentsalzung (mit nachgeschalteter Aufhärtung und Desinfektion nach den a.a.R.d.T.) wie sie z. B. auf Kreuzfahrtschiffen zur Gewinnung von Trinkwasser üblicherweise zum Einsatz kommen (bezogen auf die abgegebene Wassermenge und die Anzahl der versorgten Personen wären

147

sie in vielen Fällen den Anlagen nach Buchstabe a zuzuordnen).

– Fahrbare Schank- und Verkaufsstände

Auch hier gehört die Trinkwasser-Installation im Fahrzeug oder im Verkaufsstand zur mobilen Anlage. Diese Anlagen verfügen meist über einen Trinkwasserspeicher. Eine Befüllung darf nur aus überwachten Trinkwasserversorgungsanlagen erfolgen. Fahrbare Schank- und Verkaufsstände ohne Trinkwasserspeicher dürfen nur an überwachte Verteilungsanlagen angeschlossen werden.

Weitere Einzelheiten sind der DIN 2001-2 zu entnehmen.

Buchstabe e:

Die Aufnahme der Kurzbezeichnung **„ständige Wasserverteilung"** in den Verordnungstext dient der besseren Verständlichkeit und Unterscheidbarkeit in der Praxis. Es sind Anlagen, über die im Rahmen einer dauerhaften Wasserverteilung bestimmungsgemäß Trinkwasser aus einer Anlage nach Buchstabe a oder b an Verbraucher abgegeben wird. Diese Anlagen sind Trinkwasser-Installationen, sie dienen der ständigen Versorgung der Verbraucher oder des Eigentümers und sind dauerhaft an eine Wasserversorgungsanlage nach Buchstabe a oder b angeschlossen. Diese Begriffsbestimmung erhält dann besondere Bedeutung, wenn das Trinkwasser zwischen Übergabestelle und Entnahmestelle in der Trinkwasser-Installation in seiner Beschaffenheit nachteilig verändert wird. Eine solche Veränderung kann nicht dem Unternehmer oder sonstigen Inhaber einer Wasserversorgungsanlage nach Buchstabe a oder b angelastet werden, wenn das Trinkwasser an der Übergabestelle den Anforderungen der Trinkwasserverordnung entspricht. Die Besonderheiten hinsichtlich der Pflichten des Unternehmers oder sonstigen Inhabers einer Wasserversorgungsanlage nach Buchstabe e im Vergleich zu einer Wasserversorgungsanlage im Sinne der Buchstaben a und b können in den einzelnen Vorschriften der Trinkwasserverordnung nunmehr besser berücksichtigt werden.

Buchstabe f:

Die Aufnahme der Kurzbezeichnung **„zeitweise Wasserverteilung"** in den Verordnungstext dient der besseren Verständlichkeit und Unterscheidbarkeit in der Praxis. Diese Wasserversorgungsanlagen unterscheiden sich von Wasserversorgungsanlagen nach Buchstabe e dadurch, dass diese Anlagen nicht der ständigen Versorgung mit Trinkwasser dienen und nicht dauerhaft an eine Wasserversorgungsanlage nach Buchstabe a, b oder e angeschlossen sind. Sie werden stets im Rahmen einer gewerblichen oder öffentlichen Tätigkeit genutzt. In Einzelfällen ist es auch denkbar, dass eine Wasserversorgungsanlage nach Buchstabe c zur Versorgung einer solchen Anlage herangezogen wird. Voraussetzungen sind dafür neben den technischen Rahmenbedingungen (z. B. hinreichender Druck, maximal zwei zu versorgende Anlagen), dass es sich um eine überwachte Eigenversorgungsanlage handelt, deren Trinkwasser den Anforderungen der Trinkwasserverordnung genügt und dass eine Zustimmung der zuständigen Behörde zur Nutzung vorliegt (Ausnahmeregelung).

Zu den Anlagen nach Buchstabe f gehören Anlagen zur Verteilung von Trinkwasser, z. B. auf Festplätzen, die nur für die jeweilige Veranstaltung aufgebaut werden, und die ihr Wasser vom örtlichen Wasserversorger über eine zentrale Übergabestelle (z. B. Standrohr) beziehen und über ein Leitungsnetz einer größeren Anzahl von Verkaufswagen, Festzelten oder anderen nicht ortsfesten Versorgungsanlagen, z. B. fahrbaren Schank- und Verkaufswagen, Kiosken mit temporärer

Nutzung ohne eigenen Trinkwasserspeicher oder z. B. Restaurantschiffen zur Verfügung stellen.

Die angeschlossenen Anlagen werden für die Dauer der Veranstaltung permanent über eine druckfeste flexible Leitungsverbindung mit den hier beschriebenen zeitweise betriebenen Verteilungsanlagen nach Buchstabe f verbunden. Bei sehr großen Verteilungsanlagen (z. B. große jährliche Volksfeste) steht das zeitweise betriebene Wasserverteilungssystem aus Rohren bis zu den Übergabestellen (Wasserzähler) zumeist im Besitz der Wasserversorgungsunternehmen. Die sich danach anschließenden Schlauchverteilungen sind den Schaustellern zuzuordnen und somit Bestandteil der Anlagen nach Buchstabe d.

Weiterhin sind solche Anlagen gemeint, die zwar im Wesentlichen ortsfest sind, aber nur zeitweise betrieben werden und zur Befüllung von Wasserspeichern in Land-, Wasser- und Luftfahrzeugen dienen, z. B. Wasserverteilungen auf Campingplätzen oder in Marinas. Bestandteil dieser Anlagen können z. B. auch die zugehörigen Wassertransport-Fahrzeuge sein. Bei der Trinkwasserübernahme aus den Befüllungsanlagen kommt es durch das ständige Verbinden und Trennen der Installation zwischen Land-, Wasser- und Luftfahrzeugen und der Befüllungsanlage, durch den häufigen Auf- und Abbau der Anlagen oder durch den nicht ständigen Betrieb zu einem erhöhten hygienischen Risiko, das eine eigene Definition und unterschiedliche Anforderungen in der Verordnung rechtfertigt. Damit kann die Verantwortung der Unternehmer und sonstigen Inhaber solcher Anlagen spezifischer geregelt werden, als es bislang der Fall war. Die Einteilung der nicht ortsfesten Anlagen ist in den a.a.R.d.T. (DIN 2001-2) dargestellt.

Nummer 3:

Die Trinkwasser-Installation ist der letzte Teil des Wasserverteilungssystems vor der Entnahmestelle des Trinkwassers zu den vorgesehenen Nutzungszwecken und hier technisch definiert. Sie beginnt an der Stelle des Übergangs (Übergabe) des Trinkwassers aus einer Anlage der öffentlichen Wasserversorgung nach § 3 Nummer 2 Buchstabe a oder Buchstabe b, d. h. hinter der Übergabestelle, oder sie gehört zu einer Wasserversorgungsanlage nach Nummer 2 Buchstabe c und beginnt dann schon an der Stelle der Wassergewinnung, also am Brunnen und ist somit „Bestandteil" dieser Anlage. Dies gilt auch für den seltenen Fall an Bord von Schiffen mit eigener Wassergewinnung.

Auch Versorgungsanlagen an Bord von Fahrzeugen sind Trinkwasser-Installationen. Dies trifft auch für Anlagen nach Buchstabe f zu. Die Trinkwasser-Installation endet an der Stelle der Entnahme von Trinkwasser, in den häufigsten Fällen am Auslauf der Entnahmestelle. Bei Apparaten oder Anlagen, die an die Trinkwasser-Installation angeschlossen sind und mit einer Sicherungseinrichtung nach den a.a.R.d.T. von der Trinkwasser-Installation getrennt sein müssen, endet sie am Ende der Sicherungseinrichtung, d. h. an der Stelle, an der auch der Regelungsbereich der Trinkwasserverordnung endet. Die Sicherungseinrichtung selbst gehört noch zur Trinkwasser-Installation. Der frühere Begriff „Hausinstallation" der TrinkwV 2001 wird aufgegeben, da in einem Haus verschiedene Installationssysteme vorhanden sind (z. B. auch die Elektro- und die Gasinstallation) und der neue Begriff „Trinkwasser-Installation" mit der Bezeichnung im technischen Regelwerk übereinstimmt.

Eine Abgrenzung der Verantwortlichkeiten ergibt sich nicht aus dieser technischen Definition für eine Trinkwasser-Installation, sondern einzig aus den Begriffsbestimmungen für Wasserversorgungsanlagen in Nummer 2.

Die Änderung des Begriffes „Geräte" in „Apparate" erfolgt in Angleichung an das technische Regelwerk.

Nummer 4:

Die bisherige Anmerkung 1 der Anlage 4 wird umformuliert und als Begriffsbestimmung in Anlehnung an die Trinkwasserrichtlinie in § 3 neu aufgenommen. Die Formulierung „erwartbare Wasserqualität" und die Streichung der Formulierung „im Sinne der anerkannten Regeln der Technik" dienen der Klarstellung, denn das technische Regelwerk beschreibt keine „nahezu einheitliche Wasserqualität".

Eine Definition des Wasserversorgungsgebietes ist erforderlich, um den Bereich einer der Abgabe an Verbraucher dienenden Wasserversorgung zu beschreiben, der zur Berichterstattung, bei Grenzwertüberschreitungen oder aus anderen Gründen, die eine Anordnung des Gesundheitsamtes erforderlich machen, wegen technischer oder organisatorischer Erfordernisse gleich behandelt wird. Beispielsweise kann es sich um den Bereich handeln, der von einer Unterbrechung der Versorgung betroffen ist. Unter einer Abgabe an Verbraucher ist auch die mittelbare Abgabe über Lebensmittel zu verstehen, die mit dem Trinkwasser hergestellt wurden oder in Berührung kamen. Auch diese Trinkwasser-Entnahmestelle ist dann dem Wasserversorgungsgebiet zuzuordnen. Ein Lebensmittelbetrieb mit eigener Wassergewinnung ist damit eine Wasserversorgungsanlage nach § 3 Nummer 2 Buchstabe a oder b und damit selbst zugleich als Wasserversorgungsgebiet zu behandeln. Die Ergänzung „oder an Zwischenabnehmer"

dient der fachlichen Klarstellung und Ergänzung. Dies betrifft Fälle, bei denen Trinkwasser von einem Wasserversorgungsunternehmen nicht direkt an Verbraucher abgegeben wird, sondern an einen Zwischenabnehmer. Dieser verteilt oder gibt dieses Trinkwasser dann über sein Leitungsnetz an Verbraucher ab.

Der Begriff der einheitlichen Wasserqualität bezieht sich darauf, dass das Wasser aufgrund seiner Herkunft, der Art der Aufbereitung und aus Gründen der hydraulischen Verhältnisse im Leitungsnetz als gleichartig angesehen werden kann. Bei einer Beeinträchtigung der Wasserqualität ist aufgrund der fehlenden Abgrenzung nicht auszuschließen, dass das Wasser im gesamten Wasserversorgungsgebiet betroffen ist. Auch bei der Planung und Durchführung von Maßnahmen, wie z. B. Desinfektionen, wird daher ggf. das gesamte Wasserversorgungsgebiet betrachtet. In der Regel werden Wasserversorgungsanlagen nach § 3 Nummer 2 Buchstabe b entsprechend der Begriffsbestimmung als eigenes Wasserversorgungsgebiet zu behandeln sein, insbesondere wenn es sich um eine einzelne Brunnenanlage handelt, die z. B. einen Waldgasthof versorgt. Als Teil eines größeren Wasserversorgungsgebietes sind „b-Anlagen" denkbar, wenn Trinkwasser aus einer „a-Anlage" mit dem einer „b-Anlage" vor der Abgabe an Verbraucher gemischt wird. Wasserversorgungsanlagen nach § 3 Nummer 2 Buchstabe c (Kleinanlagen zur Eigenversorgung) gehören im Sinne dieser Verordnung nie zum Wasserversorgungsgebiet; aus ihnen wird kein Trinkwasser an Verbraucher abgegeben. Sie werden daher bezüglich der Überwachung, Untersuchungspflichten, Maßnahmen bei Überschreitungen und den Berichtspflichten getrennt betrachtet. Zur Einbeziehung von Wasserversorgungsanlagen nach § 3 Nummer 2 Buchstabe d, e und f siehe auch Begründung zu § 19 Absatz 2.

Nummer 7:

In der TrinkwV 2001 wurde bislang an verschiedenen Stellen auf Rohwasser Bezug genommen, ohne dass es definiert wurde. Die Aufnahme in die Begriffsbestimmungen dient der Klarstellung.

Nummer 8:

Aufbereitungsstoffe können gasförmig, flüssig oder fest dem Wasser zugesetzt werden bzw. mit dem Trinkwasser (z. B. in Filtern) in Kontakt kommen. Zur Aufbereitung zählen sowohl die Entfernung von unerwünschten Stoffen aus dem Rohwasser als auch die Veränderung der Zusammensetzung des fortgeleiteten Wassers, z. B. zur Einhaltung der Anforderungen an Trinkwasser im Verteilungsnetz und in der Trinkwasser-Installation bis zur Entnahmestelle bei den Verbrauchern. Die Veränderung der Wasserzusammensetzung schließt die weitergehende Aufbereitung zu technischen Zwecken (z. B. Enthärtung, pH-Wert-Einstellung oder die Veränderung korrosionschemischer Eigenschaften) mit ein.

Weiterhin zählen zu den Aufbereitungsstoffen die Biozide zur Abtötung bzw. Inaktivierung von Krankheitserregern (Desinfektionsmittel). Die Aufnahme in die Begriffsbestimmungen dient der Klarstellung.

Nummer 9:

Für den gemäß Anlage 3 Teil II in der Trinkwasser-Installation zu untersuchenden Parameter Legionella spec. kann kein wissenschaftlich begründbarer Grenzwert festgelegt werden, unterhalb dessen eine gesundheitliche Gefährdung mit Sicherheit auszuschließen ist. Daher wird ein technischer Maßnahmenwert festgelegt. Beim Erreichen dieses Maßnahmenwertes ist eine Gefährdung der menschlichen Gesundheit nicht mehr mit „Sicherheit" auszuschließen. Die gewählte Formulierung „Erreichen oder Überschreitung" dient der fachlichen Klarstellung und der Rechtssicherheit (für die Entscheidungen der Vollzugsbehörden). Der technische Maßnahmenwert ist ein empirisch abgeleiteter Wert, der bei Beachtung der a.a.R.d.T. und der erforderlichen Sorgfalt durch den Inhaber einer Trinkwasser-Installation in der Regel nicht erreicht und nicht überschritten wird. Beim Erreichen oder der Überschreitung dieses technischen Maßnahmenwertes ist eine Überprüfung der Wasserversorgungsanlage im Sinne einer Gefährdungsanalyse erforderlich, um eine Gesundheitsgefährdung auszuschließen.

Nummer 10:

Der Begriff der „gewerblichen Tätigkeit" wird in der Verordnung an verschiedenen Stellen als Unterscheidungsmerkmal herangezogen, insbesondere um eine Abgrenzung zum rein privaten Bereich zu erreichen. Von einer gewerblichen Tätigkeit im Sinne der Trinkwasserverordnung ist immer dann auszugehen, wenn das Zurverfügungstellen von Trinkwasser unmittelbar (etwa zum Trinken oder Waschen) oder mittelbar (etwa durch die Zubereitung von Speisen mit Trinkwasser) aus einer Tätigkeit resultiert, für die ein Entgelt geleistet wird. Das Zurverfügungstellen des Trinkwassers muss dabei zumindest ein Nebenzweck der Tätigkeit sein, das heißt, regelmäßig zur Ausübung der Tätigkeit gehören und auch erwarteter, mitbezahlter Bestandteil der Tätigkeit sein. Beispiele sind die Vermietung von Wohnraum (auch für nur kurze Zeit wie bei einer Ferienwohnung) sowie Dienstleistungen von Hotels, Gaststätten oder kommerziellen Sporteinrichtungen. Das bloße Vorhandensein einer Toilettenanlage mit Waschbecken, etwa in einem Kaufhaus, reicht hierfür nicht aus.

Das Merkmal der Selbstständigkeit ist erforderlich, da nur derjenige in die Verantwortung gezogen werden kann, der auch die Entscheidungshoheit über die jeweilige Tätigkeit besitzt. Die auf eine Gewinnerzielung gerichtete, wirtschaftliche Tätigkeit muss erkennbar auf Dauer angelegt sein, was bei lediglich einzelnen Gelegenheitsgeschäften nicht der Fall ist. Unschädlich sind Unterbrechungen wie bei Saisonbetrieben.

Diese Definition bezieht sich nicht auf die verschiedenen Zuständigkeiten bei der Überwachung, sondern soll lediglich deutlich machen, in welchen Fällen eine „gewerbliche Tätigkeit" im Sinne der Trinkwasserverordnung vorliegt.

Nummer 11:

Wie die „gewerbliche Tätigkeit" wird auch die „öffentliche Tätigkeit" verschiedentlich als Unterscheidungsmerkmal in der Verordnung herangezogen. Gemeint sind Einrichtungen, die – ohne im Vordergrund stehende Gewinnerzielungsabsicht – der Allgemeinheit vorrangig in sozialen Bereichen Leistungen anbieten, die von einem wechselnden Personenkreis in Anspruch genommen werden. Beispiele hierfür sind – wie auch bereits im § 18 Absatz 1 der TrinkwV 2001 aufgeführt – Schulen, Kindergärten, Krankenhäuser oder auch Justizvollzugsanstalten. Auch von Genossenschaften geführte Wasserversorgungen zählen hierzu, wenn über die Mitglieder hinaus mit einem unüberschaubaren Personenkreis (etwa ab 50 Personen) als Besucher und damit zeitweisen Nutzern zu rechnen ist oder die Wasserversorgung in Übernahme von Aufgaben der kommunalen Daseinsvorsorge durch einen anderen nichtgewerblichen Träger erfolgt. Kleinere Anlagen dieser Art werden wie c-Anlagen zu betrachten sein. Selbstver-

ständlich sind auch Tätigkeiten denkbar, die sowohl gewerblich als auch öffentlich sind.

2. Abschnitt
Überschrift:
Sprachliche Anpassung.

§ 4:
Absatz 1:

Die bisherige Fassung der Trinkwasserverordnung gibt vor, dass Trinkwasser „frei von Krankheitserregern" sein muss. Vor dem Hintergrund der Vielzahl der für eine Kontamination von Wasser in Betracht kommenden Erreger war und ist es jedoch praktisch unmöglich, im Routinebetrieb der Wasserversorgung eine absolute Erregerfreiheit zu erreichen. Das ist unkritisch, solange keine Gefährdung der menschlichen Gesundheit zu befürchten ist, bzw. solange die in der Anlage 1 festgesetzten Grenzwerte nicht überschritten werden. Die Änderung in Satz 1 trägt der Realität Rechnung und dient zudem der Angleichung an das IfSG. Der neue Satz 1 entspricht der Formulierung in § 37 Absatz 1 IfSG.

Auch stellt die Trinkwasserverordnung einen gleichwertigen Schutz der Verbraucher vor chemischen und mikrobiellen Belastungen sicher. Deutlich wird das durch den vergleichbaren, qualitativen Ansatz in den §§ 5 und 6.

Der Begriff „Wasserverteilung" im Sinne einer Bereitstellung (Lieferung) von Trinkwasser durch Wasserversorgungsunternehmen an Abnehmer wird nicht separat definiert. Bei Anlagen der Wasserverteilung umfasst das Leitungsnetz alle Teile des Netzes bis zum Zapfhahn der Verbraucher. Eine derartige Wasserverteilung beinhaltet beispielsweise auch Hochbehälter oder Druckerhöhungsstationen.

Nicht nur die Wassergewinnung, -aufbereitung und -verteilung spielen für die Qualität des Trinkwassers eine erhebliche Rolle. Auch das Wassereinzugsgebiet mit seinen speziellen Umweltbedingungen, seiner besonderen Beschaffenheit und geographischen Struktur unter Berücksichtigung der anderweitigen Nutzung dieses Gebietes, beispielsweise für landwirtschaftliche Zwecke, ist von großer Bedeutung. Es muss entsprechend geschützt werden und soll daher explizit genannt werden, auch wenn man den Bereich des Wassereinzugsgebietes bislang begrifflich der bereits genannten Wassergewinnung zuschlagen konnte.

Durch die Einfügung des Wortes „mindestens" soll deutlich gemacht werden, dass nicht „nur" bei der Einhaltung der a.a.R.d.T., sondern auch bei der Einhaltung der beiden höherwertigen Technikklauseln „Stand der Technik" bzw. „Stand von Wissenschaft und Technik" die Vorgaben des § 4 als erfüllt gelten. Dadurch wird erreicht, dass die verordnungsgerechte Anwendung fortschrittlicher Verfahren, Betriebsweisen etc. nicht in Frage gestellt wird, nur weil es sich (noch) nicht um a.a.R.d.T. handelt. Im Übrigen erfolgen sprachliche Anpassungen.

Absatz 2:

Es werden sprachliche Anpassungen vorgenommen. Eine Änderung aufgrund der Ergänzung der Verordnung um den neuen § 10 und Streichung des bisherigen § 10 ist erforderlich. Zur Abgrenzung zu den Regelungen für Indikatorparameter im Absatz 3 werden die zugelassenen Abweichungen durch den Bezug auf Anlage 2 (chemische Parameter) präzisiert. Die konkrete Verweisung auf einzelne Absätze der §§ 9 und 10 ist aufgrund der Bewehrung als Ordnungswidrigkeit erforderlich.

Absatz 3:

Die Ergänzung um die nach § 9 Absatz 5 und 6 geduldeten Abweichungen dient der rechtlichen Klarstellung. Da es geduldete Abweichungen auch für die Indikatorparameter gibt, muss hier analog zu Absatz 2 ebenfalls die Ausnahme für das Verbot der Abgabe und Zurverfügungstellung gelten. Zur Abgrenzung zu den Regelungen für chemische Parameter im Absatz 2 werden die geduldeten Abweichungen durch den Bezug auf Anlage 3 (Indikatorparameter) präzisiert. Des Weiteren erfolgt eine sprachliche Anpassung.

§ 5:

Absatz 1:

Der neue Einschub „die durch Wasser übertragen werden können" konkretisiert die in § 2 Absatz 1 IfSG enthaltene Definition auf das Spektrum der wasserübertragbaren Krankheitserreger. Im IfSG werden „wasserübertragbare Krankheitserreger" nicht näher beschrieben. Welche Krankheitserreger (Bakterien, Pilze, Viren, Parasiten) hier einbezogen werden, ist in den WHO Guidelines for Drinking Water Quality (2004) nach neuesten wissenschaftlichen Erkenntnissen beschrieben.

Absatz 2:

Sprachliche Anpassung.

Absatz 3:

Sprachliche Anpassungen, s. auch Begründung zu § 3 Satz 1 Nummer 1.

Absatz 4:

Neu aufgenommen wird – in Angleichung an die Regelungen für chemische Verunreinigungen im § 6 – ein Minimierungsgebot für Mikroorganismen, die das Trinkwasser verunreinigen oder seine Beschaffenheit nachteilig beeinflussen können. Der die Mikroorganismen näher beschreibende und damit einschränkende Relativsatz ist besonders wichtig, d. h. es sind hier nicht alle Mikroorganismen angesprochen. Trinkwasser ist nach Aufbereitung und Verteilung nicht steril. Dies wird auch nicht gefordert. Bei Einhaltung der Anforderungen nach § 4 Absatz 1 und § 5 Absatz 1 und 2 ist sichergestellt, dass die Konzentration an möglicherweise enthaltenen Krankheitserregern so gering ist, dass eine Schädigung der menschlichen Gesundheit nicht zu besorgen ist. Dabei muss die Aufbereitung gewährleisten, dass neben der effektiven Entfernung von Krankheitserregern, die meist durch anthropogene Einflüsse in die Rohwässer gelangen, auch die Konzentration möglicherweise potenziell pathogener, im Wasser autochthon enthaltener Mikroorganismen (z. B. P. aeruginosa, Legionellen) soweit reduziert wird, dass sowohl ihre Konzentration im aufbereiteten Trinkwasser am Ausgang des Wasserwerkes als auch unter den Bedingungen der Verteilung und der Trinkwasser-Installation in Gebäuden (hier mit evtl. Vermehrung bzw. messbarer „Aufkeimung") so gering wie möglich bleibt. Dies ist dadurch sicherzustellen, dass bei der Gewinnung, Aufbereitung und Verteilung des Trinkwassers die entsprechenden a.a.R.d.T. beachtet und eingehalten werden. Entscheidend ist bei mikrobiell belasteten Rohwässern eine effektive Partikelentnahme, u. U. mehrstufig, vor der Desinfektion. Dies ermöglicht es, den Gehalt an Mikroorganismen allgemein so weit wie technisch möglich zu reduzieren und gleichzeitig optimale Bedingungen für eine wirksame Desinfektion vorzuhalten, die zur Beseitigung eines Restrisikos dient. Dadurch ist es möglich, mit vertretbarem Aufwand die in § 5 Absatz 4 gestellten Anforderungen zu gewährleisten. Es ist mit diesem Minimierungsgebot ausdrücklich nicht ein

Desinfektionsgebot gemeint, weder bei der Aufbereitung im Wasserwerk, noch in der Verteilung oder Trinkwasser-Installation.

Absatz 5:

Im Falle der Belastung des Rohwassers mit desinfektionsmittelresistenten Mikroorganismen (z. B. Parasitendauerformen, bestimmte Viren) muss sichergestellt sein, dass das Wasser in der Trinkwasseraufbereitung vor der Desinfektion möglichst schon Trinkwasserqualität durch effektive Partikelentfernung aufweist, also insbesondere frei ist von mikrobiologisch nachweisbaren Fäkalindikatoren. Dies kann unter Beachtung der Empfehlung des UBA zur „Vermeidung von Kontaminationen des Trinkwassers mit Parasiten" (Bundesgesundheitsbl – Gesundheitsforsch – Gesundheitsschutz 2001: 44, 406–408) überprüft und sichergestellt werden.

Kleinanlagen zur Eigenversorgung sind von der verpflichtenden Vorhaltung der Desinfektionskapazität ausgenommen, da für diese Anlagen eine explizite prophylaktische Forderung eine Übermaßregelung darstellen würde. Werden Desinfektionsanlagen innerhalb von Kleinanlagen zur Eigenversorgung betrieben, sind deren fachgerechter Betrieb und die Wartung besonders wichtig, da nicht fachgerecht betriebene Anlagen ihrerseits eine Gesundheitsgefahr darstellen können.

Neben Chlor und Chlordioxid kommen auch andere Desinfektionsmittel oder -verfahren in Betracht, die in der §-11-Liste geführt sind. Das Minimierungsgebot nach § 6 Absatz 3 ist dabei zu beachten.

Weiterhin werden Klarstellungen im Sinne des IfSG und sprachliche Verbesserungen sowie Folgeänderungen entsprechend der Neueinteilung der Wasserversorgungsanlagen in § 3 Nummer 2 vorgenommen.

Bei Wasserversorgungsanlagen nach § 3 Nummer 2 Buchstabe d, bei denen an Bord von Wasserfahrzeugen Rohwasser mit Hilfe von Meerwasserentsalzungsanlagen produziert wird, besteht nach den a.a.R.d.T. die Notwendigkeit zur Desinfektion und weiteren Aufbereitung des Rohwassers zu Trinkwasser. Dies trifft insbesondere auf Seewasserverdampfer mit niedrigen Betriebstemperaturen zu.

Zu § 5 insgesamt siehe auch Begründung zu Anlage 1.

§ 6:

Absatz 1:

Sprachliche Anpassung.

Absatz 2:

Streichung der abgelaufenen Fristen für die Einhaltung der Übergangsgrenzwerte für Blei und Bromat.

Absatz 3:

Sprachliche Anpassung.

Zu § 6 siehe auch Begründung zu Anlage 2.

§ 7:

Absatz 1:

Die abgelaufenen Fristen werden gestrichen. Bezüglich der Subsumierung von „Richtwerten" unter „Anforderungen" siehe Begründung zu Anlage 3 Teil III.

Regelungen zum Calcitlösevermögen werden aus der Bemerkung zum Parameter pH-Wert herausgelöst und als eigenständiger Parameter aufgenommen.

Absatz 2:

Im neu eingefügten Absatz 2 werden die spezifischen Anforderungen für Trinkwasser, das zur Abgabe in verschlossenen Behältnissen vorgesehen ist, in Bezug auf den Parameter „coliforme Bakterien" festgelegt. Dieser Parameter wird in Anpassung an die Trinkwasserrichtlinie aus der Anlage 1 in die Anlage 3 verschoben.

Zu § 7 insgesamt siehe auch Begründung zu Anlage 3.

§ 8:

Die Änderung dient der inhaltlichen Anpassung der Forderung an die in der Anlage 3 Teil III neu aufgenommen Richtwerte. Außerdem wird der bislang fehlende Bezug zu § 5 Absatz 3 hergestellt. Weiterhin wird aus Konsistenzgründen eine sprachliche Änderung vorgenommen. Die Umformulierungen ändern nichts an der alten Forderung, dass Grenzwerte und Anforderungen an den angegebenen Stellen eingehalten werden müssen.

Nummer 1:

Die Änderung beinhaltet eine Konkretisierung auf „Trinkwasser". Die Eingrenzung der Zapfstellen auf die Trinkwasser-Installation dient der Rechtssicherheit. Hierunter fallen z. B. auch die Entnahmestellen auf Grundstücken und in Fahrzeugen (ungeachtet ihrer Fortbewegungsart), die dazu bestimmt sind, Trinkwasser mit dem Ziel der Abgabe an Verbraucher bereitzustellen, sowie auch Trinkwasserzapfstellen in zeitweise an eine ortsfeste Trinkwasserversorgung angeschlossenen Anlagen, z.B. auf Festplätzen, Volksfesten oder Wochenmärkten. Zapfstellen von Apparaten, die nach den a.a.R.d.T. Teil der Trinkwasser-Installation sind, gehören ebenfalls dazu. Dies sind Apparate, in denen das Trinkwasser nicht bestimmungsgemäß seine Eigenschaft als Trinkwasser verliert, wie z. B. Trinkwasserspender ohne weitere Behandlung des Trinkwassers oder Eiswürfelbereiter. Diese Apparate gehören zur Trinkwasser-Installation. Auf die Ausführungen zu § 2 Absatz 1 Nummer 4 wird verwiesen.

Nummer 2:

Die Nummer 2 wird zur Klarstellung neu aufgenommen. In der Praxis der Überwachung und auch bei Apparateherstellern stellte sich immer wieder die Frage nach dem Geltungsbereich der Trinkwasserverordnung (s. auch Begründung zu § 2 Absatz 1 Nummer 4). Dies trifft auf sehr unterschiedliche Arten von Apparaten zu, die an die Trinkwasser-Installation angeschlossen sein können und in denen die Qualität des Trinkwassers bestimmungsgemäß verändert wird, wie beispielsweise Apparate zur Lebensmittelherstellung in Lebensmittelbetrieben, Waschmaschinen, zahnärztliche Behandlungsstühle, Darmspülapparate oder Pedikürestühle. Auch wenn der Geltungsbereich der Trinkwasserverordnung bis zur Sicherungseinrichtung in diesem Apparat gilt, ist nicht ausgeschlossen, dass sich der anschließende Rechtsbereich an den in der Trinkwasserverordnung gestellten Anforderungen orientiert.

Nummer 3:

Anpassung der Nummerierung. Die Änderung dient der sprachlichen Klarstellung.

Nummer 4:

Anpassung der Nummerierung. Durch die Änderung wird klargestellt, dass es sich um Trinkwasser handelt, das zur Abfüllung in verschließbare Behältnisse vorgesehen ist. Die sich ergebenden schärferen mikrobiologischen Anforderungen gemäß Anlage 1 Teil II gelten nicht für Wasser, das z. B. für Spülzwecke auf Volksfesten in geeigneten Behältnissen (Schüsseln, Wannen) zum Spülen von Trinkgläsern verwendet wird. Wird das Behältnis nicht mit dem Trinkwasser abgegeben, sondern Trinkwasser aus diesem Behältnis später (nach der Befüllung)

genutzt, gilt die unter Nummer 1 beschriebene Stelle der Einhaltung, an der das Behältnis befüllt wird.

Nummer 4 (alt) wird gestrichen. Da die „Stelle der Verwendung des Wassers im Betrieb" nicht näher bestimmt wurde, war die Abgrenzung zwischen Trinkwasserrecht und Lebensmittelrecht nicht klar. Eine klare Abgrenzung ist jedoch erforderlich, weil für bestimmte Zwecke in einem Lebensmittelbetrieb (z. B. Aufhärtung, Kühlung, Zusatz von Stoffen) besondere Verfahren und andere Veränderungen der Wasserqualität aus technologischen oder hygienischen Gründen erforderlich sind. Dem entgegen dürfen für die Aufbereitung von Trinkwasser nur die in der Liste nach § 11 TrinkwV 2001 aufgeführten Stoffe und Desinfektionsverfahren zum Einsatz kommen. Die Stelle der Einhaltung bestimmt sich daher nunmehr auch in Bezug auf Trinkwasser, das in einem Lebensmittelbetrieb verwendet wird, nach den Nummern 1 bis 4.

§ 9:

Überschrift:

Aufgrund der Neueinführung von technischen Maßnahmenwerten notwendige Ergänzung.

Absatz 1:

Satz 1:

Entsprechend den gemäß der Trinkwasserrichtlinie durch die EU-Kommission vorgegebenen Berichtsformaten werden Überschreitungen der Vorgaben auf das Wasserversorgungsgebiet bezogen betrachtet. Aus diesem Grund erfolgt eine entsprechende Anpassung der Terminologie. Im Vergleich zur bisherigen Regelung sind damit keine zusätzlichen Belastungen für die Gesundheitsämter verbunden. Hinzu gekommen sind nicht gewerblich oder öffentlich genutzte Trinkwasser-Installationen. Für diese bestand aber bereits nach § 20 Absatz 3 TrinkwV 2001 für das Gesundheitsamt die Notwendigkeit, eine Entscheidung zu treffen. Des Weiteren wird durch Streichung des Wortes „werden" der Satz sprachlich vereinfacht. Da es in manchen Fällen durchaus sinnvoll ist, Teile einer Wasserversorgungsanlage weiterzubetreiben (z. B. Stilllegung lediglich eines betroffenen Brunnens von mehreren), wird die Aufnahme der Worte „oder Teile davon" erforderlich. Die jetzige Bezugnahme auf das Betreiben einer Anlage dient der sprachlichen Klarstellung.

Die Regelungen des § 16 Absatz 1 IfSG ermöglichen es dem Gesundheitsamt, auch ohne Vorliegen konkreter Untersuchungsergebnisse alle notwendigen Maßnahmen zur Abwendung einer dem Einzelnen oder der Allgemeinheit drohenden Gefahr einzuleiten. Bei Wasserfahrzeugen, die Trinkwasser in verschiedenen Wasserversorgungsgebieten oder sogar im Ausland aufnehmen oder die zum Beispiel durch Meerwasserentsalzung Trinkwasser selbst gewinnen, kann der Begriff des Wasserversorgungsgebietes sinngemäß herangezogen werden. Dies gilt auch für die folgenden Absätze, in denen auf Wasserversorgungsgebiete Bezug genommen wird.

Satz 2:

Die Aufzählung der möglichen Gefahrenfaktoren wird um die Einschränkung der Entnahme des Trinkwassers ergänzt.

Satz 3:

Es erfolgt eine sprachliche Klarstellung durch die Ergänzung „verursachende" Wasserversorgungsanlage. Die Formulierung „... Unternehmer *und* dem sonstigen Inhaber ..." wird in „... Unternehmer *oder* dem sonstigen Inhaber ..." geändert. Durchgängig erfolgt in der Trinkwasserverordnung die

sprachliche Verbindung von Unternehmer und Inhaber immer dann mit „und", wenn sich Verpflichtungen sowohl an den Unternehmer als auch an den Inhaber richten. Die „oder"-Verbindung wird dann gewählt, wenn entweder der Unternehmer oder der Inhaber in die Pflicht genommen werden oder in der Pflicht sind. An dieser Stelle ist eine Anpassung an diese grundsätzliche Linie erforderlich.

Satz 4:

Sprachliche Vereinfachung durch Streichung des Wortes „entsprechende".

Satz 5:

Es erfolgt eine Verweisung auf Absatz 7, in dem beschrieben wird, welche Maßnahmen durch das Gesundheitsamt für die Fälle, bei denen Grenzwerte, Richtwerte oder Anforderungen nicht eingehalten oder nicht erfüllt werden, zu veranlassen sind, sofern dies auf die Trinkwasser-Installation oder deren unzulängliche Instandhaltung zurückzuführen ist. Siehe dazu auch Begründung zu Absatz 7.

Absatz 2:

Sprachliche Klarstellungen und Konkretisierungen.

Satz 1:

Entsprechend den gemäß der Trinkwasserrichtlinie durch die EU-Kommission vorgegebenen Berichtsformaten werden Überschreitungen der Vorgaben auf das Wasserversorgungsgebiet bezogen betrachtet. Aus diesem Grund erfolgt eine entsprechende Anpassung der Terminologie.

Satz 2:

Inhaltlich klargestellt wird, dass der Unternehmer und der sonstige Inhaber der „betroffenen" Wasserversorgungsanlage für die Sicherstellung einer anderweitigen Versorgung die Verantwortung trägt. Die Formulierung „...Unternehmer *oder* dem sonstigen Inhaber ..." wird in „...Unternehmer *und* dem sonstigen Inhaber ..." geändert. Durchgängig erfolgt in der Trinkwasserverordnung die sprachliche Verbindung von Unternehmer und Inhaber immer dann mit „und", wenn sich Verpflichtungen sowohl an den Unternehmer als auch an den Inhaber richten. Die „oder"-Verbindung wird dann gewählt, wenn entweder der Unternehmer oder der Inhaber in die Pflicht genommen werden oder in der Pflicht sind. An dieser Stelle ist eine Anpassung an diese grundsätzliche Linie erforderlich.

Satz 3:

Die Bezugnahme auf § 10 Absatz 8 ist erforderlich, da dort geregelt ist, wer wen zu informieren hat. Siehe dazu auch Begründung zu § 10 Absatz 8.

Absatz 3:

Sprachliche Klarstellungen und Konkretisierungen.

Satz 1:

Eine Unterbrechung des Betriebes der leitungsgebundenen Versorgung mit Trinkwasser zählt zu den äußersten Maßnahmen, die das Gesundheitsamt anordnen kann. Entsprechend den gemäß der Trinkwasserrichtlinie durch die EU-Kommission vorgegebenen Berichtsformaten werden Überschreitungen der Vorgaben auf das Wasserversorgungsgebiet bezogen betrachtet. Aus diesem Grund erfolgt eine entsprechende Anpassung der Terminologie.

Satz 2, Nummer 2:

Die Streichung der Worte „Chlor und Chlordioxid" dient der Flexibilisierung. Dadurch wird der Einsatz anderer geeigneter Desinfektionsmittel ermöglicht, um eine hinrei-

chende Desinfektion erzielen zu können. Siehe dazu auch Begründung zu § 5 Absatz 5.

Satz 3:

In der Praxis hat sich gezeigt, dass die Unterbrechung der Wasserversorgung und insbesondere auch die Wiederinbetriebnahme großen Einfluss auf die Wasserqualität haben können. Daher müssen beide Vorgänge fachgerecht ausgeführt werden. Um dies sicherzustellen, wird die Forderung nach Beachtung der a.a.R.d.T. aufgenommen.

Satz 4:

Der Nutzen ist sehr sorgfältig gegenüber den sich daraus ergebenden seuchenhygienischen Risiken (z.B. Einschränkungen der persönlichen Hygiene, Unterbrechung der Toilettenspülung, Ausfall der Schwemmkanalisation) und den Risiken für den Bereich der öffentlichen Sicherheit (z.B. Einschränkung der Gewährleistung des Brandschutzes durch Unterbrechung der Löschwasserversorgung) abzuwägen. Andere mögliche Maßnahmen zum Schutz der menschlichen Gesundheit, wie ein Abkochgebot oder Verwendungseinschränkungen für bestimmte Nutzungen des Trinkwassers (z.B. für Säuglinge und Immungeschwächte), sind bei der Entscheidung zu berücksichtigen.

Absatz 4:

Sprachliche Vereinfachungen ohne Änderung des Inhaltes und Folgeänderung von Absatz 3.

Die neu aufgenommene Verpflichtung für das Gesundheitsamt, d.h. die „unverzügliche" Anordnung von Abhilfemaßnahmen, ist u.a. notwendig, damit die in § 10 Absatz 8 Satz 1 formulierte „unverzügliche und angemessene" Informationsverpflichtung erfüllt werden kann. Neben dem Grad der Gefährdung der menschlichen Gesundheit sind bei den Maßnahmen des Gesundheitsamtes auch Aspekte der öffentlichen Sicherheit zu berücksichtigen.

Absatz 5:

Diese Regelung ist wegen der Streichung des bisherigen § 9 Absatz 9 erforderlich. Bislang war neben den Parametern der Anlagen 1 und 2 auch für die Überschreitung oder Nichterfüllung der in der Anlage 3 festgesetzten Grenzwerte und Anforderungen ein formell sehr aufwändiges Verfahren vorgeschrieben, das in der Trinkwasserrichtlinie nicht vorgesehen ist. Bei den allgemeinen Indikatorparametern (Anlage 3, Teil I) ist es gerechtfertigt, die Entscheidung, bis zu welchem Wert und für welchen Zeitraum eine Abweichung geduldet werden kann, dem Gesundheitsamt zu übertragen. Diese Festlegung hat das Gesundheitsamt zu treffen unter Berücksichtigung der örtlichen Gegebenheiten und Umstände des Einzelfalls und des Zwecks der Trinkwasserverordnung, die menschliche Gesundheit vor nachteiligen Einflüssen durch verunreinigtes Trinkwasser zu schützen. Das Verfahren wird insofern erleichtert und baut unnötige bürokratische Vorgaben ab.

Nicht akzeptiert werden kann eine langfristige oder sogar dauerhafte Abweichung von den Vorgaben der Anlage 3 zumindest in der öffentlichen Wasserversorgung. Deshalb enthält die Regelung die Maßgabe, dass bei der öffentlichen Wasserversorgung in jedem Fall anzustreben ist, die in der Anlage 3 vorgegebenen Grenzwerte und Anforderungen wieder einzuhalten bzw. zu erfüllen.

Für die in Anlage 3 Teil II festgelegten speziellen Anforderungen an Trinkwasser in Anlagen der Trinkwasser-Installation (technischer Maßnahmenwert für Legionella spec.) gelten die spezifischen Regelungen im Absatz 8.

Im Falle der Nichteinhaltung von Richtwerten nach Teil III der Anlage 3 (Anforderungen an das Trinkwasser in Bezug auf Radioaktivität) prüft und entscheidet das Gesundheitsamt – abweichend vom Herangehen im Falle der Nichteinhaltung oder Nichterfüllung von Grenzwerten und Anforderungen – zunächst, ob Abhilfemaßnahmen erforderlich bzw. sinnvoll sind. Bei Erfordernis ordnet es diese an. Kriterien, an denen sich die Vollzugsbehörden bei ihren Entscheidungen orientieren können, werden in einem Leitfaden zur Überwachung der Radioaktivität im Trinkwasser konkretisiert.

Siehe auch Begründung zu § 9 Absatz 9 und zu Anlage 3 Teil II und Teil III.

Der Absatz 5 TrinkwV 2001 geht inhaltlich mit Änderungen in den § 10 Absatz 1 über.

Absatz 6:

Der neue Absatz 6 schließt eine Regelungslücke der TrinkwV 2001 bezüglich Mikroorganismen und chemischen Stoffen, die nicht in Anlage 1 und 2 mit Grenzwerten belegt sind, aber eine Gefährdung der menschlichen Gesundheit besorgen lassen. Für diese kann das Gesundheitsamt unter Berücksichtigung der Umstände des Einzelfalles Höchstkonzentrationen im Trinkwasser und die Dauer der Duldung festlegen. Den Gesundheitsämtern stehen für die Bewertung und Entscheidung Leitlinien zur Verfügung, die den Ländern vom damaligen Bundesministerium für Gesundheit und Soziale Sicherung übersandt wurden und die nach dem Inkrafttreten der Novellierung der TrinkwV 2001 aktualisiert werden. Als ergänzende Bewertungs- und Entscheidungsgrundlagen können die Gesundheitsämter die fachlichen Empfehlungen des UBA oder die Stellungnahmen der TWK des BMG beim UBA nutzen. Diese wurden und werden in Fachzeitschriften publiziert und sind auch auf der Internetseite des UBA für alle Internetnutzer frei zugänglich. Die Anforderungen der §§ 5 Absatz 1 und 6 Absatz 1 bleiben davon unberührt. Sie legen zugleich den Rahmen für eine diesbezügliche Festlegung durch das Gesundheitsamt fest.

Absatz 7:

Inhaltlich stammen die Regelungen dieses im § 9 neuen Absatzes aus § 20 Absatz 3 TrinkwV 2001. Dieser wird außerdem sprachlich angepasst und gekürzt, da der zweite Teil von Satz 2 bereits in Satz 1 inbegriffen ist.

Bei Nichteinhaltung oder Nichterfüllung der in den §§ 5 bis 7 festgelegten Grenzwerte, Richtwerte und Anforderungen, die ihre Ursache in der Trinkwasser-Installation haben, hat das Gesundheitsamt den Unternehmer oder sonstigen Inhaber der Wasserversorgungsanlage über geeignete Maßnahmen zu beraten, ist aber für die Durchführung der Maßnahmen und die Information der betroffenen Verbraucher nicht zuständig.

Die Regelungen des § 16 Absatz 1 IfSG ermöglichen es dem Gesundheitsamt, auch ohne Vorliegen konkreter Untersuchungsergebnisse alle notwendigen Maßnahmen zur Abwendung einer dem Einzelnen oder der Allgemeinheit drohenden Gefahr einzuleiten.

Die Formulierung „... Unternehmer *und* dem sonstigen Inhaber ...“ wird in „... Unternehmer *oder* dem sonstigen Inhaber ...“ geändert. Durchgängig erfolgt in der Trinkwasserverordnung die sprachliche Verbindung von Unternehmer und Inhaber immer dann mit „und“, wenn sich Verpflichtungen sowohl an den Unternehmer als auch an den Inhaber richten. Die „oder“-Verbindung wird dann gewählt, wenn entweder der Unternehmer oder der Inhaber in die Pflicht genommen werden oder in der Pflicht sind.

An dieser Stelle ist eine Anpassung an diese grundsätzliche Linie erforderlich.

Absatz 8:

Das Erreichen oder die Überschreitung des nach § 14 Absatz 3 in Verbindung mit § 7 Absatz 1 und Anlage 3 Teil II festgesetzten technischen Maßnahmenwertes für Legionellen ist in der Regel ein Hinweis auf technische oder organisatorische Unzulänglichkeiten in der Trinkwasser-Installation. Zur Abklärung der Ursache muss durch den Unternehmer oder sonstigen Inhaber der Wasserversorgungsanlage auf Anweisung des Gesundheitsamtes eine Ortsbesichtigung durchgeführt und daneben von Sachverständigen überprüft werden, ob und gegebenenfalls welche Gefährdung für die Nutzer des Trinkwassers aus dieser Installation besteht. Die Gefährdungsanalyse ist ein Instrument zur Abwehr von Gesundheitsgefährdungen, welches von der WHO für den Betrieb von Trinkwasser-Installationen empfohlen wird. Diese Überprüfung ist eine Untersuchung der Umstände des Einzelfalls und muss daher ebenfalls vor Ort erfolgen. Gegebenenfalls muss der Inhaber der Trinkwasser-Installation eine externe Stelle mit dieser Untersuchung beauftragen. Insbesondere ist durch Sachverständige zu überprüfen, ob mindestens die a.a.R.d.T. eingehalten sind. Zur Identifizierung der Bereiche einer Trinkwasser-Installation, in denen eine Gefährdung für die Nutzer möglich ist, sind gegebenenfalls – in Absprache mit dem Gesundheitsamt – weitere Probenahmestellen festzulegen und weitergehende Untersuchungen durchzuführen. Hier ist das technische Regelwerk zu Grunde zu legen (DVGW-Arbeitsblatt W 551). Die Ergebnisse der Gefährdungsanalyse müssen dokumentiert werden, um einerseits dem zuständigen Gesundheitsamt gegenüber Rechenschaft ablegen zu können. Andererseits ist diese

Dokumentation eine Basis für Beratungen zwischen dem Inhaber der Trinkwasser-Installation, dem Gesundheitsamt sowie weiteren an Planung, Bau oder Betrieb der Trinkwasser-Installation Beteiligten darüber, welche technischen oder organisatorischen Verbesserungen notwendig sind, damit die Anlage zukünftig keinen Grund zur Besorgnis gibt.

Die Untersuchungspflicht obliegt auch hier dem Unternehmer oder sonstigen Inhaber. Um kostenintensive Untersuchungen zu vermeiden, ist es notwendig, bei Planung, Errichtung, Inbetriebnahme, Wartung, ggf. erforderlichen Reparaturen und Wiederinbetriebnahme die a.a.R.d.T. zu beachten.

Die Stilllegung einer Anlage sollte nur nach einer sorgfältigen Gefährdungsanalyse erfolgen und nicht allein wegen einer Überschreitung des technischen Maßnahmenwertes. In jedem Fall ist zu berücksichtigen, ob Legionelleninfektionen der Nutzer aufgetreten sind.

Siehe auch Begründung zu § 3 Nummer 9 sowie § 14 Absatz 3.

Zur Begründung der Streichung von § 9 Absatz 9 TrinkwV 2001 siehe Begründung zu § 9 Absatz 5.

Absatz 9:

Satz 1:

Satz 1 ist notwendig, um auch für Kleinanlagen zur Eigenversorgung, die generell nicht zum Wasserversorgungsgebiet gehören (siehe auch Begründung zu § 3 Nummer 4 und § 19 Absatz 2), Maßnahmen im Fall der Nichteinhaltung von Grenzwerten und Anforderungen zu regeln.

Satz 2:

Der auch inhaltlich neue Satz 2 bedeutet eine große Entlastung für Eigentümer von Kleinanlagen zur Eigenversorgung (§ 3 Num-

mer 2 Buchstabe c). Bei Überschreitung der Indikatorparameter Ammonium, Chlorid, Eisen, elektrische Leitfähigkeit, Mangan, Natrium, TOC, Oxidierbarkeit, Sulfat und Trübung kann jetzt das Gesundheitsamt unter den aufgeführten Bedingungen entscheiden, ob und wie lange die Wasserversorgung ohne Abhilfemaßnahmen weitergeführt werden kann. Aus diesem Grund können auch die Ausnahmen für geogene Konzentrationen bestimmter Parameter, die in den Bemerkungen der Anlage 3 TrinkwV 2001 aufgeführt waren, entfallen. Allerdings sind diese nach TrinkwV 2001 „pauschal zugelassenen" Überschreitungen in Anpassung an die Trinkwasserrichtlinie nicht mehr für Anlagen mit Abgabe an Dritte möglich. Dies wird aber dadurch kompensiert, dass nach den neuen Regelungen des Absatzes 5 das Gesundheitsamt ohnehin u. a. für die Indikatorparameter flexibel entscheiden kann, bis zu welcher Konzentration und für welchen Zeitraum eine Überschreitung zugelassen ist. Als Hilfe für den Vollzug können die Leitlinien für den Fall von Überschreitungen der Grenzwerte und Anforderungen der TrinkwV 2001, die den zuständigen obersten Landesbehörden zur Verfügung gestellt wurden, herangezogen werden.

Zum Verbleib der Absätze 5 bis 12 des § 9 TrinkwV 2001 siehe Begründung zu § 10.

§ 10:

Absatz 1:

Inhaltlich nimmt dieser Absatz die Regelungen des § 9 Absatz 5 TrinkwV 2001 auf. Diese sind jetzt auf die chemischen Parameter der Anlage 2 beschränkt, da für die verbliebenen mikrobiologischen Parameter zugelassene Abweichungen auch in der Trinkwasserrichtlinie nicht vorgesehen und für die Indikatorparameter gesonderte flexible Regelungen (§ 9 Absatz 5) vorgesehen sind. Eine sprachliche Anpassung an vergleichbare Regelungen dieser Verordnung wird mit der Formulierung „Gefährdung der menschlichen Gesundheit" vorgenommen. Inhaltlich ist damit keine Änderung beabsichtigt. Weiterhin werden einige sprachliche Verbesserungen vorgenommen.

Absatz 2:

Inhaltlich nimmt dieser Absatz die Regelungen des § 9 Absatz 6 TrinkwV 2001 mit Änderungen auf. Die Änderungen dienen der Entbürokratisierung, da die formale Zulassung von Abweichungen inklusive der Unterrichtungswege (§ 9 Absatz 9 TrinkwV 2001) für Indikatorparameter nicht mehr besteht. Die letzten beiden Sätze des Absatzes 6 TrinkwV 2001 finden sich inhaltlich im Absatz 3 wieder. Der Adressat der Information über die Entscheidung des Gesundheitsamtes wird im letzten Satz konkretisiert, um Verwechslungen zu vermeiden, da auch Wasserversorgungsanlagen betroffen sein können, die nicht verursachend sind; deren Information ist an anderer Stelle geregelt (insbesondere Absatz 8 und § 21).

Absatz 3:

Der Inhalt des Absatzes stammt mit Änderungen aus § 9 Absatz 6 TrinkwV 2001. Durch die Änderung wird der Verwaltungsaufwand reduziert, da die Größe der zu meldenden Wasserversorgungsgebiete um den Faktor 3,65 eingeschränkt wird. Außerdem wird in Anlehnung an die Trinkwasserrichtlinie eine dem genannten Volumen entsprechende Personenzahl als Grenze mit aufgenommen. Die in der Praxis bereits übliche Frist von 4 Wochen wird eingeführt, da das BMG die ggf. notwendige Weiterleitung an die EU-Kommission innerhalb von 2 Monaten nach Zulassung abschließen muss. Das sprachlich überflüssige Wort „getroffene" wird gestrichen.

Absatz 4:

Der Absatz nimmt die Regelung des § 9 Absatz 12 TrinkwV 2001 auf. Gleichzeitig wird diese aber eingeschränkt, da ansonsten im Not- oder Schadensfall keine Abfüllung eines Trinkwassers mit zugelassenen Abweichungen in Behältnisse als Ersatzversorgung möglich wäre. Es gibt keinen Grund, warum die versorgten Personen dasselbe Trinkwasser (mit ggf. zugelassenen Abweichungen), das sie vorher leitungsgebunden geliefert bekamen, nicht auch in Behältnissen abgefüllt konsumieren können. Der an anderer Stelle eingeführte Begriff „verschlossene Behältnisse" wird hier explizit nicht gewählt, da bei der Ersatzwasserversorgung auch offene Behältnisse (z. B. Eimer) zum Einsatz kommen können.

Absatz 5:

Der Inhalt des Absatzes stammt mit inhaltlichen und sprachlichen Änderungen aus § 9 Absatz 7 TrinkwV 2001. Durch die inhaltliche Änderung wird der Verwaltungsaufwand reduziert, da die Größe der zu meldenden Wasserversorgungsgebiete in Anpassung an die Vorgaben der Trinkwasserrichtlinie um den Faktor 3,65 eingeschränkt wird. Außerdem wird in Anlehnung an die Trinkwasserrichtlinie eine dem genannten Volumen entsprechende Personenzahl als Grenze mit aufgenommen. Es wird eine Frist von 4 Wochen für die Unterrichtung des BMG vorgegeben, da die Praxis gezeigt hat, dass die entsprechenden Meldungen oft zu spät erfolgten und damit die in der Trinkwasserrichtlinie gesetzte Gesamt-Frist von 2 Monaten nicht gehalten werden konnte.

Absatz 6:

Der Inhalt des Absatzes stammt mit inhaltlichen und sprachlichen Änderungen aus § 9 Absatz 8 TrinkwV 2001. Durch die inhaltliche Änderung wird der Verwaltungsaufwand reduziert, da die Größe der „beantragungspflichtigen" Wasserversorgungsgebiete um den Faktor 3,65 eingeschränkt wird (Anpassung an die Trinkwasserrichtlinie). Außerdem wird in Anlehnung an die Trinkwasserrichtlinie eine dem genannten Volumen entsprechende Personenzahl als Grenze mit aufgenommen. Über Abweichungen bei den in der alten Regelung einbezogenen dezentralen kleinen Wasserwerken (§ 3 Nummer 2 Buchstabe b) sowie (in Verbindung mit dem neuen Absatz 9) Kleinanlagen zur Eigenversorgung (§ 3 Nummer 2 Buchstabe c) muss das BMG nicht mehr informiert werden, was einen weiteren Beitrag zur Entbürokratisierung sowohl für die Anlagenbetreiber als auch für die Verwaltung leistet.

Die Änderung in „Europäische Kommission" orientiert sich an der entsprechenden Formulierung in dem am 1. Dezember 2009 in Kraft getretenen Vertrag von Lissabon zur Änderung des Vertrags über die Europäische Union und des Vertrags zur Gründung der Europäischen Gemeinschaft.

Absatz 7:

Die Regelungen entsprechen mit inhaltlichen und sprachlichen Änderungen denen des § 9 Absatz 10 TrinkwV 2001. Die inhaltlichen Änderungen betreffen die Einfügung einer neuen Nummer 1, die Teile der alten Nummer 3 enthält, und resultieren aus dem Leitfaden der Kommission zur Berichterstattung (Guidance Document) vom Juni 2007. Weiterhin wird eine Ergänzung zur Anpassung an den kommunikationstechnischen Fortschritt bezüglich der Form der Mitteilung aufgenommen.

Absatz 8:

Die Regelungen entsprechen mit sprachlichen Änderungen zur Konkretisierung denen

des § 9 Absatz 11 TrinkwV 2001. In Satz 1 wird die Formulierung „... Unternehmer *und* dem sonstigen Inhaber ..." in „... Unternehmer *oder* dem sonstigen Inhaber ..." geändert. Durchgängig erfolgt in der Trinkwasserverordnung die sprachliche Verbindung von Unternehmer und Inhaber immer dann mit „und", wenn sich Verpflichtungen sowohl an den Unternehmer als auch an den Inhaber richten. Die „oder"-Verbindung wird dann gewählt, wenn entweder der Unternehmer oder der Inhaber in die Pflicht genommen werden oder in der Pflicht sind. An dieser Stelle ist eine Anpassung an diese grundsätzliche Linie erforderlich.

Ergänzt werden zur Konkretisierung „betroffene andere Wasserversorgungsanlagen", da die betroffene Bevölkerung z. B. Eigentümer eines Privathauses sein können und damit selbst Unternehmer oder sonstiger Inhaber einer Wasserversorgungsanlage nach § 3 Nummer 2 Buchstabe e sind. Auch Lebensmittelbetriebe als Unternehmer oder Inhaber einer Wasserversorgungsanlage nach § 3 Nummer 2 Buchstabe e werden auf diese Weise informiert. Weiterhin können z. B. bei der Fernwasserversorgung andere öffentliche Wasserversorgungsanlagen (nach § 3 Nummer 2 Buchstabe a und b) betroffen sein, die nicht „verursachend" sind.

Ebenfalls zur Konkretisierung wird der missverständliche Begriff „betroffene" Wasserversorgungsanlage in die „verursachende" geändert (siehe auch Begründung zu Absatz 2). Das Gesundheitsamt hat sicherzustellen, dass die betroffenen Verbraucher am Ende der Trinkwasserversorgungskette unabhängig von den Verantwortlichkeiten und der Anzahl der betroffenen Wasserversorgungsanlagen über Abweichungen der Trinkwasserqualität und Verwendungseinschränkungen informiert sind.

Absatz 9:

Der neue Absatz ist notwendig, um auch für Kleinanlagen zur Eigenversorgung, die generell nicht zum Wasserversorgungsgebiet gehören (siehe auch Begründung zu § 3 Nummer 4 und § 19 Absatz 2), die Zulassung von Abweichungen von Grenzwerten für chemische Parameter zu regeln.

§ 10 (alt):

Durch die Streichung des § 10 TrinkwV 2001 wird vermieden, dass Doppelregelungen im Lebensmittelrecht und im Trinkwasserrecht bei den spezifischen Regelungen über Ausnahmemöglichkeiten für Lebensmittelbetriebe, von der Trinkwasserqualität abzuweichen, existieren. Die in diese Verordnung übernommenen Passagen beschränken sich nunmehr auf die alleinige Übernahme von Vorgaben der Trinkwasserrichtlinie, zu deren nationaler Umsetzung die Mitgliedstaaten verpflichtet sind. An der bislang in § 10 Absatz 1 Satz 1 TrinkwV 2001 vorgesehenen Möglichkeit der Zulassung einer Ausnahme durch die zuständige Behörde in Bezug auf Wasser, das zu bestimmten Zwecken in Lebensmittelbetrieben verwendet wird, ändert sich nichts. Diese ist nunmehr in § 18 Absatz 1 Satz 2 und 3 geregelt (siehe auch Begründung zu § 3 Nummer 1 Buchstabe b und § 18 Absatz 1).

3. Abschnitt
Aufbereitung und Desinfektion
Überschrift:

Die Ergänzung der Überschrift dient der Vereinheitlichung der verwendeten Begriffe. In Folge werden stets die Begriffe „Aufbereitung" und „Desinfektion" bzw. „Aufbereitungsstoffe" und „Desinfektionsverfahren" verwendet.

§ 11:
Absatz 1:

Satz 1:

Der Begriff „Aufbereitung" wird durch die Begriffe „Gewinnung" und „Verteilung" gegenüber der TrinkwV 2001 erweitert. Dies dient der Klarstellung, da auch in diesen Bereichen dem Trinkwasser Aufbereitungsstoffe zugesetzt werden können, für die die gleichen Anwendungsbedingungen gelten. Im Übrigen erfolgt eine sprachliche Klarstellung. Die Bekanntgabe der Liste im elektronischen Bundesanzeiger und im Internet wird als Anpassung an den kommunikationstechnischen Fortschritt eingeführt. Durch die Veröffentlichung im elektronischen Bundesanzeiger wird sichergestellt, dass die verschiedenen Fassungen der Liste dauerhaft zugänglich sind. Dies ist im Hinblick auf die Strafbewehrung in § 24 Absatz 1 erforderlich.

Nummer 5:

Ergänzt werden zu den Anforderungen in der Liste unter der Nummer 5 die „sonstigen Einsatzbedingungen", welche insbesondere bei den Desinfektionsverfahren die hinreichende Wirksamkeit sicherstellen.

Satz 4:

Bei der Aufzählung werden „Chlordioxid und andere Aufbereitungsstoffe zur Desinfektion" ergänzt, da es sich bei Chlordioxid ebenfalls um einen gelisteten Stoff zur Desinfektion handelt und zukünftig noch andere Aufbereitungsstoffe zur Desinfektion gelistet werden können.

Satz 5:

Die Ergänzung „hinreichend" dient der fachlichen Klarstellung.

Nach § 24 Absatz 1 ist es unter anderem strafbar, Wasser als Trinkwasser abzugeben oder anderen zur Verfügung zu stellen, dem entgegen § 11 Absatz 1 Aufbereitungsstoffe zugesetzt worden sind. Gegen diesen Straftatbestand der bisherigen Fassung der Trinkwasserverordnung bestanden aufgrund der in § 11 Absatz 1 enthaltenen, dynamischen Verweisung auf die Liste der Aufbereitungsstoffe und Desinfektionsverfahren verfassungsrechtliche Bedenken. Es ist unabdingbar, dass derartige Verstöße weiterhin als Straftat verfolgt werden können. Um dies zu gewährleisten, muss die dynamische Verweisung durch die nunmehr in Satz 6 aufgenommene statische Verweisung ersetzt werden.

Absatz 2:

Diese Vorschrift entspricht im Wesentlichen dem alten § 12 TrinkwV 2001. Die Verantwortlichkeiten im Katastrophenfall sind durch entsprechende Landesgesetze in den meisten Ländern geregelt. Um unabhängig von länderspezifischen Begrifflichkeiten in den Katastrophenschutzgesetzen (Katastrophe oder Großschadensereignis) zu bleiben, wird durch die Aufnahme des Begriffes „Großschadensereignis" und die neue Formulierung „mit Zustimmung der für den Katastrophenschutz zuständigen Behörden" klargestellt, dass es in der Entscheidung der verantwortlichen und zuständigen örtlichen Behörden liegt, wann mit der Gefahrenabwehr bei einer ernsthaften Gefährdung der Wasserversorgung begonnen wird. Dies dient der Flexibilisierung und der Entbürokratisierung.

Es ist beabsichtigt, die Detailregelungen der Absätze 2 und 3 des bisherigen § 12 in die „Liste der Aufbereitungsstoffe und Desinfektionsverfahren" nach Absatz 1 in einen neu einzufügenden Teil IV aufzunehmen. Der neue Listenteil IV wird bereits vor dem Inkrafttreten der geänderten Trinkwasserverordnung mit dem Hinweis auf die verän-

derte Rechtssituation im Bereich des europäischen Chemikalienrechts (Verordnung (EG) Nummer 1048/2005 zum Inverkehrbringen von Biozid-Produkten) in die Liste überführt und wird mit dem Tag des Inkrafttretens der geänderten Trinkwasserverordnung verbindlich.

Absatz 3:

Die Änderung ergänzt den bisherigen § 11 Absatz 3 aus europarechtlichen Gründen um eine Gleichwertigkeitsklausel. Als Bewertungsmaßstab wird das für Aufbereitungsstoffe in Deutschland einzuhaltende Schutzniveau festgelegt, das durch die Vorgaben der Trinkwasserverordnung, insbesondere auch das Minimierungsgebot der §§ 5 Absatz 4 und 6 Absatz 3 sowie die allgemein anerkannten Regeln der Technik vorgegeben wird. Diese Anforderungen werden in der § 11-Liste für die einzelnen Aufbereitungsstoffe konkretisiert.

Um Doppelprüfungen zu vermeiden, wird zudem klargestellt, dass das UBA Prüfungen, die bereits im Herkunftsmitgliedstaat, der Türkei oder einem anderen Vertragsstaat über den Europäischen Wirtschaftsraum vorgenommen worden sind, bei seinen Bewertungen berücksichtigt. Zu beachten ist dabei insbesondere auch die Richtlinie 98/8 EG des Europäischen Parlaments und des Rates vom 16. Februar 1998 über das Inverkehrbringen von Biozid-Produkten (Biozidrichtlinie), die in Deutschland durch das Gesetz zum Schutz vor gefährlichen Stoffen (Chemikaliengesetz) umgesetzt wurde. Soweit bereits Prüfungen nach diesen rechtlichen Vorgaben durchgeführt worden sind, werden auch diese Prüfungen durch das UBA berücksichtigt.

Absatz 4:

Der neue Absatz 4 beschreibt die Rolle des UBA beim Verfahren zur Führung der Liste und bestimmt den Kreis der im Anhörungs-verfahren zu Beteiligenden. Dabei wurde darauf verzichtet, mehrere zu beteiligende Einrichtungen aus dem Geschäftsbereich eines Bundesministeriums aufzunehmen. Sollte sich die Notwendigkeit der Einbe-ziehung weiterer Stellen ergeben, sind die Beteiligungen innerhalb des betroffenen Geschäftsbereichs durch die durch das UBA zu beteiligende Stelle sicherzustellen.

Absatz 5:

Der neue Absatz 5 beschreibt das Antrags-verfahren zur Aufnahme eines Aufbereitungsstoffes oder eines Desinfektions-verfahrens in die Liste. Die weit gefasste Darstellung der Antragsberechtigten stellt dabei sicher, dass alle an einer Listung nach § 11 wirtschaftlich Interessierten die Möglichkeit haben, entsprechende Anträge an das UBA zu richten.

Absatz 6:

Der neue Absatz 6 verweist bezüglich der Einzelheiten bei der Antragsbearbeitung durch das UBA auf die bereits existierende Geschäftsordnung.

Absatz 7:

Der Zusatz mit dem Verweis auf Absatz 1 Satz 1 dient der Klarstellung.

§ 12 (alt):

Die Streichung des Paragraphen und Eingliederung in § 11 dient der Klarstellung und ver-einheitlicht das Verfahren für die Listung von Aufbereitungsstoffen und Desinfektions-verfahren. Detailregelungen der bisherigen Absätze 2 und 3 erfolgen durch Festschreibung der Anforderungen in der Liste gem. § 11. Dies entfrachtet den Verordnungstext.

§ 13:

Absatz 1, 2 und 3:

Die Neufassung der Absätze 1 bis 3 als Überarbeitung der alten Absätze 1 und 2 dient der Übersichtlichkeit und detailliert gleichzeitig die Anzeigepflichten entspre-chend der neuen Einteilung der Wasser-versorgungsanlagen nach § 3 Nummer 2. Damit einher geht eine Reduzierung des Aufwandes sowohl für die Anlagenbetreiber (insbesondere Kleinanlagen zur Eigenversor-gung) als auch für die Gesundheitsämter, da eine erhebliche Anzahl von Meldepflichten für bestimmte Wasserversorgungsanlagen wegfällt. Gegenüber der TrinkwV 2001 sind nicht mehr meldepflichtig Eigentumswech-sel und Nutzungsrechtwechsel bei Wasser-versorgungsanlagen nach § 3 Nummer 2 Buchstabe c, Buchstabe d, wenn diese im Rahmen einer gewerblichen Tätigkeit betrie-ben werden, sowie Buchstabe e, wenn die betreffende Trinkwasser-Installation Trink-wasser im Rahmen einer öffentlichen Tätig-keit abgibt. Für Anlagen nach § 3 Nummer 2 Buchstabe d, die im Rahmen einer gewerb-lichen oder öffentlichen Tätigkeit betrie-ben werden, entfällt die Meldepflicht für die Errichtung der Anlage. Die öffentliche Tätigkeit ist hier eingeschlossen, da diese gemäß § 13 Absatz 2 Satz 2 TrinkwV 2001 mit dessen Regelungen zu Trinkwasser-Installationen auch für mobile Anlagen galt. Für Anlagen nach § 3 Nummer 2 Buchstabe f wird eine praxisgerechte Regelung bezüglich der Meldefristen getroffen („so rechtzeitig wie möglich"), da eine strikte 4-Wochen-Frist bei diesen temporär betriebenen Anla-gen nicht immer eingehalten werden kann. Die kurzfristige Planung eines öffentlichen Festes wäre nach der alten Regelung ggf. nicht möglich gewesen. Auch die Meldung von baulichen oder betriebstechnischen Veränderungen, der Wiederinbetriebnahme oder Stilllegung macht hier keinen Sinn. Stattdessen wird die sinnvollere Angabe der voraussichtlichen Betriebszeit neu aufgenommen.

Weiterhin werden die Begriffe „Auswirkungen auf die Beschaffenheit des Trinkwassers" durch den Zusatz „wesentliche" sowie „technische Pläne einer Wasserversorgungsanlage" durch den Zusatz „bestehende oder geplante" konkretisiert. Dies erleichtert den Vollzug der entsprechenden Regelungen.

Absatz 4:

Der gestrichene Absatz 3 des § 13 TrinkwV 2001 ist inhaltlich in den neu gefassten Regelungen des Absatzes 4 mit sprachlichen Änderungen enthalten.

Gemeldet werden müssen Nichttrinkwasseranlagen mit eigener Förderung oder Gewinnung (letztere sind von Kunden der öffentlichen Wasserversorgung gegenüber dem Wasserversorgungsunternehmen auch meldepflichtig nach § 3 der Verordnung über Allgemeine Bedingungen für die Versorgung mit Wasser (AVBWasserV) vom 20. Juni 1980), wie z. B. Regenwasser- oder Grauwasseranlagen, die zusätzlich zu Trinkwasserversorgungsanlagen errichtet oder betrieben werden.

Nicht meldepflichtig sind eingebaute oder angeschlossene Apparate, die nach den a.a.R.d.T. gegen Rückwirkungen auf das öffentliche Versorgungsnetz abgesichert sind. So sind Anlagen mit einer separaten Wasserinstallation zur Nutzung für technische Prozesse (z. B. Kühlung, Löschwasser, Zentralheizung oder Bewässerung) von der Meldepflicht ausgeschlossen, sofern eine Absicherung entsprechend den a.a.R.d.T. vorhanden ist.

§ 14:

Absatz 1:

Anpassung entsprechend der Neueinteilung der Wasserversorgungsanlagen nach § 3 Nummer 2.

Der ergänzende Hinweis in Satz 1 auf Absatz 2 Satz 1 ist erforderlich, um Verstöße als Ordnungswidrigkeit ahnden zu können. Gleiches gilt für den Verweis auf Absatz 6.

Pflichten für Inhaber von Kleinanlagen zur Eigenversorgung sind neu in § 14 Absatz 2 geregelt. Weitere Regelungen für bestimmte Anlagen finden sich in Absatz 2, 3 und 4, die Möglichkeit der Vorgabe durch das Gesundheitsamt in Absatz 5. Wegen der Einführung eines technischen Maßnahmenwertes und von Richtwerten nach § 7 Absatz 1 ist eine entsprechende Ergänzung um diese Begriffe notwendig.

Der letzte Satz des Absatzes 1 TrinkwV 2001 wird mit Änderungen in Anlage 4 aufgenommen, da er den Untersuchungsumfang anspricht und thematisch dort besser angesiedelt ist.

Absatz 2:

Satz 1:

Satz 2 aus Absatz 1 TrinkwV 2001 wird mit sprachlichem Bezug auf Absatz 1 (neu) verschoben in einen neuen Absatz 2. Satz 3 aus Absatz 1 TrinkwV 2001 wird gestrichen und mit inhaltlichen Änderungen (Entbürokratisierung) in Anlage 4 aufgenommen (siehe Begründung zu Anlage 4). Der Zusatz „sinngemäß" wird nötig, da die Anlage 4 jetzt eindeutig auf das gesamte Wasserversorgungsgebiet und bei veränderlichen Parametern auf den Zapfhahn abstellt, um den Berichtspflichten Deutschlands an die EU-Kommission nachkommen zu können. Die Untersuchungshäufigkeiten werden sinngemäß auf die einzelnen untersuchungspflichtigen

Wasserversorgungsanlagen übertragen. Siehe auch Begründung zu § 3 Nummer 4, § 19 Absatz 2 und § 21 Absatz 2.

Die konkrete Verweisung auf einzelne Absätze der §§ 9 und 10 in Nummer 4 ist aufgrund der Bewehrung als Ordnungswidrigkeit erforderlich.

Satz 2:

Im neu eingeführten Satz 2 wird klargestellt, dass angestrebt werden soll, saisonal betriebene Anlagen den „normalbetriebenen", d. h. kontinuierlich betriebenen Anlagen, hinsichtlich der Probenanzahl gleichzustellen. Damit soll eine ausreichend häufige Beprobung dieser Anlagen sichergestellt werden, zumal sie hygienisch meist mehr Gefährdungen ausgesetzt sind als dauerhaft betriebene Anlagen. Eine genaue Festlegung des Zeitmusters der Überwachung sollte sich an der jeweiligen Situation orientieren und erfolgt daher durch das zuständige Gesundheitsamt auf der Grundlage seiner Ortskenntnis.

Satz 3:

Satz 3 wird neu formuliert. Der Hinweis auf § 19 Absatz 2 Satz 3 stellt klar, dass auch für die Untersuchungen durch das Wasserversorgungsunternehmen die Maßgabe gilt, dass die Probennahme an der Stelle im Verteilungsnetz durchgeführt werden muss, hinter der mit einer nachteiligen Änderung der Konzentration des zu untersuchenden Parameters nicht mehr gerechnet wird.

Satz 4:

Die Wasserversorgungsunternehmen müssen die Probennahmeplanung mit dem Gesundheitsamt abstimmen, da nur unter dieser Voraussetzung das Gesundheitsamt den Anforderungen des § 19 Absatz 2 nachkommen kann.

Satz 5:

Satz 5 schränkt in Anpassung an die Trinkwasserrichtlinie (Artikel 3 Absatz 2 Buchstabe b) die Möglichkeit der Flexibilisierung des Untersuchungsumfangs und der Untersuchungshäufigkeit aus § 19 Absatz 6 (alt) auf Kleinanlagen zur Eigenversorgung ein. Die Verschiebung aus § 19 TrinkwV 2001 in § 14 wird vorgenommen, da es sich um Untersuchungspflichten und nicht um Überwachungspflichten handelt.

Satz 6:

Hier wird das Maximum der Zeitabstände zwischen Untersuchungen nach Satz 5 für Kleinanlagen zur Eigenversorgung festgelegt. Dies bedeutet gleichzeitig, dass spätestens nach jeweils drei Jahren die Parameter der umfassenden Untersuchung (im Rahmen der Reduktionsmöglichkeiten nach Anlage 4) abgedeckt sein müssen.

Satz 7:

Unabhängig von der Flexibilisierung nach Satz 5 sind aus Gründen des vorsorgenden Gesundheitsschutzes die mikrobiologischen Parameter nach Anlage 1 Teil I und Anlage 3 Teil I jährlich zu untersuchen.

Satz 8:

Für Wasserversorgungsanlagen an Bord von gewerblich genutzten Fahrzeugen oder Anlagen zur „temporären" Versorgung mit Trinkwasser im Rahmen einer öffentlichen oder gewerblichen Tätigkeit wird neu geregelt, dass den Gesundheitsämtern frei gestellt wird, welche Untersuchungen und in welchen Abständen der Unternehmer oder sonstige Inhaber diese durchzuführen hat oder durchführen zu lassen hat. Diese Änderung dient der Flexibilisierung und der Entbürokratisierung.

Satz 9:

Hier wird klargestellt, dass die in Satz 5 beschriebene Ausnahmemöglichkeit nicht für die Untersuchungen auf Legionellen nach Absatz 3 gilt.

Satz 10:

Hier wird die Möglichkeit eröffnet, dass die Untersuchungen, die im Rahmen der amtlichen Überwachung erfolgt sind, auf den Umfang und die Häufigkeit der Untersuchungen im Rahmen der Untersuchungspflichten des Unternehmers oder sonstigen Inhabers einer Wasserversorgungsanlage angerechnet werden können. Diese Änderung dient der Flexibilisierung und Entbürokratisierung. Sie führt zu einer Kostensenkung für den Unternehmer oder sonstigen Inhaber einer Wasserversorgungsanlage.

Absatz 3:

Die bisherigen Regelungen zur Untersuchung auf Legionellen waren im Hinblick auf die möglichen, gravierenden gesundheitlichen Folgen von mit Legionellen belastetem Trinkwasser unzureichend und haben zudem in der Praxis zu Auslegungsschwierigkeiten geführt. Nach Auswertung der bisherigen Erkenntnisse (u. a. des Forschungsprojekts CAPNetz – CAP = Community Aquired Pneumonia) geht man von ca. 800.000 ambulant erworbenen Pneumonien pro Jahr in Deutschland aus. Die Sterblichkeit liegt bei ambulant erworbenen Lungenentzündungen insgesamt bei 6 bis 8 %. Damit handelt es sich um die sechsthäufigste Todesursache.

Der Anteil der durch Legionellen verursachten Lungenentzündungen liegt bei etwas über 4 %. Das wären etwa 32.000 Erkrankungen im Jahr durch Legionellen. Bei 6 % mit Todesfolge wären das 1920 Fälle im Jahr.

Durch Legionellen verursachte Lungenentzündungen können weder klinisch noch radiologisch von anderen Lungenentzündungen unterschieden werden. Die Mehrzahl der bestätigten Legionellennachweise im Rahmen der CAPNetz-Studie resultiert aus einer für den Patienten sehr belastenden Diagnose, die deswegen in der Routine eher selten angewendet wird. Eine Meldung einer Legionelleninfektion nach § 7 IfSG erfordert dagegen den Labornachweis des Erregers. Dieser Zusammenhang ist einer der wichtigsten Gründe für die hohe Untererfassung der Legionelleninfektionen.

Nicht berücksichtigt bei diesen Zahlen ist zudem das grippeähnlich verlaufende Pontiac-Fieber, welches ebenfalls durch Legionellen ausgelöst wird.

Bei der Untersuchung auf das Vorkommen von Legionellen in Trinkwasser-Installationen im Sinne dieser Verordnung geht es ausschließlich um die Feststellung, ob die Installation in ihren zentralen Teilen mit Legionellen belastet ist. Daher werden Trinkwassererwärmungsanlagen und Speicher sowie die Rohrleitungen, in denen Trinkwasser zirkuliert, beprobt. Technische Details, wie eine Übersicht über technisch sinnvolle Probennahmestellen, sind im technischen Regelwerk beschrieben (insbesondere im DVGW-Arbeitsblatt W 551).

Es sollen nur Großanlagen im Sinne der a.a.R.d.T. einbezogen werden, weil aus technischen Gründen das Risiko einer Kontamination mit Legionellen in Großanlagen eher gegeben ist. Durch Verweis auf die a.a.R.d.T. wird zudem klargestellt, dass nicht alle Anlagen zur Trinkwassererwärmung einer regelmäßigen Untersuchung bedürfen. Die sporadisch vorkommenden Kontaminationen in Kleinanlagen rechtfertigen nicht eine regelmäßige Überwachung aller Anlagen. Als Großanlagen gelten Warmwasser-Installationen mit mehr als 400 Litern Inhalt oder Warmwasserleitungen mit mehr als drei Liter

Inhalt zwischen dem Trinkwassererwärmer und der Entnahmestelle.

Die Infektion mit Legionellen erfolgt über das Einatmen von fein verteilten Tröpfchen (Aerosolen) sowie durch Aspiration von mit Legionellen belastetem Wasser. Die systemische Untersuchung soll sich auf bestimmte Anlagen beschränken, bei denen eine Infektion aufgrund der Nutzungsart und der technischen Voraussetzungen wahrscheinlicher ist als in anderen Anlagen. So gehören nach dem vorliegenden Entwurf z. B. Bürohäuser nicht zu den Gebäuden, die einer grundsätzlichen Untersuchungspflicht unterliegen sollen, da hier in der Regel die technischen Voraussetzungen, wie z. B. Duschen, nicht gegeben sind. Das Gesundheitsamt kann jedoch – wie bisher auch – jederzeit auch für solche Gebäude Untersuchungen anordnen, wenn dies nötig ist.

Die Probennahmen in Trinkwasser-Installationen müssen gemäß Anlage 4, Teil II Buchstabe b nach Fall „b" der DIN EN ISO 19458, also nach Abflammen/Desinfektion erfolgen. Das bedeutet, dass für diese Untersuchungen nur Probennahmestellen ausgewählt werden können, die abflammbar sind. Duschen sind dafür überwiegend nicht geeignet. Die Untersuchung von Duschen erfolgt in der Regel gemäß DIN EN ISO 19458 für Zweck c (ohne Abflammen) und erlaubt daher nur Rückschlüsse auf die Qualität des Trinkwassers an dieser Entnahmestelle. Die Ergebnisse der Untersuchung direkt benachbarter Entnahmestellen können bei einer solchen Probennahmetechnik vollkommen unterschiedlich sein und erlauben daher keine verallgemeinernde Bewertung für das Installationssystem. Die für systemische Untersuchungen erforderliche Probennahmetechnik gemäß DIN EN ISO 19458 für Zweck b (mit Abflammen) an Duschen gestattet aufgrund der baulichen Ausführungen (Duschkopf aus Kunststoff) in vielen Fällen keine „zerstörungsfreie" Untersuchung. Auch diese Probennahmetechnik erlaubt ausschließlich eine Aussage über die Kontamination an dieser Trinkwasserentnahmestelle, jedoch keine Rückschlüsse auf eine systemische Kontamination der Trinkwasser-Installation.

Aufgrund der genannten technischen Voraussetzungen unterliegen Trinkwasser-Installationen, bei denen keine zentralen Trinkwassererwärmungsanlagen oder Speicher für warmes Trinkwasser vorhanden sind, nicht der Untersuchungspflicht. Das trifft sowohl auf Trinkwasser-Installationen ohne Warmwasserversorgung wie auch auf Anlagen mit ausschließlicher Verwendung von Durchlauferhitzern zu. Auch Anlagen ohne Duschen oder andere aerosolbildende Einheiten unterliegen nicht der generellen Untersuchungspflicht, beispielsweise wenn ausschließlich Waschbecken oder Toilettenräume versorgt werden. Die Gefahr der Aspiration sowie der Kontamination einzelner Entnahmestellen (z. B. Duschköpfe) ist dadurch berücksichtigt, dass Einrichtungen mit Risikogruppen aufgrund anderer bestehender Vorgaben (z. B. krankenhaushygienischer Vorschriften) bereits untersucht werden und das Gesundheitsamt darüber hinaus jederzeit weitergehende Untersuchungen anordnen kann.

Die Eignung von Untersuchungsergebnissen für eine Risikobewertung ist abhängig von einer Probennahme an geeigneten Probennahmestellen und von einer Durchführung der Probennahme gemäß den a.a.R.d.T. Der Unternehmer oder sonstige Inhaber einer Wasserversorgungsanlage ist verpflichtet, für eine Durchführung der Probennahme gemäß DIN EN ISO 19458 zu sorgen. Daher ist es notwendig, dass mit der Durchführung der Untersuchungen fachlich geeignete

Labore/Firmen beauftragt werden, um unter Berücksichtigung des technischen Regelwerkes dem Sinn der Untersuchung gerecht zu werden.

Auf die Begründung zu Anlage 4 Teil II Buchstabe b wird verwiesen.

Der ergänzende Hinweis in Satz 1 auf Satz 3 ist erforderlich, um Verstöße als Ordnungswidrigkeit ahnden zu können. Gleiches gilt für den Verweis auf Absatz 6.

Da Trinkwasser-Installationen an Bord von Wasserfahrzeugen beispielsweise auf Grund des Wärmeeinflusses der Antriebsmaschinen oder der teilweise tropischen Operationsgebiete einer erhöhten Gefahr durch Legionellenkontamination ausgesetzt sind, sollten diese Besonderheiten bei der Probennahme berücksichtigt werden. Empfehlenswert sind hier Probennahmehähne an den Trinkwasserspeichern.

Absatz 4:

Die hier aufgeführten Pflichten sind dem Unternehmer oder sonstigen Inhaber einer Wasserversorgungsanlage nach § 3 Nummer 2 Buchstabe a, b oder Buchstabe c ausdrücklich übertragen worden, da sie in engem Zusammenhang mit den sonstigen Untersuchungspflichten stehen. Die Verpflichtung, mindestens einmal jährlich eine Begehung und Besichtigung der Schutzzonen bzw. der Umgebung der Wasserfassungsanlage vorzunehmen, konkretisiert die Anforderung und erhöht das Schutzniveau. Die zur Wasserversorgungsanlage gehörenden Schutzzonen oder, soweit solche nicht festgesetzt sind, die Umgebung der Wasserfassungsanlage, soweit sie für die Gewinnung von Trinkwasser von Bedeutung ist, haben unmittelbare Auswirkungen auf die Qualität des Wassers und die insoweit erforderlichen Aufbereitungsmaßnahmen. Aus diesem Grunde ist es sachgerecht, dass

der Unternehmer oder sonstige Inhaber einer Wasserversorgungsanlage entsprechende jährliche Besichtigungen bzw. Untersuchungen selbst vornimmt bzw. vornehmen lässt.

Es macht durchaus auch Sinn, die Kleinanlagen zur Eigenversorgung mit einzubeziehen, für die keine Schutzzonenregelung gilt. So kann z. B. eine unsachgemäße Lagerung von möglicherweise undichten Altölkanistern auf einem Nachbargrundstück – aber in der Nähe des Brunnens einer solchen Anlage – rechtzeitig entdeckt und eine Kontamination des Grundwassers verhindert werden.

Darüber hinaus ist die Vorschrift eine notwendige Grundlage für die Verpflichtung des Unternehmers oder sonstigen Inhabers nach § 16 Absatz 1 Satz 3, dem Gesundheitsamt Belastungen des Rohwassers, die zu einer Überschreitung der Grenzwerte führen können, anzuzeigen. Eine Dokumentation der Ergebnisse der Ortsbegehung ist bei Störfällen und entsprechend notwendigen Risikoanalysen nach Vorlage beim Gesundheitsamt die Voraussetzung zur Einschätzung der möglichen Kontaminationsquellen bzw. zu ihrer optimalen Beseitigung.

Ergibt die Besichtigung eine Feststellung der Besorgnis von Kontaminationen des Rohwassers in der Schutzzone oder der Wasserfassungsanlage, können entsprechende Untersuchungen zur Bestimmung der Rohwasserqualität durchaus angezeigt sein. Dies betrifft insbesondere Oberflächenwasser und oberflächenwasserbeeinflusste Grundwässer, die u. a. durch Abwassereinfluss fäkal belastet sein können. Für solche Fälle muss beachtet werden, dass zur Gefährdungsanalyse die Untersuchung des Rohwassers auf die Indikatorparameter E. coli und Enterokokken nicht ausreicht, da manche Krankheitserreger – z. B. Parasitendauerformen und persistente Viren – in der Umwelt länger überdauern als diese Indikatoren und auch die Aufbereitungs- und Desinfektionsverfahren überstehen können. Allerdings ist gerade für diese Erreger der Nachweis im Trinkwasser kaum sinnvoll, denn die dafür zur Zeit zur Verfügung stehenden mikrobiologischen Analysenmethoden erreichen die erforderliche Bestimmungsgrenze nicht. Eine Risikoabschätzung erfordert daher die Untersuchung auf die o.g. Krankheitserreger in Kombination mit der Kenntnis der Eliminierungseffektivität der Aufbereitung. Letztere wurden z.B. in den WHO-„Guidelines for Drinking Water Quality" 2004 publiziert. Ein solches Vorgehen entspricht auch den Empfehlungen der WHO zur Risikoabschätzung bei der Trinkwassergewinnung und -aufbereitung („Water Safety Plan").

Die Mitteilung relevanter Ergebnisse dient also auch hier dem Gesundheitsamt zur Risikoanalyse, die u.U. auch die Anordnung einer effektiveren Aufbereitung, angepasst an die Rohwasserqualität, nach sich zieht. Zum Vorgehen bei der Gefährdungsanalyse und Risikobewertung für die o.g. umwelt- und desinfektionsmittelresistenten Krankheitserreger geben das UBA und die Trinkwasserkommission entsprechende Empfehlungen. Für Parasitendauerformen kann auf die UBA-Empfehlung zur Vermeidung von Kontaminationen des Trinkwassers mit Parasiten, veröffentlicht im Bundesgesundheitsblatt 4 (2001), zurückgegriffen werden.

Absatz 5:

Dieser Absatz entspricht im Wesentlichen Absatz 3 TrinkwV 2001. Die Neuformulierung ergibt sich aus der Neueinteilung der Wasserversorgungsanlagen nach § 3 Nummer 2 unter Einräumung größtmöglicher Flexibilität für das Gesundheitsamt.

Die Streichung von Absatz 4 u. 5 TrinkwV 2001 ergibt sich ebenfalls aus der Neueinteilung der Wasserversorgungsanlagen nach § 3 Nummer 2. Die Regelungen des gestrichenen Absatzes 6 sind durch den neuen Absatz 5 inhaltlich abgedeckt.

Absatz 6:

In diesem neuen Absatz wird gefordert, dass der Unternehmer oder sonstige Inhaber einer Wasserversorgungsanlage für alle Untersuchungen, die er im Rahmen seiner Verantwortlichkeit durchführen lässt, nur solche Untersuchungsstellen beauftragen darf, die die Anforderungen an Untersuchungsstellen nach § 15 Absatz 4 erfüllen. Die Zuwiderhandlung wird zudem als Ordnungswidrigkeit behandelt (siehe auch Begründung zu § 15 Absatz 4 sowie § 25 Nummer 5).

Absatz 7:

Hier wird geregelt, ab wann mit der Feststellung begonnen werden muss, ob die Bestimmungen zur Radioaktivität eingehalten werden.

§ 15:

Absatz 1:

Auch andere Analyseverfahren können eingesetzt werden, wenn sie im Ergebnis genauso zuverlässig sind wie die in Anlage 5 Teil I (früher Nummer 1) aufgeführten Verfahren. Die Änderung im Text der Verordnung („mindestens genauso zuverlässig" statt „mindestens gleichwertig") stellt eine Anpassung an den Text der Trinkwasserrichtlinie (Artikel 7 Absatz 5 Buchstabe b) dar. Das UBA kann allgemeine Feststellungen darüber treffen, ob andere Untersuchungsverfahren das Erfordernis der gleichen Zuverlässigkeit erfüllen und kann diese in einer Liste alternativer Verfahren veröffentlichen. Grundlage der Bewertung ist dabei die Norm DIN EN ISO 17994 „Kriterien für die Feststellung der Gleichwertigkeit von mikrobiologischen Verfahren" als dafür allgemein anerkannte Regel der Technik. Die Änderung der Art der Veröffentlichung dient der Anpassung an den kommunikationstechnischen Fortschritt.

Absatz 2:

Aktualisierung der Bezüge.

Absatz 3:

Es werden sprachliche Änderungen vorgenommen, die der Eindeutigkeit und Konkretisierung dienen. Die Untersuchungen werden durch den Verweis auf die konkreten Regelungen dieser Verordnung spezifiziert, da der bisherige Wortlaut missverständlich war und beispielsweise ungewollt interne Untersuchungen des Unternehmers zur Betriebskontrolle einbeziehen könnte. Der Verweis auf § 19 muss als Folgeänderung aktualisiert werden; inhaltlich ändert sich nichts. Die Streichung des letzten Satzes erfolgt mit dem Ziel der Entbürokratisierung.

Absatz 4:

Die Bestätigung der Einhaltung gesetzlicher Vorgaben ist nicht Bestandteil einer Akkreditierung z. B. auf Grundlage der DIN EN ISO 17025. Daher wird die Notwendigkeit der Einhaltung der in Anlage 5 beschriebenen Verfahren und Verfahrenskenndaten ergänzt. Die Ergänzung „für Trinkwasseruntersuchungen" dient der Qualitätssicherung und soll in Verbindung mit dem Ausdruck „hierfür" verhindern, dass unspezifische Akkreditierungen durch nicht kompetente Stellen erteilt werden. Die Liste der Untersuchungsstellen soll aus EU-wettbewerbsrechtlichen Gründen neu die im Land „tätigen" Untersuchungsstellen umfassen. Den zuständigen obersten Landesbehörden wird im Sinne einer flexiblen, an den jewei-

ligen organisatorischen Bedingungen orientierten Aufgabenverteilung die Möglichkeit eingeräumt, die Bekanntmachung der Liste einer anderen Stelle zu übertragen.

Im Übrigen werden neben sprachlichen Verbesserungen die Bezüge aktualisiert.

§ 16:

Absatz 1:

Satz 1:

Der Unternehmer und der sonstige Inhaber jeder Wasserversorgungsanlage sollen dem Gesundheitsamt anzeigen, wenn Anforderungen an die Wasserqualität nicht eingehalten werden. Nach TrinkwV 2001 war dies im Falle von Trinkwasser-Installationen im alten Absatz 3 „indirekt geregelt". Das Gesundheitsamt kann jedoch Maßnahmen zum Schutz der menschlichen Gesundheit nur anordnen, wenn es von der Nichteinhaltung Kenntnis hat. Daher muss auch der Inhaber einer Trinkwasser-Installation explizit dieser Anzeigepflicht unterliegen. Es handelt sich aber um keine neue Informationspflicht; die Aufführung an dieser Stelle dient der Präzisierung. Aufgrund der Neueinführung eines technischen Maßnahmenwertes wird in Nummer 1 eine notwendige Ergänzung vorgenommen. Die Nummer 4 wird an der Stelle der Bezugnahme auf § 9 um das Wort „geduldeten" ergänzt. Nummer 5 (alt) ging im nachfolgenden Text dieses Absatzes auf. Weiterhin sind Anpassungen an die neu formulierten §§ 9 und 10 nötig. Die konkrete Verweisung auf einzelne Absätze der §§ 9 und 10 ist aufgrund der Bewehrung als Ordnungswidrigkeit erforderlich.

Satz 2:

Es erfolgen Klarstellungen durch begriffliche Konkretisierungen. Die Streichung des Wortes „der" und Ersatz durch „einer" erfolgte, um den Unternehmer und sonstigen Inhaber einer Wasserversorgungsanlage zu verpflichten, dem Gesundheitsamt auch zufällig gewonnene Erkenntnisse (z.B. das Feststellen einer unzulässigen Manipulation – möglicherweise mit einem verbrecherischen Hintergrund – an einer anderen Wasserversorgungsanlage oder Teilen davon) mitzuteilen, insbesondere wenn diese eine Gefährdung der öffentlichen Wasserversorgung besorgen lassen. Diese Erkenntnisse können sich aber z.B. auch auf erkennbare Gefährdungen während oder nach Reparaturmaßnahmen an einer Wasserversorgungsanlage beziehen. Nicht gewollt ist vom Verordnungsgeber, dass der Unternehmer und der sonstige Inhaber „laufend" andere Wasserversorgungsanlagen mit dem Ziel kontrollieren soll, kleinste Auffälligkeiten zu entdecken, um dann eine Meldung an das Gesundheitsamt vornehmen zu können. Insoweit begeht er keine Ordnungswidrigkeit nach § 25 Nummer 9, wenn er aufgrund nicht gewonnener Erkenntnisse keine Anzeige beim Gesundheitsamt vornimmt.

Satz 3:

Die Nummer 5 (alte Fassung) wird inhaltlich bei gleichzeitiger sprachlicher Klarstellung in Satz 3 (neu) verschoben. Zur weiteren Bewertung können die diesbezüglichen UBA-Empfehlungen herangezogen werden. Bei Beratungsbedarf sollte die bisher praktizierte und bewährte Verwaltungspraxis beibehalten bleiben; d.h. das UBA wird den Gesundheitsbehörden in den Ländern auch weiterhin Amtshilfe als Kompetenzstelle des Bundes für Fragen der Trinkwasserhygiene leisten.

Satz 4:

Aufgrund der Neueinführung des § 10 und eines technischen Maßnahmenwertes und von Richtwerten werden notwendige Ergän-

zungen vorgenommen. Zudem erfolgt eine sprachliche Anpassung.

Satz 5:

Aufgrund der Neueinführung eines technischen Maßnahmenwertes und von Richtwerten werden notwendige Ergänzungen vorgenommen.

Absatz 2:

Die Ergänzung um den Bezug auf Satz 3 bringt keine inhaltliche Veränderung mit sich, da die genannten Feststellungen im Absatz 1 Satz 1 (alte Fassung) enthalten waren. Anstelle von „wahrgenommenen Veränderungen" sind jetzt alle dem Unternehmer zur Kenntnis gelangten Veränderungen, die Auswirkungen auf die Beschaffenheit des Trinkwassers haben können, unverzüglich dem Gesundheitsamt anzuzeigen. Weiterhin wird der Kreis der Verpflichteten um die Unternehmer und sonstigen Inhaber von Wasserversorgungsanlagen nach § 3 Nummer 2 Buchstabe d mit Abgabe im Rahmen einer gewerblichen oder öffentlichen Tätigkeit aus seuchenhygienischen Gründen erweitert. Es wird an dieser Stelle explizit auf die geltenden Ausnahmeregelungen für Kleinanlagen zur Eigenversorgung gemäß § 9 Absatz 9 hingewiesen.

Absatz 3:

Der Kreis der Verpflichteten wird in der Aufzählung um die Unternehmer und sonstigen Inhaber von Wasserversorgungsanlagen erweitert, die ganz oder teilweise Anlagen der Trinkwasser-Installation umfassen (Wasserversorgungsanlagen nach § 3 Nummer 2 Buchstabe c, d, e und f). Dies ist jedoch keine inhaltliche Änderung, da sie sich durch die neue Einteilung der Wasserversorgungsanlagen nach § 3 Nummer 2 ergibt. Klar herausgestellt wird, dass hier auch die

Unternehmer und sonstigen Inhaber einer Wasserversorgungsanlage z.B. an Bord eines Passagier- oder Frachtschiffs oder in einem Passagierflugzeug zu dem Kreis der Verpflichteten gehören. Maßnahmen zur Abhilfe sind durch neue Regelungen für Kleinanlagen zur Eigenversorgung entsprechend § 9 Absatz 9 (neu) nicht mehr in jedem Fall zwingend vorgeschrieben. Daher wird das Wort „erforderlichenfalls" eingefügt. Es werden außerdem sprachliche Anpassungen vorgenommen.

Absatz 4:

Satz 1:

Der Kreis der Verpflichteten wird in der Aufzählung um die Unternehmer und sonstigen Inhaber von Wasserversorgungsanlagen erweitert, die potenziell Aufbereitungsstoffe einsetzen, wenn das Trinkwasser im Rahmen einer gewerblichen oder öffentlichen Tätigkeit abgegeben wird. Es werden außerdem sprachliche Anpassungen Vorgenommen.

Satz 2:

Gerade bei der Vermietung von Wohnraum ist es den Vermietern häufig nicht möglich, die Informationen „während der üblichen Geschäftszeiten" zugänglich zu halten. Deshalb wird der Zusatz eingefügt, der eine Information auf Anfrage ermöglicht.

Satz 3:

Es werden sprachliche Anpassungen vorgenommen. Der Kreis der Verpflichteten wird in der Aufzählung um die Unternehmer und sonstigen Inhaber von Wasserversorgungsanlagen erweitert, die Trinkwasser an Verbraucher abgeben. Außerdem soll neben der Nennung des Aufbereitungsstoffes als wesentliche Information für die Verbraucher auch die Zugabemenge (Konzentration) unverzüglich beziffert werden. Die Information hat unmittelbar schriftlich zu erfolgen.

Satz 4:

Sprachliche Anpassung aufgrund der Änderungen in Satz 3. Die jährliche Bekanntgabe kann z.B. durch einen Brief (ggf. zusammen mit der Rechnung) oder mit einem „Kunden-Newsletter" erfolgen.

Satz 5:

Für die Unternehmer oder sonstigen Inhaber von zentralen Wasserwerken und dezentralen kleinen Wasserwerken ist – wie oftmals heute schon üblich – eine entsprechende Information der Verbraucher in den örtlichen Tageszeitungen denkbar.

Satz 6:

Bekanntmachungen an Mieter gerade größerer Wohneinheiten erfolgen üblicherweise durch einen Aushang an geeigneter Stelle. Die vorgenommene Ergänzung ermöglicht dies auch in diesem Fall.

Absatz 5:

Absatz 5 (alt) wird gestrichen. Der Inhalt ist durch Absatz 4 (neu) und § 21 Absatz 1 Satz 1 und 2 abgedeckt. Absatz 5 (neu) entspricht Absatz 6 (alt) mit Änderungen.

Satz 1:

Die Änderungen betreffen eine durch die Neudefinition der Wasserversorgungsanlagen nach § 3 Nummer 2 obsolete Einschränkung sowie die Streichung einer abgelaufenen Frist.

Satz 3:

Durch Ablauf der in Satz 1 (alt) genannten Frist ist eine allgemeine Fristsetzung (Inbetriebnahme) nötig geworden. Neu ist die Festlegung, dass der Maßnahmeplan ständig zu aktualisieren ist. Dies war eine Forderung der Praxis der Wasserversorgung.

Satz 4:

Durch die Ergänzung wird der zuständigen Landesbehörde die Möglichkeit eingeräumt, die einheitliche Verwendung von Vordrucken oder EDV-Verfahren verbindlich festzulegen.

Absatz 6:

An dieser Stelle wird auf die bestehenden Anzeigepflichten gemäß den Bemerkungen in der Anlage 3 Teil I bei einer plötzlichen und kontinuierlichen Erhöhung der üblicherweise gemessenen Konzentration der Parameter Ammonium, Koloniezahl und hingewiesen.

§ 17:

Überschrift:

Präzisierung der im § 17 gestellten Anforderungen unter Abdeckung der neuen Passagen.

Absatz 1:

Die Anforderungen an Materialien, Rohrleitungen und Armaturen, die mit Trinkwasser in Kontakt kommen, werden im Rahmen der Richtlinie 89/106/EWG des Rates vom 21. Dezember 1988 zur Angleichung der Rechts- und Verwaltungsvorschriften der Mitgliedstaaten über Bauprodukte behandelt. Die Trinkwasserrichtlinie verlangt in Artikel 10, dass das Grundlagendokument und die technischen Spezifikationen gemäß Artikel 3 Absatz 1 und Artikel 4 Absatz 1 der Richtlinie 89/106/EWG den Anforderungen der Trinkwasserrichtlinie entsprechen müssen. Es sei an dieser Stelle erwähnt, dass nicht alle Produkte im Kontakt mit Trinkwasser Bauprodukte im Sinne der o. g. Richtlinie sind. Es besteht hier also eine Regelungslücke der Trinkwasserrichtlinie bezüglich konkreter Anforderungen.

Absatz 1 enthält die Grundforderung, dass für die Neuerrichtung oder die Instandhal-

tung von Anlagen für die Gewinnung, Aufbereitung und Verteilung von Trinkwasser nur solche Werkstoffe und Materialien verwendet werden dürfen, die Stoffe nicht in Konzentrationen abgeben, die höher als nach den a.a.R.d.T. unvermeidbar sind. Weiterhin dürfen alle Produkte und Materialien den im Rahmen dieser Verordnung vorgesehenen Schutz der menschlichen Gesundheit nicht unmittelbar oder mittelbar mindern oder den Geruch oder den Geschmack des Wassers verändern. Es wird davon ausgegangen, dass diese Anforderungen dann erfüllt sind, wenn bei Planung, Bau und Betrieb der Anlage mindestens die a.a.R.d.T. eingehalten werden, die ihrerseits die Leitlinien des Umweltbundesamtes oder anderes relevantes Regelwerk in Bezug nehmen. In Deutschland werden Produkte für den Kontakt mit Trinkwasser hinsichtlich der hygienischen und technischen Eignung durch privatrechtliche Organisationen zertifiziert, wenn eine Zertifizierung durchgeführt wird. Durch die Verwendung zertifizierter Produkte, die durch einen akkreditierten Branchenzertifizierer zertifiziert worden sind, wird sichergestellt, dass die Anforderungen dieser Verordnung an die Qualität des Trinkwassers eingehalten werden. Wenn mit der Zertifizierung der Nachweis der Beachtung der Anforderungen der Sätze 1 und 2 erbracht werden soll, muss sich die Prüfung im Rahmen der Zertifizierung auf diese Anforderungen beziehen und diese vollständig abdecken. Dies gilt für inländische wie ausländische Zertifizierungen gleichermaßen. Da das Akkreditierungswesen in Deutschland inzwischen wie auch in anderen Mitgliedstaaten gesetzlich geregelt ist, umfasst die Vorgabe der Akkreditierung eine konkrete staatlich geregelte und damit überwachte Kompetenzfeststellung. Zertifizierte Produkte und Verfahren sind als solche gekennzeichnet und werden darüber hinaus von den Zertifizierern in öffentlich zugänglichen Verzeichnissen geführt.

Die Anforderungen in Absatz 1 gelten nun auch eindeutig für die fertigen Produkte (z. B. Rohrleitungen), die aus Materialien und Werkstoffen hergestellt werden. Die Anforderungen werden auf den Bereich der Wassergewinnungsanlagen (z. B. Brunnenrohre, Sickerleitungen) ausgedehnt, da ansonsten eine Sicherstellung der Anforderungen an das Trinkwasser, die über Material- bzw. Produktspezifikationen formuliert sind (siehe Anlage 2), nicht möglich ist.

Absatz 2:

Satz 1:

Satz 1 sagt aus, dass bestimmungsgemäß an Trinkwasserversorgungsanlagen angeschlossene Apparate oder andere wasserführende Teile, aber auch die Entnahmestelle selbst (Sanitärarmaturen mit freiem Auslauf) durch eine Sicherungseinrichtung entsprechend den a.a.R.d.T. abgesichert sein müssen. Derartige Sicherungseinrichtungen sind zur Absicherung der Toilettenspülung, von Sanitärgegenständen (z. B. Waschbecken, Duschen, Badewannen), von Schlauchanschlüssen, zum Befüllen von Heizungsanlagen, von medizinischen Behandlungsgeräten (z. B. Darmspülapparaten, Dialysewasseranlagen) usw. erforderlich. Dabei erfolgt weiterhin die Beschreibung der Teile, die nicht verbunden werden dürfen, über die Zweckbestimmung. Somit darf z. B. ein eigener Brunnen, dessen Wasser nicht für einen in § 3 Nummer 1 genannten Zweck eingesetzt wird (z. B. zur Toilettenspülung), auch dann nicht mit einer Trinkwasseranlage verbunden werden, wenn das Brunnenwasser beispielsweise bei einer einmaligen Untersuchung die Grenzwerte dieser Verordnung einhält. Von Trinkwasserqualität des Wassers kann man erst sprechen, wenn dieses

Wasser alle Bestimmungen dieser Verordnung erfüllt, d. h. auch der regelmäßigen Eigenkontrolle und der Überwachung durch das Gesundheitsamt unterliegt. Dann handelt es sich um Trinkwasser im Sinne dieser Verordnung und die Verbindung wäre damit auch nicht unzulässig. Auf der anderen Seite führt damit auch jegliche Art der Sanktionierung anderer Wasserqualitäten für die in § 3 Nummer 1 genannten Zwecke nicht automatisch auch zur Legitimation einer ansonsten unzulässigen Verbindung.

Ist eine mikrobielle Kontamination des Wassers in der zu befüllenden Anlage oder dem Apparat insbesondere mit Krankheitserregern nicht ausgeschlossen, muss z. B. ein freier Auslauf als sicherste Form der im technischen Regelwerk (DIN 1988) aufgeführten Sicherungseinrichtungen vorhanden sein.

Auch daher stellen Anlagen, die Nichttrinkwasser fördern, eine Besonderheit dar. Dies betrifft z. B. Grauwasseranlagen zur Verteilung von Oberflächenwasser für Produktionsbetriebe (Zementwerk), Eigenförderanlagen für Nichttrinkwasser, aber auch Regenwasseranlagen. Sie bergen ein besonderes hohes Gefahrenpotenzial, da sie bei (unzulässigen) Querverbindungen in der Lage sind, durch eigene Pumpen unbeschränkt kontaminiertes Wasser in die öffentlichen Netze zu fördern und dann eine akute Seuchengefahr besteht. Die Kenntnis über solche Anlagen ist deshalb wichtig, um im Gefahrenfall eine Möglichkeit zu haben, den Verursacher zeitnah festzustellen. Auch aus Verantwortungs- und Haftungsgründen muss der Wasserversorger diese Anlagen von seinem Netz fernhalten. Das deutsche und europäische Regelwerk untersagt daher eine unmittelbare Verbindung.

Für diese Anlagen ist zusätzlich die Anzeigepflicht entsprechend § 13 Absatz 4 zu berücksichtigen (s. auch Begründung zu § 13 Absatz 4).

Satz 3:

Entnahmestellen von Wasser, das nicht für den menschlichen Gebrauch im Sinne des § 3 Nummer 1 bestimmt ist, sind als solche zu kennzeichnen und, falls trotzdem eine Verwechslungsgefahr besteht (z. B. durch Kinder oder sehgeschädigte Personen), gegen einen nicht bestimmungsgemäßen Gebrauch zu sichern, z. B. indem das Öffnen des Ventils nur mit Schlüssel oder speziellem Werkzeug ermöglicht wird. Derartige Armaturen sind im freien Markt erhältlich. Dies ist zum Schutz der Verbraucher erforderlich, da diese jederzeit Kenntnis darüber haben müssen, welche Wasserqualität an der Zapfstelle zu entnehmen ist, bzw. bei einer freien Zugänglichkeit der Entnahmestelle zunächst von Trinkwasserqualität ausgehen.

§ 18:

Absatz 1:

Es werden als Folge der Neueinteilung der Wasserversorgungsanlagen nach § 3 Nummer 2 sowie der Einführung neuer Definitionen in § 3 Nummer 10 und 11 sprachliche Änderungen vorgenommen. Inhaltlich resultieren bezüglich der generellen Überwachungspflicht aus der neuen Formulierung im Vergleich zur alten Regelung folgende Entlastungen für das Gesundheitsamt: Die Überwachung von Anlagen nach § 13 Absatz 4, die im Rahmen einer öffentlichen Tätigkeit betrieben werden, wird in die Entscheidung des Gesundheitsamtes gestellt. Diese mussten nach TrinkwV 2001 generell überwacht werden (für die „nur Gewerblichen" stand dies nach alter Regelung bereits im Ermessen des Gesundheitsamtes). Für Wasserversorgungsanlagen nach § 3 Nummer 2 Buchstabe d, die nicht

im Rahmen einer gewerblichen oder öffentlichen Tätigkeit betrieben werden, gilt nach neuer Regelung ebenso das Ermessen des Gesundheitsamtes.

Die Wasserversorgungsanlagen nach § 3 Nummer 2 Buchstabe e müssen nach „nur gewerblicher" und nach (auch) „öffentlicher Tätigkeit" differenziert betrachtet werden, um die alte Regelung inhaltlich beizubehalten. Dies bedeutet selbstverständlich, dass das Kriterium der gewerblichen Tätigkeit zusätzlich zur öffentlichen Tätigkeit nicht zum Ausschluss führt, d. h., dass beispielsweise auch die Trinkwasser-Installation eines (öffentlichen) Krankenhauses, das mit Gewinnerzielungsabsicht betrieben wird, generell überwachungspflichtig ist.

Neu aufgenommen wird die im nunmehr gestrichenen § 10 Absatz 1 Satz 1 der TrinkwV 2001 geregelte Möglichkeit, Wasser nach § 3 Nummer 1 Buchstabe b, das zu bestimmten Zwecken in einem Lebensmittelbetrieb verwendet wird, von der Überwachung nach der Trinkwasserverordnung auszunehmen, wenn die zuständige Behörde diesbezüglich eine Ausnahme zulässt. Voraussetzung ist, dass die Behörde davon überzeugt ist, dass die Qualität des Wassers die Genusstauglichkeit des Enderzeugnisses nicht beeinträchtigen kann. Dies entspricht der Formulierung in Artikel 2 Nummer 1 Buchstabe b der Trinkwasserrichtlinie. Nach bislang geltendem Recht bereits erteilte Ausnahmen sind von dieser Änderung nicht betroffen.

Absatz 2:

Konkretisierung und Klarstellung durch sprachliche Änderungen und Ergänzungen inklusive sprachlicher Anpassungen an andere vergleichbare Passagen der Verordnung.

Daneben werden Ergänzungen in Anpassung an den kommunikationstechnischen Fortschritt vorgenommen.

Absatz 3:

Die Ergänzung dient der Klarstellung und der Beseitigung eines in der Praxis aufgetretenen Vollzugsproblems. Die Unterstützung der die Überwachung durchführenden Personen muss erforderlichenfalls auch den Zugang zu den Räumen umfassen, in denen die Probennahme zu erfolgen hat.

§ 19:

Absatz 1:

Wegen der Neueinteilung der Wasserversorgungsanlagen nach § 3 Nummer 2 wird eine Konkretisierung notwendig, insbesondere bezüglich der Besichtigung einer Wasserversorgungsanlage unter Einräumung größtmöglicher Flexibilität für das Gesundheitsamt im Hinblick auf Wasserversorgungsanlagen nach § 3 Nummer 2 Buchstabe d, e und f (Entbürokratisierung). Für Wasserversorgungsanlagen an Bord von Wasserfahrzeugen sind die veröffentlichten Vollzugsempfehlungen des Arbeitskreises der Küstenländer für Schiffshygiene zu berücksichtigen.

Die Ortsbesichtigung bei der Überschreitung der Maßnahmenwerte für Legionellen ist gesondert geregelt (§ 9 Absatz 8).

Um deutlich zu machen, dass sich die Häufigkeit der Überwachung durch die zuständigen Behörden von der Häufigkeit der Untersuchungen, die von den Unternehmern oder sonstigen Inhabern der Wasserversorgungsanlagen durchzuführen sind, unterscheidet, wird ein entsprechender, klarstellender Hinweis auf Absatz 5 aufgenommen.

Absatz 2:

Die Änderung ist vorrangig veranlasst, um mögliche Berichtsdefizite über Parameter, deren Konzentration sich auf dem Leitungsweg ändern kann, zu beseitigen und dient damit der genaueren Anpassung an die Trinkwasserrichtlinie. Die zugrunde liegenden Messungen müssen gemäß der Trinkwasserrichtlinie in der im Anhang II Tabelle B1 genannten Häufigkeit dann beispielsweise am Zapfhahn durchgeführt werden, wenn es sich um Parameter handelt, deren Konzentration sich in der Trinkwasser-Installation ändern kann, beispielsweise Blei oder allgemein mikrobiologische Parameter. Dies ergibt sich aus die Tabelle B1 einführenden Vorgaben der Richtlinie: *„Die Mitgliedsstaaten nehmen Proben an den Stellen der Einhaltung gemäß Artikel 6 Absatz 1, um sicherzustellen, dass das Wasser für den menschlichen Gebrauch die Anforderungen der Richtlinie erfüllt. Bei einem Verteilungsnetz können die Mitgliedstaaten jedoch für bestimmte Parameter alternativ Proben innerhalb des Versorgungsgebiets oder in den Aufbereitungsanlagen entnehmen, wenn daraus nachweislich keine nachteiligen Veränderungen beim gemessenen Wert des betreffenden Parameters resultieren."* Diese Anforderungen der Richtlinie sind in der TrinkwV 2001 in der Anlage 4 umgesetzt und werden nun mit klarstellenden Änderungen in den § 19 verschoben.

Das Gesundheitsamt muss mit Hilfe des Probennahmeplans (Sicherstellung der Regelungen des Artikels 7 Absatz 2 und 3 der Trinkwasserrichtlinie) für das gesamte Wasserversorgungsgebiet die sich aus der Richtlinie ergebenden Pflichten erfüllen. Es muss die Probennahmen durch das Wasserversorgungsunternehmen (s. auch Begründung zu § 14 Absatz 2 Satz 4) und ggf. durch die amtliche Überwachung am Ausgang

179

Wasserwerk, im Verteilungsnetz sowie in der Trinkwasser-Installation (Abgabe an die Öffentlichkeit [s. auch § 19 Absatz 7] sowie gegebenenfalls private Trinkwasser-Installationen) so koordinieren, dass die o.g. Anforderungen sowie die Anforderungen der Anlage 4 für das gesamte Wasserversorgungsgebiet erfüllt werden. Der Probennahmeplan ist als Konzept zu begreifen, mit welchem die unterschiedlichen Probenmöglichkeiten bereits in der Planung berücksichtigt werden, da bei rückwirkender Auswahl die Forderung nach Repräsentativität nicht erfüllt werden kann. Durch die neuen Regelungen werden die sich aus der Richtlinie ergebenden Anforderungen zur Analysenhäufigkeit mit den Anforderungen an die Probennahmestellen verknüpft. Sind für ein ausgewiesenes (nicht durch Verwaltungsgrenzen beschriebenes) Wasserversorgungsgebiet mehrere Gesundheitsämter zuständig, müssen sich diese zur Erfüllung der im § 19 beschriebenen Pflichten absprechen.

In der Regel wird das Gesundheitsamt die vom Wasserversorgungsunternehmen sowie von anderen Unternehmern oder sonstigen Inhabern einer Wasserversorgungsanlage entsprechend § 14 im selben Wasserversorgungsgebiet durchzuführenden Wasseruntersuchungen insbesondere im Hinblick auf die beim Wassertransport konzentrationsunveränderlichen Parameter einbeziehen. Die Parameter, deren Konzentration sich auch in der Trinkwasser-Installation noch nachteilig ändern kann, müssen entsprechend den Vorgaben der Trinkwasserrichtlinie im Rahmen der Berichtspflichten aber am Zapfhahn bestimmt werden. Diese Analysen werden nach derzeitiger Praxis hauptsächlich aus den Untersuchungsprogrammen nach § 19 Absatz 7 stammen, da hier verbindlich Zapfhahnproben festgesetzt

sind. Es können aber auch andere Proben am Zapfhahn von Verbrauchern im betreffenden Wasserversorgungsgebiet in den Probennahmeplan einbezogen werden. Nicht einbezogen werden dürfen Proben, die aufgrund von Nachforschungen oder Beschwerden zusätzlich analysiert werden, da diese dem Kriterium „Repräsentativität" entgegenlaufen. Der Begriff der „nachteiligen" Veränderung ist bei der Wahl der Probennahmestelle von entscheidender Wichtigkeit. Die „Nachteiligkeit" ist im Sinne des Verbraucherschutzes zu sehen. So ist die Erhöhung der Blei-Konzentration in der Trinkwasser-Installation zweifellos nachteilig, so dass hier die Probennahme am Zapfhahn erfolgen muss. Die mögliche Absenkung der Radon-Konzentration auf dem Transportweg durch Ausgasung ist nicht nachteilig, so dass hier die Probennahme wahlweise im Wasserwerk oder im Verteilungsnetz (auch am Zapfhahn) erfolgen kann.

Wenn die erforderliche Anzahl für einen bestimmten Parameter durch alle diese Proben nicht erreicht wird, muss das Gesundheitsamt gegebenenfalls selbst Analysen durchführen oder durchführen lassen. Diese Möglichkeit besteht insbesondere für „veränderliche Parameter", die am Zapfhahn bestimmt werden müssen, aber nur dann, wenn die Probennahmeplanung nicht so vorausschauend durchgeführt wurde, dass alle im Satz 2 gestellten Anforderungen berücksichtigt sind. Das Gesundheitsamt selbst legt die Ausdehnung des Wasserversorgungsgebietes fest und bestimmt den Probennahmeplan für dieses. Da es auch für die Untersuchungsprogramme nach § 19 Absatz 7 zuständig ist, ist es die einzige Stelle, die die Vollständigkeit und Erfüllung der Anforderungen der Trinkwasserrichtlinie bezüglich der Berichtspflichten (Anzahl, Repräsentativität, Ausschluss von nachteiligen Konzentrationsveränderungen beim Transport, d. h. zwingende Probennahme am Zapfhahn) sicherstellen kann (siehe oben: Probennahmeplan). Durch den Begriff „mindestens" soll dem Gesundheitsamt die Möglichkeit gegeben werden, weitere Untersuchungen in die Probennahmeplanung einzubeziehen. Zum Beispiel werden die Untersuchungsprogramme nach § 19 Absatz 7 in vielen Fällen mehr Untersuchungen vorsehen müssen, als für die Berichterstattung an die EU-Kommission allein nötig sind, da sie ansonsten das Kriterium „geeignete stichprobenartige Kontrollen" des Absatzes 7 nicht erfüllen. Entscheidend ist hier lediglich, dass die „Kommissionsberichtsproben" bereits bei der Planung ausreichend gekennzeichnet sind, um sie von anderen Proben unterscheiden zu können, da die Kommission ausdrücklich keine Berichte über zusätzliche Proben wünscht.

Untersuchungen von Wasserversorgungsanlagen nach § 3 Nummer 2 Buchstabe c können nicht in den Probennahmeplan für ein Wasserversorgungsgebiet einbezogen werden, da im Sinne der Richtlinie keine „Verbraucher versorgt" werden und die entsprechenden Wasseranalysen nicht für das den Verbrauchern in diesem Wasserversorgungsgebiet gelieferte Trinkwasser repräsentativ sind, auch wenn beispielsweise dasselbe Aquifer zur Rohwasserentnahme genutzt wird. Derselbe Grundgedanke muss auch zugrunde gelegt werden, wenn Trinkwasseranalysen aus mobilen Anlagen (Buchstabe d) oder zeitweilig betriebenen Anlagen (Buchstabe f) in den Probennahmeplan einbezogen werden. Es macht also keinen Sinn, eine Trinkwasser-Analyse am Zapfhahn eines im Hafen liegenden Passagierschiffes einzubeziehen, wenn dieses das Trinkwasser in einem anderen Wasserversorgungsgebiet oder gar im Ausland aufgenommen hat.

Eine Trinkwasserprobe am Imbissstand des jährlichen Schützenfestes, der an die öffentliche Wasserversorgung angeschlossen ist, kann aber durchaus dazugehören (siehe auch Begründung zu § 3 Nummer 4). Dem Grundgedanken folgend können Wasserversorgungsanlagen nach § 3 Nummer 2 Buchstabe e immer einbezogen werden, unabhängig davon, ob sie privat oder im Rahmen einer gewerblichen oder öffentlichen Tätigkeit genutzt werden.

Die Anforderungen an die Repräsentativität werden an Artikel 7 Absatz 1 Trinkwasserrichtlinie angepasst. Saisonale vorhersehbare Besonderheiten (z. B. Zeiten möglicher Starkregenereignisse oder Dürreperioden), die die Konzentration eines Parameters maßgeblich nachteilig beeinflussen können, müssen bei der Erstellung des Probennahmeplanes berücksichtigt werden. Dies gilt insbesondere dann, wenn wegen der geringen Anlagengröße nur wenige Analysen im Jahr durchgeführt werden.

Des weiteren wird im letzten Satz der zuständigen obersten Landesbehörde die Möglichkeit eingeräumt, die Probennahmeplanung zu vereinheitlichen. Dies kann die anschließende Berichterstattung vereinfachen.

Absatz 3:

Änderung der Nummerierung durch den neuen Absatz 2 sowie sprachliche Vereinheitlichung. Wenn das Gesundheitsamt die Untersuchungen nicht selbst durchführt, muss es eine unabhängige Untersuchungsstelle, welche die Anforderungen des § 15 Absatz 4 Satz 1 erfüllt, dazu beauftragen. Diese Untersuchungsstelle darf aber nicht gleichzeitig die Untersuchungsstelle sein, welche bereits die Betreiberuntersuchungen durchgeführt hat. Weiterhin wird der zuständigen obersten Landesbehörde die Ermächtigung eingeräumt, dass sie ggf. das

Gesundheitsamt beauftragen kann, bei der Auftragsvergabe einer Überwachungsuntersuchung zu prüfen, welche über Satz 1 hinausgehenden Anforderungen die Untersuchungsstelle für den jeweiligen Zweck erfüllen muss. Deshalb muss das örtliche Gesundheitsamt diese Anforderungen definieren. Dies bedarf einer fachlichen und stichhaltigen Begründung. Es wird klargestellt, dass die Kosten solcher Untersuchungen der Unternehmer und der sonstige Inhaber der Wasserversorgungsanlage zu tragen haben. Dies stellt keine Änderung der bisherigen Praxis dar.

Absatz 4:

Änderung der Nummerierung, Ergänzung zur Anpassung an den kommunikationstechnischen Fortschritt sowie sprachliche Anpassungen. Weiterhin werden die zuständigen Landesbehörden ermächtigt festzulegen, ob einheitliche Vordrucke oder EDV-Verfahren zur Erfassung der Ergebnisse der Überwachung eingesetzt werden sollen.

Die Formulierung „... Unternehmer *und* dem sonstigen Inhaber ..." wird in „... Unternehmer *oder* dem sonstigen Inhaber ..." geändert. Durchgängig erfolgt in der Trinkwasserverordnung die sprachliche Verbindung von Unternehmer und Inhaber immer dann mit „und", wenn sich Verpflichtungen sowohl an den Unternehmer als auch an den Inhaber richten. Die „oder"-Verbindung wird dann gewählt, wenn entweder der Unternehmer oder der Inhaber in die Pflicht genommen werden oder in der Pflicht sind. An dieser Stelle ist eine Anpassung an diese grundsätzliche Linie erforderlich.

Absatz 5:

Die Regelungsinhalte betreffen die des alten Absatzes 4. Die Überwachungshäufigkeit wird entsprechend der nach § 3 neu vorgenommenen Differenzierung der Wasserver-

sorgungsanlagen festgelegt. Alle Änderungen dienen der erheblichen Flexibilisierung der Überwachungstätigkeit des zuständigen Gesundheitsamtes und der Entbürokratisierung.

Die Inhalte des Absatzes 5 TrinkwV 2001 werden in Anlage 4 aufgenommen.

Satz 1:

Der Aufwand für die Gesundheitsämter zur Überwachung der Einhaltung der Trinkwasserordnung bei Wasserversorgungsanlagen nach § 3 Nummer 2 Buchstabe a wird durch diese Änderung – unter Beibehaltung der trinkwasserhygienischen Sicherheit – gesenkt. So kann das Gesundheitsamt nach der vorgesehenen Neuregelung den Untersuchungsabstand für Wasserversorgungsanlagen nach § 3 Nummer 2 Buchstabe a auf 3 Jahre (bisher 2 Jahre) ausdehnen, wenn es bei diesen Anlagen während eines Zeitraumes von vier Jahren keinen Anlass zu wesentlichen Beanstandungen gab. Diese Wasserversorgungsanlagen sind in Bezug auf Überschreitungen von Grenzwerten potenziell weniger gefährdet, da sie in der Regel gut mit entsprechender Technik ausgestattet sind und über fachlich kompetentes Personal verfügen. Statistiken und Erfahrungen zeigen, dass es in der Vergangenheit bei diesen Anlagen im Verhältnis zu weniger Überschreitungen der Grenzwerte – insbesondere der mikrobiologischen – kam als in kleinen und sehr kleinen Wasserversorgungsanlagen. Diese Änderung dient der Flexibilisierung der Überwachung durch die nach Landesrecht zuständigen Behörden sowie der Entbürokratisierung.

Satz 2 und 3:

Das Gesundheitsamt erhält die Möglichkeit, eigenverantwortlich die Überwachungshäufigkeit für Kleinanlagen zur Eigenversorgung festzulegen und in diesem Zusammenhang den Zeitraum zwischen zwei Überwachungen auf 3 Jahre auszudehnen. Dies entlastet sowohl die Anlagenbetreiber als auch die Gesundheitsämter, die diese überwachen, erheblich.

Satz 4:

Für Wasserversorgungsanlagen an Bord von Land-, Wasser- und Luftfahrzeugen, die im Rahmen einer gewerblichen oder öffentlichen Tätigkeit betrieben werden, soll die Überwachung einmal jährlich erfolgen. Dies ist gegenüber der TrinkwV 2001 zwar eine Einschränkung der Flexibilisierung für Land- und Luftfahrzeuge, die aber ohnehin in vielen Bereichen, z. B. im Schienenverkehr oder bei Flugzeugen, bereits praktiziert wird.

Satz 5:

Das Gesundheitsamt erhält die Möglichkeit zu entscheiden, ob, und wenn ja, in welchem Umfang ausschließlich privat genutzte Wasserversorgungsanlagen in Wasserfahrzeugen in die Überwachung einbezogen werden.

Satz 6:

Die bisherige Überwachungspraxis für Wassertransport-Boote wird auf alle Wassertransport-Fahrzeuge ausgedehnt. Dies dient der Gleichbehandlung und ist aus fachlicher Sicht erforderlich. Dadurch wird eine Lücke im Vollzug geschlossen.

Absatz 6:

Gegenüber der bisherigen Vorschrift nach Absatz 4 letzter Satz TrinkwV 2001, die vorsah, dass Überwachungsmaßnahmen des Gesundheitsamtes vorher generell nicht angekündigt werden durften, wird diese Regelung für alle Wasserversorgungsanlagen durch die Formulierung im neuen Absatz 6 „sollen vorher nicht angekündigt werden" flexibilisiert, da es in der Praxis des

Vollzugs Fälle gibt, bei denen eine Überwachung ohne Ankündigung nicht möglich ist.

Zur Begründung für die Streichung des Absatzes 6 TrinkwV 2001 s. Begründung zu § 14 Absatz 2 Satz 4.

Absatz 7:

Satz 1:

Die Benennung der betroffenen Wasserversorgungsanlagen wird an die neue Aufteilung nach § 3 Nummer 2 angepasst. Bisher war die Überwachung der mikrobiologischen Parameter, deren Konzentration sich in der Trinkwasser-Installation verändern kann, nicht ausdrücklich vorgesehen. Daher wird der Bezug auf Anlage 2 Teil II TrinkwV 2001 entfernt. Siehe auch Begründung zu Absatz 1.

Im Rahmen eines Überwachungsprogramms auf der Grundlage stichprobenartiger Kontrollen überwacht das Gesundheitsamt Anlagen der Trinkwasser-Installation (Anlagen nach § 3 Nummer 2 Buchstabe e), aus denen im Rahmen einer öffentlichen Tätigkeit Trinkwasser bereitgestellt wird (z. B. Schulen, Kindergärten). Einbezogen werden können ebenfalls Anlagen zur zeitweiligen Verteilung von Trinkwasser (nach § 3 Nummer 2 Buchstabe f), z. B. Duschanlagen bei Großveranstaltungen, aus denen den Teilnehmern für die Dauer der Veranstaltung kostenlos Trinkwasser zur Verfügung gestellt wird und die das Trinkwasser aus einer Anlage nach § 3 Nummer 2 Buchstabe a oder b beziehen. Anlagen nach § 3 Nummer 2 Buchstabe e, aus denen im Rahmen einer gewerblichen Tätigkeit Trinkwasser bereitgestellt wird (z. B. Mietwohnungen), werden nicht einbezogen, da diese unter Berücksichtigung der Kapazitäten in den Gesundheitsämtern keine prioritären Überwachungsschwerpunkte darstellen.

183

Neu ist auch die explizite Nennung der Möglichkeit, Wasserversorgungsanlagen an Bord von gewerblich oder öffentlich betriebenen Fahrzeugen mit in die Überwachung einzubeziehen.

Bezüglich der Notwendigkeit der Untersuchung auf Legionellen siehe Begründung zu § 14 Absatz 3 und Anlage 4 Teil II Buchstabe b.

§ 20:

Absatz 1:

Nummer 1:

Die Änderung ermöglicht im speziellen Einzelfall dem Gesundheitsamt eine aus seiner Sicht für den speziellen Untersuchungszweck geeignete Untersuchungsstelle zu bestimmen. Dazu gehört auch die Festlegung geeigneter Probennahmestellen und bestimmter technischer Vorgaben zur Durchführung. Die Anordnung einer bestimmten Untersuchungsstelle muss aus wettbewerbsrechtlichen Gründen stichhaltig begründet sein.

Nummer 2:

Die Änderung ermöglicht im speziellen Einzelfall dem Gesundheitsamt bei bestimmten Untersuchungen zu bestimmen, welches Untersuchungsverfahren anzuwenden ist. Somit kann für eine bestimmte Untersuchung das dafür am besten geeignete Verfahren festgelegt werden. Die Anordnung eines bestimmten Untersuchungsverfahrens muss – auch im Hinblick auf eine mögliche Kostensteigerung – stichhaltig begründet sein.

Nummer 3:

Da alle Untersuchungen nach § 14 gemeint sind, dient die Änderung der Straffung des Verordnungstextes.

Nummer 4:

Buchstabe a:

Zur Vereinfachung und zur Angleichung an die Formulierung für die chemischen Parameter in Buchstabe b wird die ohnehin nur beispielhafte Aufzählung von möglicherweise relevanten Mikroorganismen inklusive Viren gestrichen. Eine solche Aufzählung birgt darüber hinaus die Gefahr, dass andere nicht genannte, ebenfalls im Einzelfall relevante Erreger, nicht beachtet werden. Der Wechsel von „genannten" zu „untersuchten" ist nötig, um die Anordnung auf zwar genannte, aber nicht untersuchte Mikroorganismen inklusive Viren zu ermöglichen, z. B. Legionellen im Kaltwassersystem. Für Legionellen gibt es darüber hinaus als Neuerung eine Sonderregelung (§ 14 Absatz 3 und Anlage 3 Teil II).

Nummer 5:

Notwendige Ergänzung durch neue Regelungen im § 7 Absatz 1 in Verbindung mit Anlage 3 Teil III.

Absatz 2:

Klarstellung entsprechend der Neueinteilung der Wasserversorgungsanlagen nach § 3 Nummer 2.

Die Formulierung „... Unternehmer *oder* sonstige Inhaber ..." wird in „... Unternehmer *und* sonstige Inhaber ..." geändert. Durchgängig erfolgt in der Trinkwasserverordnung die sprachliche Verbindung von Unternehmer und Inhaber immer dann mit „und", wenn sich Verpflichtungen sowohl an den Unternehmer als auch an den Inhaber richten. Die „oder"-Verbindung wird dann gewählt, wenn entweder der Unternehmer oder der Inhaber in die Pflicht genommen werden oder in der Pflicht sind. An dieser Stelle ist eine Anpassung an diese grundsätzliche Linie erforderlich.

Absatz 3 TrinkwV 2001 wird unter Straffung des Inhaltes in § 9 Absatz 7 überführt, da er thematisch („Überschreitungen") dort besser angebunden ist.

§ 21:

Absatz 1:

Satz 1:

Entsprechend der Neueinteilung der Wasserversorgungsanlagen nach § 3 Nummer 2 und den neuen Untersuchungspflichten nach § 14 für die Trinkwasser-Installation wird der Kreis der zur Information verpflichteten Unternehmer und sonstigen Inhaber einer Wasserversorgungsanlage konsequenterweise erweitert. Wasserversorgungsanlagen nach § 3 Nummer 2 Buchstabe d werden genannt, da hierunter z. B. auch Passagier- oder Frachtschiffe mit einer eigenen Wassergewinnung und Wasseraufbereitung fallen, die Aufbereitungsstoffe nach § 11 einsetzen können. Die Erweiterung der Bezüge um § 19 Absatz 7 und um § 20 vervollständigt den Anspruch der Verbraucher auf Informationen über die Trinkwasserqualität gemäß Trinkwasserrichtlinie.

Satz 2:

Klarstellung, dass auch die bei der Verteilung verwendeten Aufbereitungsstoffe bekannt gemacht werden müssen, z. B. wenn ein Vermieter eine Enthärtungsanlage im Keller des Mietshauses betreibt. Der zweite Teil des Satzes erlangt besondere Bedeutung, da die explizite Aufforderung zur Untersuchung der Säurekapazität sowie auf Calcium, Magnesium und Kalium im § 14 Absatz 1 gestrichen wurde (s. auch Begründung zu § 14). Die Informationspflicht in diesem Satz setzt voraus, dass die für die Angaben zur Auswahl geeigneter Materialien für die Trinkwasser-Installation entsprechend den a.a.R.d.T. nötigen Untersuchungen seitens des Unternehmers und des sonstigen Inhabers einer Wasserversorgungsanlage durchgeführt und aktuell gehalten werden. Untersuchungsergebnisse der vier Parameter werden ohnehin benötigt, um die Calcitlösekapazität (siehe Anlage 3 Teil I Lfd. Nr. 20) zu berechnen. Die Angaben müssen daher ohne spezielle Regelung verfügbar sein.

Satz 3:

Ab dem 1. Dezember 2013 wird der Grenzwert für den Parameter Blei auf 0,010 Milligramm pro Liter abgesenkt. Dieser Grenzwert kann in der Regel nur eingehalten werden, wenn in der Wasserversorgung keine Bleirohre mehr vorhanden sind. Sollten sich dennoch über den genannten Zeitpunkt hinaus Bleirohre in Versorgungssystemen befinden, ist es erforderlich, die betroffenen Verbraucher, die dann nicht mehr von möglichen Bleibelastungen ausgehen, hierüber zu informieren. Dem dient der neue Satz 3, der die dort genannten Unternehmer oder sonstigen Inhaber einer Wasserversorgungsanlage verpflichtet, die betroffenen Verbraucher darauf hinzuweisen, dass sie Trinkwasser zur Verfügung gestellt bekommen, das vorher im Kontakt mit Blei war. Diese Pflicht trifft die Unternehmer und sonstigen Inhaber, sobald sie davon Kenntnis erlangt haben, dass noch Bleirohre vorhanden sind und gilt auch für diejenigen Unternehmer und sonstigen Inhaber, die bereits vor Inkrafttreten dieser Regelung von der Existenz der Bleirohre erfahren haben.

Satz 4:

Anpassung entsprechend der Neueinteilung der Wasserversorgungsanlagen nach § 3 Nummer 2 sowie Konkretisierung, da nach alter Regelung Inhaber von privaten Installationen streng genommen die eigene Familie informieren müssten. Zudem wird konkretisiert, wann („unverzüglich") und in welcher Form („schriftlich oder durch Aushang") die Information zu erfolgen hat.

Absatz 2:

Neben sprachlichen Änderungen dienen die Änderungen im Absatz 2 der Klarstellung (s. auch Begründung zu § 9 Absatz 1 und § 19 Absatz 2), der Konkretisierung (15. April desselben Jahres) sowie der Straffung. Zur Entbürokratisierung wird die Größe der berichtspflichtigen Anlagen bzw. Wasserversorgungsgebiete um den Faktor 3,65 eingeschränkt. Die Bezugnahme auf den § 19 ist notwendig, damit die für die Berichterstattung notwendigen Voraussetzungen bezüglich der Probennahmeplanung (z. B. Zapfhahnproben) eingehalten werden. Das Format für die Berichterstattung muss sowohl die Vorgaben der EU-Kommission als auch Berichtspflichten berücksichtigen, die sich aus dieser Verordnung selbst ergeben.

Absatz 3 (alt) wird gestrichen, da die Regelungen über die Berichtsformate im Absatz 2 (neu) enthalten sind. Die Veröffentlichung im Bundesgesundheitsblatt ist nicht nötig, da Adressat des vom Bundesministerium für Gesundheit festzulegenden Formats lediglich die Länder sind, die direkt informiert werden können. Die Änderung der Regelung spart Kosten und den bisherigen erheblichen zeitlichen Vorlauf, insbesondere wenn sich beispielsweise Vorgaben der EU-Kommission ändern.

§ 22:

Überschrift:

Die Änderung der Überschrift dient der Klarstellung; die bisherige Überschrift „Aufgaben der Bundeswehr" suggerierte, dass hier noch andere als die Aufgaben beim Vollzug der Trinkwasserverordnung gemeint seien.

§ 23:

Überschrift:

Die Änderung der Überschrift dient der Klarstellung; die bisherige Überschrift „Aufgaben des Eisenbahn-Bundesamtes" suggerierte, dass hier noch andere als die Aufgaben beim Vollzug der Trinkwasserverordnung gemeint seien.

Satz 1:

Die Aufhebung der Begrenzung auf „ortsfeste" Anlagen zur Befüllung von Schienenfahrzeugen ist erforderlich, da nach dem Inkrafttreten der TrinkwV 2001 zur Befüllung von Schienenfahrzeugen auch mobile Anlagen zum Einsatz kamen. Diese unterlägen sonst nicht dem Vollzug durch das Eisenbahn-Bundesamt (EBA).

Satz 2:

Der Vollzug der Trinkwasserverordnung im Bereich der Eisenbahnen des Bundes für die Wasserversorgungsanlagen in Schienenfahrzeugen und für Anlagen zur Befüllung von Schienenfahrzeugen liegt gemäß § 23 beim EBA. Es nimmt damit Aufgaben wahr, die im Übrigen unterschiedlichen Behörden unterliegen: § 3 benennt ausdrücklich das Gesundheitsamt (Nummer 5) und die zuständige Behörde (Nummer 6). Gewisse Aufgaben – insbesondere Meldepflichten – obliegen den obersten Landesbehörden. Es ist sinnvoll, diese Aufgaben im Zuständigkeitsbereich des EBA insgesamt beim EBA anzusiedeln. Zuständigkeiten des UBA dagegen sollten trotz Verantwortungsbereichs des EBA sinnvollerweise beim UBA verbleiben. Der neue Satz 2 legt diese Zuständigkeitsregelungen der Klarheit halber explizit fest. Die Zuständigkeit für Privatbahnen, die zu den Anlagen nach § 3 Nummer 2 Buchstabe d zählen, liegt bei den Vollzugsbehörden der Länder.

Satz 3:

Die Zuständigkeit des EBA als Verwaltungsbehörde regelt sich nach § 36 Absatz 1 des Gesetzes über Ordnungswidrigkeiten (OWiG). Durch § 29 des Allgemeinen Eisenbahngesetzes (AEG) ist die Zuständigkeit nicht eindeutig geregelt, da die Zuständigkeit des EBA an die Unternehmensaufsicht geknüpft ist, während die Zuständigkeit für den Vollzug der Trinkwasserverordnung örtlich bestimmt ist (Bereich der Eisenbahnen des Bundes). Es ist also der Fall denkbar, dass ein Fahrzeug sich im Bereich der Eisenbahnen des Bundes befindet – zuständig ist das EBA – nicht aber der Unternehmensaufsicht des EBA unterliegt. Verwaltungsbehörde für Ordnungswidrigkeiten wäre dann – mangels Landeszuständigkeit – gemäß § 36 Absatz 1 Nummer 2 OWiG das Bundesministerium für Verkehr, Bau und Stadtentwicklung. Durch den neuen Satz 3 wird klargestellt, dass auch insoweit die Zuständigkeit beim EBA liegen soll.

§ 24:

Absatz 1:

Anpassung entsprechend der Neueinteilung der Wasserversorgungsanlagen nach § 3 Nummer 2 sowie wegen Änderungen im § 11 neben sprachlichen Verbesserungen. Zur Verfassungsmäßigkeit der Vorschrift siehe auch die Begründung zu § 11 Absatz 1

§ 25:

Nummer 1:

Anpassung an Änderungen bei der Bestimmung, auf die Bezug genommen wird.

Nummer 2:

Anpassung an Änderungen bei den Bestimmungen, auf die Bezug genommen wird. Der Tatbestand der Ordnungswidrigkeit wird dahingehend erweitert, dass auch das Unterbleiben der Weitergabe von Informationen erfasst wird.

Nummer 3:

Anpassung an Änderungen bei den Bestimmungen, auf die Bezug genommen wird.

Nummer 4:

Die Einhaltung der Untersuchungspflichten nach § 14 Absatz 3 Satz 1 ist von der Bedeutung her mit der Einhaltung der Untersuchungspflicht nach § 14 Absatz 1 zu vergleichen. Insofern sind Verstöße gegen die Untersuchungspflichten nach § 14 Absatz 3 Satz 1 – wie auch bisher schon gegen die Pflichten nach § 14 Absatz 1 – als Ordnungswidrigkeit einzustufen.

Nummer 6:

Sprachliche Anpassung und Anpassung an Änderungen bei der Bestimmung, auf die Bezug genommen wird.

Nummer 8:

Anpassung an Änderungen bei der Bestimmung, auf die Bezug genommen wird.

Nummer 8 a (neu):

Ein Verstoß gegen die in § 16 Absatz 2 geregelten Untersuchungs- und Sofortmaßnahmepflichten war bereits bislang als Ordnungswidrigkeit eingestuft. Es macht keinen Sinn, die Untersuchungs- und Maßnahmepflichten nach § 16 Absatz 3 anders zu behandeln. Insofern sind auch Verstöße gegen § 16 Absatz 3 in den Katalog des § 25 aufzunehmen.

Nummer 10:

Anpassung an Änderungen bei der Bestimmung, auf die Bezug genommen wird. Zudem wird in Anpassung an die Formulierung in § 16 Absatz 4 Satz 3 der Begriff „Menge" in „Konzentration" geändert.

Nummer 11:

Anpassung an Änderungen bei der Bestimmung, auf die Bezug genommen wird.

Nummer 13:

Redaktionelle Anpassung.

Nummer 14:

Redaktionelle Anpassung.

Nummern 15, 16, 17 (neu):

Es ist unerlässlich, dass die Verbraucher auf Informationen zu der Qualität des ihnen gelieferten Trinkwassers zurückgreifen können und dass diese Informationen auch korrekt, vollständig und zeitnah erfolgen. Sie müssen die Möglichkeit haben, auf etwaige Qualitätsveränderungen in eigener Entscheidung zu reagieren, z. B. durch Änderung des Verbrauchsverhaltens oder Einsatz anderer Wässer für bestimmte Zwecke. Ein Verstoß gegen diese Informationspflichten ist daher durch die neuen Nummern 15, 16 und 17 als Ordnungswidrigkeit einzustufen. Dies gilt aber beispielsweise dann nicht, wenn die zuständige Behörde damit einverstanden ist, dass eine Information unterbleibt. Denkbar ist dies in Fällen, in denen keine Besorgnis einer gesundheitlichen Gefährdung besteht und die aufgetretenen Probleme kurzfristig wieder beseitigt werden.

Anlage 1:

Teil I:

Streichung des Parameters „coliforme Bakterien": siehe Begründung zur Aufnahme des Parameters in Anlage 3.

Anpassung der Darstellung der Grenzwerte mit 0/100 ml an den Teil II ohne inhaltliche Änderung.

Teil II:

Die Änderung der Überschrift dient der sprachlichen Vereinfachung und inhaltlichen Klarstellung. Streichung der Parameter „coliforme Bakterien", Koloniezahl bei 22 °C sowie Koloniezahl bei 36 °C: siehe Begründung zur Aufnahme der Parameter in Anlage 3 Teil I.

Anlage 2:

Die Anzahl der Dezimalstellen der Grenzwerte wird an die der Trinkwasserrichtlinie angepasst.

Teil I:

Laufende Nummer 1:

Die Ergänzung dient der Flexibilisierung und entlastet damit die Unternehmer und sonstigen Inhaber von Wasserversorgungsanlagen.

Laufende Nummer 9:

Die Begrenzung von Nitrat neben Nitrit (und umgekehrt) wird in den Bemerkungen mittels der Einführung des Fachbegriffs „Betrag" durch eine gegenüber der TrinkwV 2001 mathematisch präzisierte Summenberechnung dargestellt, deren Beachtung ein angemessenes Schutzniveau für alle Verbraucher gewährleistet.

Laufende Nummer 10:

Die Bezeichnung des Parameters wird präzisiert. Von hygienischem Interesse ist der Wirkstoff des Pflanzenschutzmittels bzw. eines Biozidproduktes. Die Art der definierten Substanzen ändert sich dadurch nicht. Es erfolgt eine Präzisierung des Bereichs, auf welchen sich die Auftrittswahrscheinlichkeit (Wassereinzugsgebiet) bezieht. Der bislang verwendete Begriff „Wasserversorgung" ist in diesem Zusammenhang unpräzise.

Laufende Nr. 11:

Die Bezeichnung des Parameters wird präzisiert. Von hygienischem Interesse ist der Wirkstoff des Pflanzenschutzmittels bzw. eines Biozidproduktes. Die Art der definierten Substanzen ändert sich dadurch nicht. Die aufgenommene Anmerkung 1 beschreibt die analytischen Voraussetzungen für eine Summenbildung.

Laufende Nummer 14:

Die Änderung stellt klar, dass es sich beim Grenzwert um die Summe der nachgewiesenen und quantitativ bestimmten Konzentrationen der Einzelstoffe handelt. Die aufgenommene Anmerkung 1 beschreibt die analytischen Voraussetzungen für eine Summenbildung.

Laufende Nummer 15:

Neu aufgenommen wird der Parameter Uran. Die Höhe seines Grenzwertes entspricht dem für Uran lebenslang gesundheitlich duldbaren Höchstwert, der vom UBA zum Schutz vor der chemischen Nierentoxizität von Uran festgelegt worden ist. Der neue Grenzwert erwies sich angesichts aufgetretener Nachweise von Uran oberhalb von 10 Mikrogramm pro Liter (= 0,010 Milligramm pro Liter) in geogen entsprechend disponierten Gebieten als erforderlich und kann aufbereitungstechnisch mit vertretbarem Aufwand eingehalten werden. Aktuelle Befunde verdeutlichen ebenfalls die Bedeutung der Einführung von Uran als Parameter der TrinkwV mit dem vorgeschlagenen Grenzwert von 10 Mikrogramm pro Liter. Das Gesundheitsamt kann entsprechend der flexiblen Regelung der Anlage 4 Teil I Buchstabe b nach erfolgter Abklärung des Gefährdungspotenzials entscheiden, ob der Parameter weiter in einem bestimmten Wasserversorgungsgebiet im Rahmen der umfassenden Untersuchungen betrachtet wird. So

ist es wegen des geogen Ursprungs einer eventuellen Kontamination möglich, den Untersuchungsumfang für das betreffende Wasserversorgungsgebiet auf das Nötige zu beschränken, solange es keine relevanten Änderungen in der Wassergewinnung gibt.

Teil II:

Laufende Nummer 4:

In § 6 Absatz 2 ist geregelt, dass am 1. Dezember 2013 der in Anlage 2 Teil II laufende Nummer 4 aufgeführte Grenzwert von 0,010 Milligramm pro Liter in Kraft tritt. Eine Bezugnahme in der Anlage auf diesen Zeitraum wird mit Blick auf den vorsorgenden Gesundheitsschutz als nicht angemessen angesehen und daher gestrichen. Durch die zuständigen Behörden sollen so früh wie möglich Maßnahmen in die Wege geleitet werden, die zur Erreichung dieses Zieles führen.

Für die Überwachung der Parameter Blei, Kupfer und Nickel ist eine Probennahme durchzuführen, mit der die mittlere wöchentliche Aufnahme dieser Metalle durch das Trinkwasser abgebildet werden kann. Die gemessenen Konzentrationen an einer Entnahmestelle sind von der Stagnationszeit und dem gewählten Probenvolumen (und damit den unterschiedlichen Kontaktflächen zu verschiedenen Komponenten der Trinkwasser-Installation) abhängig. Die Probennahme nach einer Stagnationszeit von 4 Stunden ermöglicht eine Abschätzung der wöchentlichen Aufnahme durch Personen, die das Wasser vor dem Konsum nicht regelmäßig ablaufen lassen. Da die EU-Kommission darüber informiert hatte, dass das nach Artikel 7 Absatz 4 der Trinkwasserrichtlinie angekündigte harmonisierte Verfahren in absehbarer Zeit nicht festgesetzt wird, hat das UBA im Jahr 2004 eine Probennahmeempfehlung veröffentlicht, durch die erstmalig eine standardisierte, anlagenbezogene Bewertung der Belastung des Trinkwassers mit Blei, Kupfer und Nickel ermöglicht wird: Empfehlung des Umweltbundesamtes zur Beurteilung der Trinkwasserqualität hinsichtlich der Parameter Blei, Kupfer und Nickel, *Bundesgesundheitsbl – Gesundheitsforsch – Gesundheitsschutz 2004 47: 296-300.*

Laufende Nummer 5:

Der Grenzwert für Cadmium wird gegenüber der TrinkwV 2001 verringert. Der verringerte Wert ist nunmehr identisch mit dem 1993 von der WHO verabschiedeten gesundheitlichen Leitwert von 0,003 Milligramm pro Liter. Die Bemerkung wird gestrichen, da sie wegen der (bestehenden) Einordnung von Cadmium bei den veränderlichen Parametern des Teils II dieses Anhangs obsolet ist.

Laufende Nummer 6:

Epichlorhydrin dient als Monomer zur Herstellung von Epoxidharzen. Diese werden zur werkseitigen Beschichtung von Behältern und Rohrleitungen aus Metall eingesetzt. Auch bei der baustellenseitigen Sanierung von Rohrleitungen finden Epoxidharze zum Verkleben eingebrachter Kunststoffschläuche oder als Beschichtungsmaterial Anwendung. Der Parameter Epichlorhydrin braucht im Trinkwasser nicht bestimmt zu werden. Auf Epichlorhydrin ist jedoch bei der Eignungsprüfung von organischen Polymeren für den Trinkwasserbereich, die Epichlorhydrin als einen Ausgangsstoff in der Rezeptur enthalten, nach den Leitlinien des UBA zur hygienischen Beurteilung von organischen Materialien im Kontakt mit Trinkwasser zu untersuchen. Als Analysenverfahren dient dabei die Methode nach DIN EN 14207, die auch die Überprüfung des Grenzwertes der Trinkwasserverordnung im Bedarfsfall erlaubt. Wenn Prüfzeugnisse für Epoxidharz-

produkte vorliegen, kann auf den Nachweis der Einhaltung des Grenzwertes an der Entnahmestelle in der Trinkwasser-Installation verzichtet werden. Für zertifizierte Produkte liegen entsprechende Prüfzeugnisse vor, da sie in der Zertifizierungsgrundlage gefordert werden. Siehe auch Begründung zu Teil I laufende Nummer 1.

Laufende Nummer 7:

Für Kupfer sind entsprechend der Trinkwasserrichtlinie 2 Milligramm pro Liter als Grenzwert festgesetzt worden. Bei regelmäßiger Aufnahme führt Kupfer bei Säuglingen und Kleinkindern möglicherweise schon ab Konzentrationen von wenigen Milligramm pro Liter zu Gesundheitsschädigungen (Frühformen von Kupfer-assoziierter frühkindlicher Leberzirrhose). Diese Gefahr besteht, wenn die Verwendung der Kupferrohre in Verbindung mit der vorhandenen Wasserbeschaffenheit nicht den a.a.R.d.T. entspricht. Doch selbst unter Beachtung der a.a.R.d.T. können beim Zusammentreffen neuer kupferner Trinkwasser-Installationen mit bestimmten Wässern, vor allem mit Wässern von niedrigem pH-Wert, nach Stagnation des Wassers in der Leitung vorübergehend Kupferkonzentrationen von mehr als 2 Milligramm pro Liter auftreten. Daraus könnte sich eine Schädigung der Gesundheit nicht gestillter Säuglinge dann ergeben, wenn im Wochenmittel Grenzwertüberschreitungen auftreten und Stagnationswasser entgegen allen Empfehlungen nicht nur gelegentlich, sondern regelmäßig zur Zubereitung der Säuglingsnahrung verwendet wird. Obwohl der Einsatz von Kupferleitungen nach der aktuellen DIN 50930 Teil 6 (August 2001) für Wässer mit einem pH-Wert größer 7,4 möglich ist, wurden mehrere Fälle bekannt, bei denen die Verteilung von Trinkwässern mit einem pH-Wert zwischen 7,4 und 7,8 in Kupferrohren zu Kupferkonzentrationen von mehr als 2 Milligramm pro Liter im Wochenmittel führten. Bei Wässern mit einem pH-Wert größer oder gleich 7,8 kann in der Regel angenommen werden, dass bei Installationen, die älter als ein Jahr sind, der Grenzwert eingehalten wird. Daher kann sich in den meisten Fällen eine Prüfung auf Einhaltung des Grenzwertes auf die Wasserversorgungsgebiete mit einem pH-Wert unter 7,8 beschränken, so dass der Untersuchungsumfang entsprechend auf das fachlich Notwendige reduziert werden kann. Dabei handelt es sich ausdrücklich nicht um die Festlegung einer Einsatzgrenze, sondern dient der Reduzierung des Untersuchungsaufwands und der Kostensenkung. Auch bei pH-Werten zwischen 7,4 und 7,8 kann also abhängig von der Wasserbeschaffenheit Kupfer durchaus das Material der Wahl sein. Siehe auch Begründung zur laufenden Nummer 4.

Laufende Nummer 8:

Siehe Begründung zur laufenden Nummer 4.

Laufende Nummer 9:

Siehe Begründung zu Teil I laufende Nummer 9.

Laufende Nummer 10:

Die aufgenommene Anmerkung 1 beschreibt die analytischen Voraussetzungen für eine Summenbildung.

Laufende Nummer 11:

Die Bemerkung wird präzisiert, da Trihalogenmethane (THM) auch in die Luft freigesetzt werden können. Die seuchenhygienische Sicherheit hat im akuten Ernstfall Vorrang gegenüber einer möglichen Überschreitung des THM-Grenzwertes für einen eng begrenzten Zeitraum. Im Übrigen ist damit noch der Höchstwert der Trinkwasser-

richtlinie eingehalten, da der Grenzwert der TrinkwV 2001 und dieser geänderten Neufassung aus Vorsorgegründen und in Umsetzung des Minimierungsgebotes der Trinkwasserrichtlinie strenger ist als in Letzterer vorgegeben. Zu beachten ist, dass dieser erhöhte Grenzwert entsprechend der Trinkwasserrichtlinie an der Entnahmearmatur in der Trinkwasser-Installation gilt.

Die aufgenommene Anmerkung 1 beschreibt die analytischen Voraussetzungen für eine Summenbildung.

Laufende Nummer 12:

Für Vinylchlorid wurde ein Grenzwert von 0,0005 Milligramm pro Liter festgesetzt. Vinylchlorid ist als Restmonomer in geringen Konzentrationen im Polyvinylchlorid (PVC) vorhanden und könnte von dort in das Trinkwasser migrieren. Produkte für Wasserversorgungsanlagen aus organischem PVC und anderen Vinylchloridpolymeren, die Vinylchlorid als einen Ausgangsstoff in der Rezeptur enthalten, können nach den Leitlinien des UBA zur hygienischen Beurteilung von organischen Materialien im Kontakt mit Trinkwasser untersucht und bewertet werden. Wenn entsprechende Prüfzeugnisse vorliegen, kann auf den Nachweis der Einhaltung des Grenzwertes an der Entnahmestelle in der Trinkwasser-Installation verzichtet werden. Für zertifizierte Produkte liegen entsprechende Prüfzeugnisse vor, da sie in der Zertifizierungsgrundlage gefordert werden. Vinylchlorid kann auch in kontaminiertem Grundwasser als Abbauprodukt von Tri- und Tetrachlorethen auftreten. Deswegen ist im Falle des Nachweises dieser beiden Verbindungen im Trinkwasser oder im Rohwasser unbedingt auf Vinylchlorid zu untersuchen. Siehe auch Begründung zu Teil I laufende Nummer 1.

Anlage 3:

Die Anzahl der Dezimalstellen der Grenzwerte wird an die der Trinkwasserrichtlinie angepasst.

Teil I:

Laufende Nummer 2:

Anpassung an die Trinkwasserrichtlinie. Eine Abweichung kann nach § 9 Absatz 5 nach Entscheidung des Gesundheitsamtes für einen durch das Gesundheitsamt festzulegenden Zeitraum für alle Wasserversorgungsanlagen geduldet werden. Geogene Überschreitungen ohne gesundheitliche Gefährdung sind nach Entscheidung des Gesundheitsamtes bei Kleinanlagen zur Eigenversorgung weiterhin möglich. Siehe Begründung zu § 9 Absatz 9.

Laufende Nummer 3:

Sprachliche Klarstellung.

Laufende Nummer 4:

Sprachliche Klarstellung.

Laufende Nummer 5:

Der Parameter „coliforme Bakterien" wird nicht mehr als Parameter in die Anlage 1 aufgenommen, sondern den Indikatorparametern (Anlage 3) zugeordnet. Dies entspricht der Trinkwasserrichtlinie. Außerdem kann durch Einsatz neuer, sensitiverer Nachweisverfahren ein breiteres Spektrum an coliformen Bakterien nachgewiesen werden, was allerdings die Indikatorfunktion des Parameters für Fäkalkontaminationen einschränkt. Der Nachweis coliformer Bakterien gibt demnach einen Hinweis auf Verunreinigungen, die fäkaler oder nichtfäkaler Art sein können, jedoch auch im letzteren Fall eine unerwünschte Wasserbelastung insbesondere im Rahmen der Betriebskontrolle anzeigen.

Im Falle einer systemischen Kontamination mit coliformen Bakterien ist aufgrund des höheren Risikos eine umfassende Gefährdungsanalyse durchzuführen. Das Gesundheitsamt kann zu diesem Zweck ein Expertengremium (z. B. Fachleute aus dem Wasserversorgungsunternehmen und einem Hygieneinstitut) zur Beratung und Bewertung der Situation einberufen. Weiterhin kann sich das Gesundheitsamt auf die diesbezügliche UBA-Empfehlung, veröffentlicht im Bundesgesundheitsblatt 4 (2009), stützen.

Die Bemerkung nimmt die in Anlage 1 Teil II gestrichene Anforderung wieder auf, die besagt, dass für Trinkwasser, das zur Abgabe in verschlossenen Behältnissen vorgesehen ist, ein Grenzwert von 0/250 Milliliter gilt.

Laufende Nummer 6:

Die Änderung erfolgt in Anpassung an die Trinkwasserrichtlinie. Eine Abweichung kann nach § 9 Absatz 5 nach Entscheidung des Gesundheitsamtes für einen durch das Gesundheitsamt festzulegenden Zeitraum für alle Wasserversorgungsanlagen geduldet werden. Geogene Überschreitungen ohne gesundheitliche Gefährdung sind nach Entscheidung des Gesundheitsamtes bei Kleinanlagen zur Eigenversorgung weiterhin möglich. Siehe Begründung zu § 9 Absatz 9.

Laufende Nummer 8:

Die Anforderungen zur Bestimmung des Geruchs werden präzisiert, da in der bisherigen Regelung nicht klar ist, ob beide vorgegebenen Werte eingehalten und damit auch bestimmt werden müssen. Der Geruchsschwellenwert TON kann nach DIN EN 1622 (Oktober 2006) als Paar-Test (Kapitel 10.2.2) mit dem Kurzzeitverfahren (Kapitel 10.3) überprüft werden. Für die Überprüfung des TON = 3 ist eine Verdünnung aus 1 Teil Probe und 2 Teilen Vergleichswasser herzustellen. Gleichzeitig werden durch die Möglichkeit der Anwendung eines qualitativen Verfahrens bei den routinemäßigen Untersuchungen die Auftraggeber, d. h. insbesondere Wasserversorgungsunternehmen und die öffentliche Hand, entlastet.

Die Temperatur 23 °C wird gewählt, weil die DIN EN 1622 die Temperatur 23 °C mit einer Toleranz von plus minus 2 Grad vorschreibt.

Laufende Nummer 9:

Die Möglichkeit, auf die Bestimmung des Parameters „Geschmack" zu verzichten, wird aus Gründen des Gesundheitsschutzes des Personals von Untersuchungslaboratorien eingeräumt.

Laufende Nummer 10 und 11:

Die Möglichkeit zur Anwendung des Analysenverfahrens nach TrinkwV 1990, das jetzt in Anlage 5 Teil I Buchstabe d Doppelbuchstabe bb beschrieben wird, für Trinkwasser, das zur Abfüllung zum Zwecke der Abgabe in Behältnissen wie z. B. Flaschen bestimmt ist, wird gestrichen, da der Nachweis der Vergleichbarkeit der Methoden nach den a.a.R.d.T. nicht möglich ist. Ausführungen der EU-Kommission darüber, was unter der Bezeichnung „ohne anormale Veränderung" zu verstehen ist, liegen ebenfalls nicht vor. Auf diese Zielgröße wäre ein Vergleich abzustellen. Damit ist die Richtlinienkonformität nicht eindeutig. Wegen der geringen Bedeutung dieser Wässer in der Praxis der Wasserversorgung in Deutschland wird auf einen komplizierten anderweitigen Nachweis verzichtet, der ggf. bei Beibehaltung der Regelungen der TrinkwV 2001 nötig gewesen wäre. Für das übrige Trinkwasser sieht die Trinkwasserrichtlinie in enger Auslegung der Fußnoten keine Untersuchung der Koloniezahl vor (Anhang II Tabelle A Nummer 1). Daher sind national abweichende Festle-

gungen möglich. Aus diesem Grund ist die nach TrinkwV 2001 bei Anwendung von DIN EN ISO 6222 erforderliche parallele Untersuchung der Koloniezahlen bei 22 °C und 36 °C mit dem Analysenverfahren nach TrinkwV 1990 über ein Jahr ebenfalls nicht mehr erforderlich.

Zudem wird in Satz 2 der jeweiligen Bemerkung die Formulierung „... Unternehmer *oder* der sonstige Inhaber ..." in „... Unternehmer *und* der sonstige Inhaber ..." geändert. Durchgängig erfolgt in der Trinkwasserverordnung die sprachliche Verbindung von Unternehmer und Inhaber immer dann mit „und", wenn sich Verpflichtungen sowohl an den Unternehmer als auch an den Inhaber richten. Die „oder"-Verbindung wird dann gewählt, wenn entweder der Unternehmer oder der Inhaber in die Pflicht genommen werden oder in der Pflicht sind. An dieser Stelle ist eine Anpassung an diese grundsätzliche Linie erforderlich. Die in Anlage 1 Teil II gestrichenen Anforderungen an die Parameter Koloniezahl bei 22 °C und bei 36 °C werden in die Bemerkungen in der Anlage 3 aufgenommen, da es sich um Indikatorparameter und nicht um mikrobiologische Parameter im Sinne der Trinkwasserrichtlinie handelt.

Die Verschiebung des ersten Satzes an das Ende der Bemerkung erfolgt zur Klarstellung.

Laufende Nummer 12 und Anmerkung 2:

Es wird ein Grenzwert für die elektrische Leitfähigkeit von 2790 Mikrosiemens pro Zentimeter bei der in der Norm DIN EN 27888 vereinbarten Bezugstemperatur von 25 °C festgelegt. Dieser Wert entspricht einer Leitfähigkeit von 2500 Mikrosiemens pro Zentimeter bei 20 °C (TrinkwV 2001). Der Grenzwert für die Leitfähigkeit wird insofern nicht geändert, sondern nach DIN EN 27888 auf die in diesem Regelwerk festgelegte Bezugstemperatur umgerechnet. Die Messung der elektrischen Leitfähigkeit lässt sich an Ort und Stelle mit den im Handel befindlichen Geräten verhältnismäßig einfach durchführen. Grundsätzlich soll bei Auslauftemperatur des Trinkwassers gemessen werden. Um Vergleichswerte zu erhalten, wird der bei Originaltemperatur gemessene Wert auf die Bezugstemperatur 25 °C umgerechnet. Viele Leitfähigkeitsmessgeräte sind mit automatischer Temperaturkompensation auf die Bezugstemperatur von 25 °C ausgestattet, so dass auf die Umrechnungstabellen in der DIN EN 27888 verzichtet werden kann.

Laufende Nummer 13:

Die Änderung erfolgt in Anpassung an die Trinkwasserrichtlinie. Eine Abweichung kann nach § 9 Absatz 5 nach Entscheidung des Gesundheitsamtes für einen durch das Gesundheitsamt festzulegenden Zeitraum für alle Wasserversorgungsanlagen geduldet werden. Geogene Überschreitungen ohne gesundheitliche Gefährdung sind nach Entscheidung des Gesundheitsamtes bei Kleinanlagen zur Eigenversorgung weiterhin möglich. Siehe Begründung zu § 9 Absatz 9.

Laufende Nummer 17:

Die Änderung erfolgt in Anpassung an Trinkwasserrichtlinie. Eine Abweichung kann nach § 9 Absatz 5 nach Entscheidung des Gesundheitsamtes für einen durch das Gesundheitsamt festzulegenden Zeitraum für alle Wasserversorgungsanlagen geduldet werden. Geogene Überschreitungen ohne gesundheitliche Gefährdung sind nach Entscheidung des Gesundheitsamtes bei Kleinanlagen zur Eigenversorgung weiterhin möglich. Siehe Begründung zu § 9 Absatz 9. Weiterhin werden sprachliche Klarstellungen vorgenommen.

Laufende Nummer 18:

Die Ergänzungen des ersten Satzes in der Bemerkung dienen der sprachlichen Klarstellung. Ein Anstieg der Trübung in dem Verteilungsnetz oder ungewöhnlich hohe Werte an der Entnahmearmatur, welche nicht auf kurzzeitige Betriebsstörungen zurückzuführen sind, können auch ein Hinweis auf eine ernstzunehmende Veränderung der Trinkwasserqualität sein, deren Ursache zu ermitteln ist. Die Ergänzung in der Bemerkung macht auf diesen Umstand aufmerksam. Im Übrigen dient diese Ergänzung der eindeutigeren Anpassung an die Trinkwasserrichtlinie.

Zudem wird in Satz 2 der Bemerkung die Formulierung „... Unternehmer *oder* der sonstige Inhaber ..." in „... Unternehmer *und* der sonstige Inhaber ..." geändert. Durchgängig erfolgt in der Trinkwasserverordnung die sprachliche Verbindung von Unternehmer und Inhaber immer dann mit „und", wenn sich Verpflichtungen sowohl an den Unternehmer als auch an den Inhaber richten. Die „oder"-Verbindung wird dann gewählt, wenn entweder der Unternehmer oder der Inhaber in die Pflicht genommen werden oder in der Pflicht sind. An dieser Stelle ist eine Anpassung an diese grundsätzliche Linie erforderlich.

Laufende Nummer 19 und 20 (neu):

In der Bemerkung zum pH-Wert wurde bisher die Anforderung an die Calcitlösekapazität beschrieben. Die vorgenommene Differenzierung (laufende Nummer 19: pH-Wert und zusätzlicher Parameter, laufende Nummer 20: Calcitlösekapazität) dient der Klarstellung durch sprachliche Präzisierung und als Grundlage zur Festlegung der Untersuchungshäufigkeit in der Anlage 4. Die Ausnahmeregelungen für Trinkwasser, das zur Abgabe in Behältnissen vorgesehen ist, werden so angepasst, dass die Vorgaben nur für das abzufüllende Trinkwasser und nicht für das abgefüllte Trinkwasser (Mineral- und Tafelwasserverordnung) gelten. Siehe auch Anwendungsbereich in § 2.

Laufende Nummer 19 (alt):

Streichung wegen Neuregelung in Teil III.

Laufende Nummer 20 (alt):

Streichung wegen Neuregelung in Teil III.

Anmerkung 2:

Siehe Begründung zur laufenden Nummer 12.

Anmerkung 2 bis 4 (alt):

Durch die Neuregelung wird der Teil Radioaktivität aus der bisherigen Tabelle in Anlage 3 (zu § 7) herausgelöst und in einer eigenen Tabelle im Teil III „Anforderungen an das Trinkwasser in Bezug auf die Radioaktivität" aufgeführt. Die Anmerkungen sind daher hier obsolet.

Teil II:

Für den in der Trinkwasser-Installation zu untersuchenden Parameter Legionella spec. kann kein wissenschaftlich begründbarer Grenzwert festgelegt werden, unterhalb dessen eine gesundheitliche Gefährdung mit Sicherheit auszuschließen ist. Der technische Maßnahmenwert ist ein empirisch abgeleiteter Wert, der bei Beachtung der a.a.R.d.T. und der erforderlichen Sorgfalt durch den Inhaber einer Trinkwasser-Installation in der Regel nicht überschritten wird. Bei Überschreitung dieses technischen Maßnahmenwertes ist eine Überprüfung der Wasserversorgungsanlage im Sinne einer Gefährdungsanalyse erforderlich, um eine vermeidbare Gesundheitsgefährdung auszuschließen. Da weder eine Infektionsdosis

noch andere Dosis-Wirkungs-Beziehungen belegbar sind, wäre die Vorsorge vor möglichen Übertragungen wasserbürtiger Erkrankungen durch einen Grenzwert nicht sachgerecht. Vielmehr ist bei Überschreiten des technischen Maßnahmenwertes eine differenzierte Beurteilung unter Berücksichtigung hygienisch-mikrobiologischer Rahmenbedingungen erforderlich. Er dient zur Bewertung der Wasserqualität in Trinkwasser-Installationen im Sinne des § 14 Absatz 3. Gegenüber der TrinkwV 2001 wird eine Klarstellung erreicht, weil bisher nach Anlage 4 TrinkwV 2001 zwar in zentralen Erwärmungsanlagen der Trinkwasser-Installation zu untersuchen war, aber Angaben von Grenz- oder Richtwerten und erforderliche Maßnahmen beim Nachweis fehlten. Ebenfalls war bislang nicht eindeutig, ob der Unternehmer oder sonstige Inhaber der Wasserversorgungsanlage einer Untersuchungspflicht unterlag, oder ob nur auf Anordnung der zuständigen Behörde zu untersuchen war.

Der technische Maßnahmenwert von 100 KBE (= Kolonie bildende Einheiten) pro 100 Milliliter Probe für Legionellen ordnet sich in Erfahrungswerte ein, die bei Trinkwasser-Installationen, die den a.a.R.d.T. entsprechen, üblicherweise eingehalten werden. Wird dieser technische Maßnahmenwert überschritten, ist das in der Regel ein indirekter Hinweis auf (vermeidbare) technische Mängel in der Trinkwasser-Installation. Auch in der aktuellen Publikation der WHO zu Legionellen findet sich dieser technische Maßnahmenwert sinngemäß. Bei niedrigeren Konzentrationen von Legionellen kann eine mögliche Infektion nicht ausgeschlossen werden. Strengere Anforderungen haben allerdings beispielsweise in den Niederlanden zu erheblichen Problemen bei der Umsetzung geführt. Daher müssen in Bereichen mit besonders hohem Erkrankungsrisiko (z. B. Krankenhäuser, Pflegeeinrichtungen) gegebenenfalls geringere, dem Infektionsrisiko der zu schützenden Personengruppe angepasste technische Maßnahmenwerte eingehalten werden, ohne dass diese aufwändiger einzuhaltenden technischen Maßnahmenwerte verallgemeinert werden können. Der technische Maßnahmenwert der Verordnung stellt dagegen eine allgemeine Anforderung für alle zu untersuchenden Gebäude dar. Empfehlungen für geringere Werte in Risikobereichen werden von der TWK veröffentlicht, zuletzt im Juli 2006.

Die Kategorisierung in die Indikatorparameter der Anlage 3 und nicht in die mikrobiologischen Parameter der Anlage 1 spiegelt den oben dargestellten Ansatz wider, bei Überschreitung des Maßnahmenwertes einen Hinweis auf technische Mängel der Trinkwasser-Installation zu erhalten und dem Hinweis durch Nachforschungen (Gefährdungsanalyse) nachzugehen.

Siehe auch Begründung zu § 14 Absatz 3.

Teil III:

Durch die Neuregelung wird der Teil Radioaktivität aus der bisherigen Tabelle in Anlage 3 (zu § 7) herausgelöst und in einer eigenen Tabelle „Anforderungen an das Trinkwasser in Bezug auf die Radioaktivität" aufgeführt. Hierdurch wird klargestellt, dass die Indikatorparameter für Radioaktivität keine Grenzwerte, sondern Richtwerte darstellen, bei deren Überschreitung Maßnahmen nicht zwingend geboten sind, sondern vielmehr neben der Beachtung möglicher gesundheitlicher Nachteile für die Verbraucher weitere Gesichtspunkte, wie die technische Machbarkeit und die Wirtschaftlichkeit, zu erwägen sind. Innerhalb der Vorschrift des § 7 sind die Parameter für Radioaktivität also

unter „Anforderungen für Indikatorparameter" zu subsumieren. Die Tabelle wird um den Parameter Rn-222-Aktivitätskonzentration ergänzt.

Anmerkung 1:

Anmerkung 1 nennt Fälle, in denen die Untersuchungspflicht des Unternehmers oder sonstigen Inhabers einer Wasserversorgungsanlage entfällt. Andere durchgeführte Überwachungen, aufgrund derer die Behörde zur Überzeugung gelangen kann, dass Richtwerte deutlich unterschritten werden, sind z. B. die Überwachung der Umweltradioaktivität aufgrund des Strahlenschutzvorsorgegesetzes sowie die Überwachung der Emissionen aus kerntechnischen Anlagen gemäß der Richtlinie zur Emissions- und Immissionsüberwachung kerntechnischer Anlagen. Hinweise und Auslegungshilfen für die zuständigen Behörden sollen in einen Leitfaden aufgenommen werden. Eine Untersuchung im Hinblick auf Tritium und andere künstliche Radionuklide wird nur gefordert, wenn im Wasserversorgungsgebiet ein Emittent dieser Radionuklide existiert.

Anmerkung 2:

Anmerkung 2 enthält die zentralen Regelungen zur Festlegung der Anforderungen an die Überwachung von Radioaktivität im Trinkwasser. Sie enthält im Schwerpunkt Konkretisierungen der Untersuchungspflichten gemäß § 14. Adressat dieser Regelungen sind die Unternehmer oder Inhaber sonstiger Wasserversorgungsanlagen nach § 3 Nr. 2 Buchstabe a (zentrale Wasserwerke) und b (dezentrale Wasserwerke). Inhaber von Wasserversorgungsanlagen nach § 3 Nr. 2 Buchstabe c (Kleinanlagen zur Eigenversorgung) sollen nicht den hier konkretisierten Untersuchungspflichten unterliegen, können aber im Hinblick auf die Anforderungen an das Trinkwasser in Bezug auf Radioaktivität (gemäß Anlage 3 Teil III) in die Überwachung durch die Gesundheitsämter einbezogen werden, wenn hierzu ein konkreter Anlass besteht (§ 20 Absatz 1).

Das zugrunde liegende Überwachungskonzept verfolgt das Ziel, sämtliche für die Bewertung notwendigen Faktoren angemessen zu berücksichtigen und gleichzeitig den Aufwand und damit die Kosten der notwendigen Messungen zu minimieren. In Anlehnung an die beabsichtigten Vorgaben im „EU-Richtlinienentwurf Radioaktivität im Trinkwasser" beruht das Überwachungskonzept auf einem abgestuften Verfahren, bei dem in einem ersten Schritt anhand der Messung und Berücksichtigung der Gesamtalpha-, Gesamtbeta- und der Rn-222-Aktivitätskonzentration eine Überblicksmessung durchgeführt wird. Sollten weitere Untersuchungen erforderlich sein, kann in einem zweiten Schritt anhand der detaillierten Messung und Berücksichtigung einzelner Radionuklide durch vier aufeinander folgende Messungen, die grundsätzlich innerhalb von vier Jahren in unterschiedlichen Quartalen durchgeführt werden sollen, nachgewiesen werden, dass die Gesamtrichtdosis in Höhe von 0,1 Millisievert pro Jahr und die Rn-222-Aktivitätskonzentration als eingehalten gelten. Die Messung und Berücksichtigung einzelner Parameter kann entfallen, soweit auf der Grundlage einer anderen Überwachung oder der örtlichen Gegebenheiten sichergestellt ist, dass sie im Rahmen der Bewertung ohne Bedeutung sind. Dies entscheidet das Gesundheitsamt im Einvernehmen mit der für den Strahlenschutz zuständigen Behörde. Andere Überwachungen in diesem Sinne sind z. B. die Überwachung der Umweltradioaktivität aufgrund des Strahlenschutzvorsorgegesetzes sowie die Überwachung der Emissionen aus kerntechnischen Anlagen gemäß der Richtlinie zur Emissi-

ons- und Immissionsüberwachung kerntechnischer Anlagen. Hinweise und Auslegungshilfen für die zuständigen Behörden sollen in einen Leitfaden aufgenommen werden. Kann der Nachweis der Einhaltung der Gesamtrichtdosis nicht erbracht werden und kann auch nicht auf der Grundlage einer anderen Überwachung auf den Nachweis verzichtet werden, ist grundsätzlich eine fortgesetzte Überwachung des Trinkwassers im Rahmen von periodischen Kontrollen (umfassende Untersuchungen) erforderlich. Ausnahmsweise, wenn lediglich eine geringfügige Überschreitung der vorgegebenen Indikatorwerte festgestellt wird, kann auf Antrag von der Pflicht weiterer Untersuchungen entbunden werden. Hinweise und Auslegungshilfen für die zuständigen Behörden sollen in einen Leitfaden aufgenommen werden.

Für die Überwachung der Anforderungen an die Radioaktivität im Trinkwasser wird ein Reduzierungsgebot eingeführt. Dieses im Strahlenschutz grundsätzlich vorgesehene und auch sonst im deutschen Strahlenschutzrecht verankerte Gebot dient der gesundheitlichen Vorsorge und sieht vor, die Strahlenexposition – auch unterhalb der Richtwerte – so gering wie möglich zu halten. Dieser Gedanke ist in der TrinkwV 2001 in Bezug auf andere Stoffe – insbesondere, aber nicht ausschließlich anthropogener Herkunft – bereits enthalten (vgl. § 6 Absatz 3). Das Reduzierungsgebot gilt nur für den Fall, dass der Unternehmer oder sonstige Inhaber von Wasserversorgungsanlagen Maßnahmen zur Wasseraufbereitung trifft.

Anmerkung 3:

Anmerkung 3 erweitert – in Umsetzung der EU-Radon-Empfehlung – das bisher berücksichtigte Nuklidspektrum auf Radonfolgeprodukte. Wie Tritium wird nunmehr auch Rn-222 in Teil III als eigener Parameter aufgeführt und bleibt deshalb bei der Beurteilung der Gesamtrichtdosis unberücksichtigt

Anlage 4:

Eine notwendige Erweiterung des Bezugs in der Kopfzeile um § 19 und die Aufhebung der Einschränkung für § 14 auf Absatz 1 wegen inhaltlicher Änderungen in diesen Paragraphen werden vorgenommen. Die Unterteilung in Teile mit römischen Ziffern und deren Unterteilung mit Buchstaben wird eingeführt, um Verwechslungen zu vermeiden.

Teil I Buchstabe a:

Satz 1:

Aufnahme der ehemaligen Fußnote in den Text ohne inhaltliche Änderung.

Der Parameter Nitrit inklusive der Anmerkung 3 wird zur Entlastung der Wasserversorgungsunternehmen in Angleichung an die Trinkwasserrichtlinie im Umfang der routinemäßigen Untersuchungen gestrichen. Dies ist EG-rechtlich zulässig, da in Deutschland die Chloraminierung als Desinfektionsverfahren nicht erlaubt ist. Nitrit muss aber dennoch bei den umfassenden Untersuchungen unter Berücksichtung der Möglichkeit der Konzentrationsänderung während der Verteilung untersucht werden.

Anmerkung 1:

Neben einer sprachlichen Verbesserung erfolgt eine Präzisierung durch Verweis auf die §-11-Liste und Aufnahme der Fußnote in den Anmerkungstext.

Anmerkung 2:

Präzisierung des Begriffs „Wasser" und Wegfall der Fußnote, da bei unbeeinflusstem Tiefengrundwasser als Rohwasser die Untersuchung auf C. perfringens auch im Rahmen der umfassenden Untersuchungen nicht notwendig ist.

Anmerkung 3:

Folgeänderung durch begriffliche Änderungen im § 8 Nummer 3 und Anlage 4 Teil II Buchstabe c.

Satz 2 und 3:

Die Einräumung von Möglichkeiten zur Reduzierung der routinemäßig durchzuführenden Analysen werden aus § 19 Absatz 5 TrinkwV 2001 aus Gründen der Übersichtlichkeit in Anlage 4 unter Aufnahme der neuen Grenzen der Anlagengrößen entsprechend § 3 Nummer 2 verschoben. Gleichzeitig wird die Terminologie von Probennahmen, Analysen und Untersuchungen präzisiert, da die Anzahl der Analysen pro Parameter und nicht die der Probennahmen entscheidend ist. In der Praxis werden oft die Gehalte mehrerer Parameter an einer Probe (entsprechend einer Probennahme) bestimmt.

Teil I Buchstabe b:

Die Bezeichnung lautet jetzt „umfassende Untersuchungen" in Angleichung an die Trinkwasserrichtlinie. Der Begriff ist insbesondere in Abgrenzung zu den Routineuntersuchungen klarer und zutreffender, da auch routinemäßige Untersuchungen meist periodisch sind.

Satz 1 und Satz 2:

Präzisierung, da nach altem Text nicht klar war, wie mit den Parametern zu verfahren ist, die zwar aufgeführt waren, aber nur in bestimmten Fällen untersucht werden mussten. In Anpassung an die Betrachtung des gesamten Wasserversorgungsgebiets insbesondere bei der Überwachung und der Berichterstattung wird auch hier dieser Begriff verwendet. Die Untersuchungspflicht für Legionellen wird an dieser Stelle gestrichen, da sie umfassend und neu in § 14

Absatz 3 in Verbindung mit Anlage 4 Teil II Buchstabe b geregelt ist.

Satz 3:

Anpassung an Änderungen bei den Regelungen, auf die Bezug genommen wird.

Teil II Buchstabe a:

Titel Tabelle:

Folgeänderungen, die sich durch Änderungen an anderer Stelle der Verordnung ergeben, und Streichungen, die durch die neue Definition des Wasserversorgungsgebietes in § 3 Nummer 4 abgedeckt sind.

Die gestrichenen Hinweise zur Probennahmestelle werden im § 19 Absatz 2 aufgenommen (s. auch Begründung zu diesem Absatz). Aus demselben Grund erfolgte die Streichung der Worte „Probenahmen und".

Tabelle:

1. Spalte:

Kopfzeile:

Die Anmerkung 2 wird gestrichen, da eine Definition des Begriffes „Wasserversorgungsgebiet" im § 3 Nummer 4 aufgenommen wird. Die neue Anmerkung 1 entspricht inhaltlich der alten Anmerkung 2 Satz 1.

Zeile 2 bis 5:

Einfügung des Wortes „bis" zur eindeutigen Kennzeichnung der Spannen. Angleichung der Abgabegrenzen an die Trinkwasserrichtlinie. Siehe auch Begründung zu § 3 Nummer 2.

Die abweichenden Vorgaben der TrinkwV 2001 führten zu Schwierigkeiten bei der Berichterstattung an die Kommission hinsichtlich der Auswahl der nach Trinkwasserrichtlinie zu berichtenden Ergebnisse (Gefahr des Verlusts der Repräsentativität).

2. Spalte:

Kopfzeile:

Zur Verwendung des Begriffs „Analysen" anstatt „Proben" siehe Begründung zu Anlage 4 Teil I Buchstabe a Satz 2 und 3.

Die Anmerkung 2 wird neu aufgenommen und nimmt inhaltlich die Regelungen der alten Anmerkung 3 auf. Satz 1 der alten Anmerkung 2 findet sich in Anmerkung 1 wieder. Satz 2 der alten Anmerkung 2 wird zur Verwaltungsvereinfachung und zur Herstellung der nötigen Vergleichbarkeit bei der Berichterstattung gestrichen.

Zeile 1:

Die eine routinemäßige Untersuchung ist in der umfassenden Untersuchung enthalten. Die Flexibilisierung nach § 19 Absatz 5 und 6 TrinkwV 2001 muss für Anlagen, die im Rahmen einer gewerblichen oder öffentlichen Tätigkeit betrieben werden, entfallen, um eine Anpassung an Artikel 3 Absatz 2 Buchstabe b der Trinkwasserrichtlinie zu erreichen. Für Kleinanlagen zur Eigenversorgung ist sie weiterhin im § 14 Absatz 2 vorhanden. Anmerkung 3 wird neu aufgenommen. Bei diesen kleinen Wasserversorgungsanlagen ist es aus seuchenhygienischen Gründen notwendig, allgemein mikrobiologische Parameter, wie in der Anmerkung 3 aufgezählt, viermal pro Jahr zu untersuchen. Darüber hinaus wären insbesondere Grenzwerte wie „ohne anormale Veränderung" bei nur einer Untersuchung pro Jahr nicht vollziehbar. Die Bedingungen zur Untersuchung von C. perfringens ergeben sich aus der Anmerkung 2 zu Teil I Buchstabe a. Die Inhalte der alten Anmerkung 3 finden sich in Anmerkung 2 wieder.

Zeile 3:

Zusatz zur Klarstellung, da durch Rückfragen Verständnisprobleme bezüglich der Berechnung und Rundung im Vollzug offensichtlich wurden.

3. Spalte:

Begriffliche Folgeänderung in der Kopfzeile.

Zur Verwendung des Begriffs „Analysen" anstatt „Proben" siehe Begründung zu Anlage 4 Teil I Buchstabe a Satz 2 und 3.

Zeile 1:

Bei diesen kleinen Wasserversorgungsanlagen ist es aus seuchenhygienischen Gründen notwendig, allgemein mikrobiologische Parameter im Rahmen der routinemäßigen Untersuchungen viermal pro Jahr zu untersuchen. Darüber hinaus wären insbesondere Grenzwerte wie „ohne anormale Veränderung" bei einer Untersuchung pro Jahr nicht vollziehbar. Die Inhalte der alten Anmerkung 4 TrinkwV 2001 werden überflüssig, da die qualitativen Anforderungen zur Probennahme jetzt inhaltlich im § 19 Absatz 2 behandelt werden.

Teil II Buchstabe b:

Die Regelungen zur Untersuchung auf Legionella spec. sind seit einigen Jahren nach technischem Regelwerk vorgeschrieben. Diese Regelungen einschließlich der Untersuchungshäufigkeit und einer möglichen Verlängerung der Untersuchungsintervalle bei mehrfachem Beleg, dass keine Kontamination der Trinkwasser-Installation mit Legionella spec. vorliegt, haben sich bewährt. Bei seiner Entscheidung über eine mögliche Verlängerung des Untersuchungsintervalls kann das Gesundheitsamt auch auf vorliegende Untersuchungsergebnisse zurückgreifen, die aus der Zeit vor dem Inkrafttreten dieser Änderung stammen. Es gibt zahlreiche Unternehmer und Inhaber einer solchen Wasserversorgungsanlage, die bereits seit Jahren die Vorgaben der a.a.R.d.T. beachten. Diese sollen sofort von der Verlänge-

rungsmöglichkeit profitieren können. Dem Gesundheitsamt werden keine Vorgaben hinsichtlich der Dauer der Verlängerung der Untersuchungsintervalle gemacht. Im Vergleich zum geltenden Regelwerk bedeutet dies eine Ausdehnung des Spielraums und insofern eine Erleichterung für das Gesundheitsamt und die Unternehmer und Inhaber der betroffenen Wasserversorgungsanlagen.

Entspricht eine Anlage den a.a.R.d.T., müssen nach Anlage 4 Teil II Buchstabe b (neu) keine jährlichen Untersuchungen vorgenommen werden, wenn in drei aufeinander folgenden Jahren keine Beanstandungen festgestellt wurden. Selbstverständlich ist diese Festlegung durch das Gesundheitsamt zu treffen und liegt nicht im Ermessen des Unternehmers oder Inhabers der betreffenden Anlage.

Für diejenigen mobilen Anlagen, die nach § 14 Absatz 3 aufgrund der Erfüllung der dort genannten Bedingungen untersuchungspflichtig sind (dies können z. B. Lazarettschiffe oder Duschanlagen in Nachtzügen sein), legt das Gesundheitsamt die Häufigkeit fest. Die Ausnahme von der Möglichkeit zur Verlängerung des Untersuchungsintervalls in Krankenhäusern, Pflegeeinrichtungen sowie Einrichtungen für ambulantes Operieren, Dialyseeinrichtungen, Tageskliniken, Entbindungseinrichtungen oder Einrichtungen zur Rehabilitation entspricht einer Empfehlung der TWK. Die Aufnahme dieser Regelungen in die Trinkwasserverordnung dient der Gesundheitsvorsorge durch breitere Umsetzung der Untersuchungen sowie der Erhöhung der Rechtssicherheit.

Die Untersuchung von Kaltwasser ist nur erforderlich, wenn die Temperatur des Kaltwassers an der Probennahmestelle 25 °C übersteigt. Bei geringeren Temperaturen im Kaltwassersystem, das damit den Vorgaben der DIN 1988 entspricht, ist erfahrungsgemäß das Auftreten von Legionellen so selten, dass eine Untersuchung nur in Ausnahmefällen auf Anordnung des Gesundheitsamtes oder im Rahmen von weitergehenden Untersuchungen gemäß DVGW-Arbeitsblatt W 551 gerechtfertigt erscheint. Im Bedarfsfall sind Kalt- und Warmwasser getrennt zu untersuchen. Siehe auch Begründung zu § 3 Nummer 9 und § 14 Absatz 3.

Teil II Buchstabe c:

Siehe Begründung zu § 3 Satz 1 Nummer 1 und Teil II Buchstabe a.

Anlage 5:

Aktualisierung der Bezüge. Es wurde eine Umbenennung in entsprechende Teile I bis IV in Analogie zu den anderen Anlagen vorgenommen.

Teil I:

Präzisierung der Überschrift sowie Bezeichnung der einzelnen Verfahren mit Buchstaben. Die zur Spezifizierung angegebenen Bezeichnungen der Normen für die mikrobiologischen Analysenverfahren werden dem derzeitigen Geltungsbereich (DIN, EN, ISO) angepasst. Das für die Untersuchung von P. aeruginosa angegebene Nachweisverfahren nach DIN EN 12780 (Buchstabe c) wird in Kürze aus normungsrechtlichen Gründen inhaltsgleich als DIN EN ISO 16266 veröffentlicht und die DIN EN 12780 zurückgezogen. Nach Herausgabe der neuen Norm ist zur Bestimmung von P. aeruginosa dann das Verfahren nach DIN EN ISO 16266 einzusetzen. Die Verfahren zur Bestimmung der Koloniezahl finden sich nun insgesamt unter Buchstabe d. In der alten Fassung wurde das Verfahren nach TrinkwV 1990 unter den Bemerkungen der Anlage 3 in Bezug genommen. Aus formaljuristischen Gründen ist dies nicht zulässig. Der Systematik

der Verordnung folgend bietet sich nur die Beschreibung in Anlage 5 an, was mit der Methodenbeschreibung unter Buchstabe d Doppelbuchstabe bb umgesetzt ist.

Anmerkung 1 wird zur redaktionellen Verbesserung in den Text aufgenommen. Die neu aufgenommene Konkretisierung, welche Wasserqualität zur Nährbodenherstellung für m-CPAgar einzusetzen ist, entspricht inhaltlich den Angaben in relevanten Normen zur Bestimmung mikrobiologischer Parameter aus Wasserproben.

Für die Bestimmung des Parameters Legionellen aus Wasserproben ist nach vorliegenden Empfehlungen des UBA (Bundesgesundheitsblatt – Gesundheitsforschung – Gesundheitsschutz 43: 2000, 911–915), welche die Vorgaben der ISO 11731 berücksichtigen, zu verfahren.

Teil II:

Aus Konsistenzgründen wird in die Tabelle eine Spalte mit der laufenden Nummerierung der Zeilen eingefügt.

Für den neuen Parameter Uran werden Kennzahlen aufgenommen. Die bisherige Anmerkung 2 wird wegen Redundanz gestrichen. Die bisherigen Anmerkungen 4 bis 8 werden in die Tabelle unter „Bemerkungen" integriert. Die bisherige Anmerkung 5 (zur Oxidierbarkeit) wird gestrichen, da das Verfahren im einschlägigen Regelwerk eindeutig beschrieben ist. Da geringfügige Veränderungen des pH-Wertes deutliche Auswirkungen auf das Rechenergebnis der Ionenbilanz haben, ist für diesen Fall eine hohe Richtigkeit und Präzision der Bestimmung des pH-Wertes notwendig. Der Wert wird daher auf 0,1 pH-Einheiten gesenkt. Die im besonderen Fall einzuhaltenden Kennzahlen für die Trübung werden aus Teil III verschoben, da die Einteilung in Teil II logischer ist. Außerdem werden sprachliche Anpassungen an

Die Trinkwasserverordnung 2011

andere geänderte Stellen der Verordnung vorgenommen.

Teil III:

Änderung der Überschrift sowie Verschiebung der „Trübung" in Teil II aus Gründen der Logik.

Teil IV:

In Anlehnung an den „EU-Richtlinienentwurf Radioaktivität im Trinkwasser" werden in Anlage 5 Teil IV Untersuchungsverfahren und Nachweisgrenzen für die Überwachung der Parameter der Radioaktivität festgelegt. Die Einhaltung der allgemein anerkannten Regeln der Technik wird vermutet, wenn die Messanleitungen für die Überwachung radioaktiver Stoffe in der Umwelt und externer Strahlung des BMU, Messanleitungen für Trinkwasser und Grundwasser der Leitstelle H im Bundesamt für Strahlenschutz – Leitstelle für Trinkwasser, Grundwasser, Abwasser, Klärschlamm, Abfälle, Abwasser aus kerntechnischen Anlagen – eingehalten worden sind.

Anlage 6:

Die Streichung der Anlage 6 zu § 12 Absatz 1 und 2 TrinkwV 2001 und die Überführung der für die Aufbereitung in besonderen Fällen zu verwendenden Aufbereitungschemikalien in einen separaten Teil der „Liste der Aufbereitungsstoffe und Desinfektionsverfahren" dient der Entbürokratisierung und Entfrachtung der Verordnung von technischen Detai-

langaben und erhöht auch für diesen Bereich die Flexibilität.

Artikel 2:

Artikel 2 enthält im Hinblick auf die durch Artikel 1 vorgenommenen umfangreichen Änderungen der Verordnung über die Qualität von Wasser für den menschlichen Gebrauch eine Neubekanntmachungserlaubnis zu dieser Verordnung. Zur Erleichterung der Anwendung soll damit eine aktuelle Fassung der Trinkwasserverordnung zur Verfügung gestellt werden.

Artikel 3:

Absatz 1:

Artikel 3 Absatz 1 enthält die Regelung zum Inkrafttreten der Änderungen der Trinkwasserverordnung. Die Änderungen treten grundsätzlich am Tag nach der Verkündung in Kraft.

Absatz 2:

Damit sich die betroffenen Gesundheitsämter, Unternehmer und sonstigen Inhaber der in dieser Vorschrift genannten Wasserversorgungsanlagen sowie die Untersuchungsstellen auf die neuen Regelungen zur Untersuchung auf Legionellen einrichten können, treten § 14 Absatz 3 sowie die damit im Zusammenhang stehenden Regelungen in § 9 Absatz 8 und in der Anlage 3 Teil II erst am ersten Tag des sechsten auf die Verkündung folgenden Kalendermonats in Kraft.

Teil D
Auszug aus dem Beschluss des Bundesrates,
Drucksache 530/10 der 877. Sitzung
des Bundesrates am 26. November 2010
„Änderungen der Ersten Verordnung zur
Änderung der Trinkwasserverordnung"

Beschluss des Bundesrates

Erste Verordnung zur Änderung der Trinkwasserverordnung

Der Bundesrat hat in seiner 877. Sitzung am 26. November 2010 beschlossen, der Verordnung gemäß Artikel 80 Absatz 2 des Grundgesetzes nach Maßgabe der sich aus der Anlage ergebenden Änderungen zuzustimmen.

Änderungen der Ersten Verordnung zur Änderung der Trinkwasserverordnung

Zu Artikel 1 Nummer 2   1.
(§ 3 Absatz 1 und 2 – neu – TrinkwV)

In Artikel 1 Nummer 2 ist § 3 wie folgt zu ändern:

a) Der bisherige Wortlaut ist mit Absatz 1 zu bezeichnen.

b) Folgender Absatz 2 ist anzufügen:

> „(2) Die durch diese Verordnung oder auf Grund dieser Verordnung festgelegten Werte, die einzuhalten sind, berücksichtigen die Messunsicherheiten der Analyse- und Probennahmeverfahren."

Begründung:

Die Problematik der Messunsicherheit bedarf einer vollzugstauglichen Regelung. Anlass dafür stellt neben den Problemen der Gesundheitsämter im täglichen Vollzug die „Stellungnahme der Unabhängigen Stellen Deutschlands nach TrinkwV zur Messunsicherheit" (Stand 05/2006) dar. Danach ist die Bestimmung der Messunsicherheit mit komplexen Fragen verbunden. Insbesondere gibt es zur Ermittlung der Messunsicherheit kein allein anwendbares Verfahren, da die Messunsicherheit nach verschiedenen Methoden berechnet werden kann.

Nach dem Schweizer Lebensmittelbuch bzw. auch nach Vorgaben des Umweltrechts werden keine Messunsicherheiten berechnet. Vielmehr sind alle Messunsicherheitsaspekte in den festgelegten Grenzwerten bereits berücksichtigt. Auch im deutschen Abwasserrecht wurde das Problem der Messunsicherheit einer dem Schweizer Modell entsprechenden, vollzugsgerechten und unbürokratischen Lösung zugeführt. So bestimmt die Abwasserverordnung (AbwV) in ihrem § 6 Absatz 2 Satz 2: „Die in den Anhängen festgelegten Werte berücksichtigen die Messunsicherheiten der Analyse- und Probennahmeverfahren."

Mit dieser Regelung bedarf es keiner Berechnung der Messunsicherheiten mehr. Vielmehr sind alle Messunsicherheitsaspekte in den gesetzlich vorgegebenen Werten bereits enthalten.

In der Novelle der Trinkwasserverordnung sollte eine dem § 6 Absatz 2 Satz 2 AbwV entsprechende Regelung aufgenommen werden. Dies stellt einen Beitrag zur Entbürokratisierung des Verwaltungsverfahrens dar, dient der Klarheit bei den zuständigen Behörden, Laboren und Wasserversorgern und trägt zu einem einheitlichen und rechtssicheren bundesweiten Vollzug der Trinkwasserverordnung bei.

2. Zu Artikel 1 Nummer 4 Buchstabe a (§ 4 Absatz 1 Satz 3 TrinkwV)

In Artikel 1 Nummer 4 Buchstabe a sind in § 4 Absatz 1 Satz 3 die Wörter „beim Schutz des Wassereinzugsgebietes, bei der Wassergewinnung," durch das Wort „bei" zu ersetzen.

Begründung:

In § 4 Absatz 1 Satz 3 der Verordnung werden die Wörter „beim Schutz des Wassereinzugsgebietes" und „bei der Wassergewinnung" gestrichen, da es sich hierbei um eine Doppelregelung zu § 50 Absatz 4 Wasserhaushaltsgesetz (WHG) handelt.

Nach § 50 Absatz 4 WHG dürfen Wassergewinnungsanlagen nur nach den allgemein anerkannten Regeln der Technik errichtet, unterhalten und betrieben werden. Die Einzelbegründung zu § 4 Absatz 1 (Seite 64 der Vorlage) weist zutreffend darauf hin, dass man den Bereich des Wassereinzugsgebietes begrifflich der Wassergewinnung zuschlagen kann.

Die Streichung stellt eine klare Trennung zwischen Wasserrecht und Trinkwasserüberwachung her und vermeidet einen positiven Kompetenzkonflikt zwischen den Vollzugsbehörden des Wasserhaushaltsgesetzes (untere Wasserbehörden) und der Trinkwasserverordnung (Gesundheitsämter).

Von der Streichung unberührt bleibt die Pflicht des Gesundheitsamtes nach § 19 Absatz 1 TrinkwV, im Rahmen der Überwachung der Pflichten des Unternehmers und des sonstigen Inhabers einer Wasserversorgungsanlage auch Schutzzonen bzw. Wasserfassungsanlagen, soweit sie für die Wassergewinnung von Bedeutung sind, zu besichtigen. Sollte das Gesundheitsamt im Rahmen einer solchen Besichtigung feststellen, dass bei der Wassergewinnung die allgemein anerkannten Regeln der Technik nicht eingehalten werden, so hat es die nach § 50 Absatz 4 WHG zuständige Behörde zu benachrichtigen, die dann ihrerseits Maßnahmen nach dem WHG, etwa die Verhängung eines Bußgeldes nach § 103 Absatz 1 Nummer 7 WHG, zu prüfen hätte.

Zu Artikel 1 Nummer 8 (§ 9 Absatz 4 Satz 3 – neu – TrinkwV)

3.

In Artikel 1 Nummer 8 ist dem § 9 Absatz 4 folgender Satz anzufügen:

„Bei Nichteinhaltung oder Nichterfüllung der in § 6 festgelegten Grenzwerte oder Anforderungen für eine Anlage nach § 3 Nummer 2 Buchstabe c kann das Gesundheitsamt nach Prüfung im Einzelfall und nach Zustimmung der zuständigen obersten Landesbehörde oder einer von dieser benannten Stelle von der Anordnung von Maßnahmen absehen, soweit diese unverhältnismäßig wären und eine Gefährdung der menschlichen Gesundheit ausgeschlossen werden kann."

Begründung:

Artikel 3 Absatz 2 Buchstabe b der Richtlinie 98/83/EG sieht vor, dass die Mitgliedstaaten für individuelle Versorgungsanlagen, aus denen im Durchschnitt weniger als 10 m³ pro Tag entnommen oder mit der weniger als 50 Personen versorgt werden, Ausnahmen von den Bestimmungen der Richtlinie zulassen können, wenn die Wasserbereitstellung nicht im Rahmen einer gewerblichen oder öffentlichen Tätigkeit erfolgt.

Mit § 9 Absatz 9 der vorliegenden Verordnung macht der Bund erstmals von dieser Möglichkeit Gebrauch und lässt für Anlagen nach § 3 Nummer 2 Buchstabe c (Kleinanlagen zur Eigenversorgung) Ausnahmen für ausgewählte Parameter der Anlage 3 (Indikatorparameter) zu.

In der Praxis treten aber auch Fälle auf, bei denen für Kleinanlagen zur Eigenversorgung Parameter der Anlage 2 (chemische Parameter) überschritten werden, ohne dass vernünftige Handlungsoptionen zur Abhilfe bestehen.

Dies betrifft Grundstücke im Außenbereich (keine Versorgungsverpflichtung für Träger der öffentlichen Wasserversorgung), wenn eine Aufbereitung oder andere Abhilfemaßnahme vor Ort technisch nicht möglich ist, mit erheblichen Risiken behaftet wäre oder der Aufwand in keinem Verhältnis zum angestrebten Nutzen steht.

Die Regelung würde den Gesundheitsämtern in diesen besonderen Einzelfällen eine Duldung der Überschreitung ermöglichen, soweit eine Gefährdung der menschlichen Gesundheit ausgeschlossen werden kann.

Da die Regelung sich ausschließlich auf Anlagen nach § 3 Nummer 2 Buchstabe c bezieht, ist sie von der Ermächtigung des Artikels 3 Absatz 2 Buchstabe b der Richtlinie 98/83/EG umfassend gedeckt.

4. Zu Artikel 1 Nummer 8 (§ 9 Absatz 5 Satz 1 a – neu – und Absatz 9 Satz 2 TrinkwV)

In Artikel 1 Nummer 8 ist § 9 wie folgt zu ändern:

a) In Absatz 5 ist nach Satz 1 folgender Satz einzufügen:

„Das Gesundheitsamt kann nach Prüfung im Einzelfall von der Anordnung von Maßnahmen absehen, wenn eine Gefährdung der menschlichen Gesundheit nicht zu besorgen ist, die Reinheit und Genusstauglichkeit nicht beeinträchtigt und Auswirkungen auf die eingesetzten Materialien nicht zu erwarten sind."

b) Absatz 9 Satz 2 ist zu streichen.

Begründung:

Artikel 8 Absatz 6 der Richtlinie 98/83/EG schreibt bei Nichteinhaltung der Indikatorparameter eine Prüfung vor, ob diese ein Risiko für die menschliche Gesundheit darstellt. Abhilfemaßnahmen sind dann zu treffen, wenn dies zum Schutz der menschlichen Gesundheit erforderlich ist. Die Richtlinie bezieht sich dabei nicht auf eine bestimmte Anlagengröße.

In Übereinstimmung mit der Richtlinie sollte die Möglichkeit geschaffen werden, nach erfolgter Risikoabschätzung im begründeten Einzelfall keine Anordnung für Maßnahmen auszusprechen.

Neben der Prüfung der gesundheitlichen Unbedenklichkeit ist darüber hinaus zu fordern, dass die allgemeinen Anforderungen an Trinkwasser, d. h. Reinheit und Genusstauglichkeit gegeben sind und die eingesetzten Materialien nicht negativ verändert werden.

In der Praxis wird es sich um Einzelfälle handeln, bei denen es unverhältnismäßig wäre, Maßnahmen zur Einhaltung eines Indikator-Grenzwertes anzuordnen (z. B. geringfügige und unbedenkliche Überschreitung eines geogen vorhandenen Stoffes in Anlagen nach § 3 Nummer 2 Buchstabe b).

Diese generelle Möglichkeit des risikoabhängigen Verzichts auf Anordnung von Maßnahmen im Einzelfall bei Indikatorparametern würde auch den in § 9 Absatz 9 Satz 2 geregelten Fall geogen bedingter Überschreitungen einschließen und sich nicht nur auf Anlagen nach § 3 Nummer 2 Buchstabe c beziehen.

Daher ist in § 9 Absatz 9 Satz 2 eine besondere Regelung für bestimmte geogen bedingte Indikatorparameter für Anlagen nach § 3 Nummer 2 Buchstabe c entbehrlich.

Zu Artikel 1 Nummer 8   5.
(§ 9 Absatz 8 Satz 1 TrinkwV)

In Artikel 1 Nummer 8 ist § 9 Absatz 8 Satz 1 Halbsatz 2 wie folgt zu fassen:

„,kann es den Unternehmer oder den sonstigen Inhaber der Trinkwasser-Installation anweisen, unverzüglich, spätestens innerhalb von 30 Tagen, eine Ortsbesichtigung durchzuführen oder durchführen zu lassen."

Begründung:

Durch die Änderung ist es dem fachlichen Ermessen des Gesundheitsamtes überlassen, ob eine Anordnung über die Durchführung von Maßnahmen erforderlich ist und welche Maßnahmen angeordnet werden sollten. Die Änderung ermöglicht den Gesundheitsämtern, bereits vorgenommene Prüfungsergebnisse zu berücksichtigen und reduziert den Verwaltungsaufwand.

Zu Artikel 1 Nummer 8   6.
(§ 9 Absatz 8 Satz 2 TrinkwV)

In Artikel 1 Nummer 8 sind in § 9 Absatz 8 Satz 2 die Wörter „Es ist eine Gefährdungsanalyse zu veranlassen und zu überprüfen," durch die Wörter „Im Zusammenhang damit hat er eine Gefährdungsanalyse und Überprüfung zu veranlassen," zu ersetzen.

Begründung:

Klarstellung, dass der Unternehmer oder der sonstige Inhaber der Trinkwasser-Installation im Zusammenhang mit der Ortsbesichtigung die Gefährdungsanalyse und Überprüfung der Einhaltung der allgemein anerkannten Regeln der Technik zu veranlassen hat.

Zu Artikel 1 Nummer 8   7.
(§ 10 Absatz 3 Satz 2 TrinkwV)

In Artikel 1 Nummer 8 sind in § 10 Absatz 3 Satz 2 die Zahl „10" durch die Zahl „1 000" und die Zahl „50" durch die Zahl „5 000" zu ersetzen.

Begründung:

Die Größe der Anlagen, die einer Berichtspflicht an die Kommission bezüglich der zugelassenen Abweichungen unterliegen, ist in Artikel 9 Absatz 7 der Richtlinie 98/83/EG geregelt und in den Formatvorgaben für eine harmonisierte Berichterstattung an die Kommission festgelegt (mehr als 1 000 m³ oder mehr als 5 000 versorgte Personen für eine erste zugelassene Abweichung).

Die in § 10 Absatz 3 Satz 2 genannte Pflicht zur Unterrichtung des Bundesministeriums für Gesundheit dehnt diese auf kleinere Anlagen aus und geht damit weit über die Richtlinien-Anforderungen hinaus.

Um dem Ziel der Novellierung gerecht zu werden, sollte an dieser Stelle eine genauere Anpassung an die Vorgaben der Richtlinie bei gleichzeitiger Entbürokratisierung erfolgen.

8. Zu Artikel 1 Nummer 8 (§ 10 Absatz 3 Satz 2 und Absatz 5 Satz 3 TrinkwV)

In Artikel 1 Nummer 8 sind in § 10 Absatz 3 Satz 2 und in Absatz 5 Satz 3 jeweils die Wörter „innerhalb von vier Wochen" durch die Wörter „innerhalb von sechs Wochen" zu ersetzen.

Begründung:

Nach der europarechtlichen Vorgabe in Artikel 9 Absatz 7 der Richtlinie 98/83/EG unterrichten die Mitgliedstaaten die Kommission „binnen zwei Monaten" über zugelassene Abweichungen.

Nach den vorgesehenen Regelungen in § 10 Absatz 3 Satz 2 und § 10 Absatz 5 Satz 3 TrinkwV stünden für die Meldekette Gesundheitsamt – (ggf. Mittelbehörde oder ggf. Landesamt) – oberste Landesbehörde – Bund zusammen insgesamt vier Wochen und für die letzte Meldestufe Bund – EU-Kommission allein ebenfalls vier Wochen zur Verfügung. Dies ist nicht angemessen, da genügend Zeit für eventuell notwendige Rückfragen bleiben muss. Daher sollten für die Meldekette Gesundheitsamt – (ggf. Mittelbehörde oder ggf. Landesamt) – oberste Landesbehörde – Bund zusammen insgesamt sechs Wochen und für die letzte Meldestufe Bund – EU-Kommission zwei Wochen zur Verfügung stehen.

9. Zu Artikel 1 Nummer 8 (§ 10 Absatz 7 Satz 2 und 3 – neu – TrinkwV)

In Artikel 1 Nummer 8 ist § 10 Absatz 7 Satz 2 durch folgende Sätze zu ersetzen:

„Die Mitteilungen erfolgen in dem von der Europäischen Kommission nach Artikel 13 Absatz 4 der Richtlinie 98/83/EG des Rates vom 3. November 1998 über die Qualität von Wasser für den menschlichen Gebrauch (ABl. L 330 vom 5.12.1998, S. 32) festgelegten Format und mit den dort genannten Mindestinformationen in der vom Bundesministerium für Gesundheit nach Beteiligung der Länder mitgeteilten Form. Darüber hinausgehende Formatvorgaben durch das Bundesministerium für Gesundheit, insbesondere für einheitliche EDV-Verfahren, bedürfen der Zustimmung des Bundesrates."

Begründung:

Der in § 10 Absatz 7 neu eingefügte Satz 2 legt fest, dass das Bundesministerium für Gesundheit oder eine von ihm benannte Stelle bestimmen kann, dass die Länder für die Mitteilungen nach § 10 Absatz 7 Satz 1 über zugelassene Abweichungen einheitliche Vordrucke oder einheitliche EDV-Verfahren zu verwenden haben. Im Gegensatz zur Begründung der Vorlage handelt es sich hierbei nicht lediglich um eine Anpassung an den kommunikationstechnischen Fortschritt, sondern § 10 Absatz 7 Satz 2 stellt eine neue Ermächtigung für den Bund dar, die in den Verwaltungsvollzug, der den Ländern obliegt, eingreift.

Das Format und die Mindestinformationen für die Mitteilungen werden nach Artikel 13 Absatz 4 der Richtlinie 98/83/EG festgelegt. Die vorgesehene Ermächtigung für das Bundesministerium für Gesundheit oder eine von ihm benannte Stelle gegenüber den Ländern ohne Bezug auf die EU-rechtlichen Vorgaben und ohne Länderbeteiligung ist zu weitgehend. Denn mit solchen Vorgaben werden bestehende Verwaltungsabläufe der Länder tangiert. Über die EU-Vorgaben hinausgehende Formatvorgaben für Mitteilungen oder Vordrucke und insbesondere für bestimmte einheitliche und damit kostenintensive EDV-Verfahren verstärken diese Problematik. Es wird mittelbar in den Vollzug eingegriffen. Auf Artikel 83 und 84 Absatz 2 des Grundgesetzes wird hingewiesen, denn typischerweise werden in Allgemeinen Verwaltungsvorschriften unter anderem Verfahrensabläufe, Vordrucke, Muster und einheitliche EDV-Verfahren geregelt.

Die Bestimmung sollte daher ausdrücklich auf die EU-rechtlichen Vorgaben Bezug nehmen, eine abgestufte Länderbeteiligung vorsehen und mit ihrer Ermächtigung auf das Bundesministerium für Gesundheit beschränkt bleiben.

Die derzeit gültige Formatvorgabe wurde vom Bundesministerium für Gesundheit nach Beteiligung der Länder im Bundesgesundheitsblatt (2008 51:1078-1092) auf der Grundlage eines am 9. Mai 2007 auf der

Homepage der Generaldirektion Umwelt der Europäischen Kommission veröffentlichten Leitfadens bekannt gemacht.

10. Zu Artikel 1 Nummer 10 Buchstabe a Doppelbuchstabe aa, dd und dd1 – neu – (§ 11 Absatz 1 Satz 2, 5, 5a und 5b – neu – TrinkwV)

In Artikel 1 Nummer 10 Buchstabe a ist § 11 Absatz 1 wie folgt zu ändern:

a) In Doppelbuchstabe aa ist Satz 2 zu streichen.

b) Doppelbuchstabe dd ist wie folgt zu fassen:

‚dd) In dem neuen Satz 5 werden die Wörter „; ferner können Verfahren zur Desinfektion sowie die Einsatzbedingungen, die die Wirksamkeit dieser Verfahren sicherstellen, aufgenommen werden" gestrichen.'

c) Nach Doppelbuchstabe dd ist folgender Doppelbuchstabe dd1 einzufügen:

‚dd1) Nach dem neuen Satz 5 werden folgende Sätze eingefügt:

„Zur Desinfektion von Trinkwasser dürfen nur Verfahren zur Anwendung kommen, die einschließlich der Einsatzbedingungen, die ihre hinreichende Wirksamkeit sicherstellen, in die Liste aufgenommen wurden.

Die Liste wird vom … <entspricht Artikel 1 Nummer 10 Buchstabe a Doppelbuchstabe aa (§ 11 Absatz 1 Satz 2) der Verordnung>'

Begründung:

Die Änderung dient der Klarstellung, dass auch nur die Desinfektionsverfahren eingesetzt werden dürfen, die gelistet sind.

11. Zu Artikel 1 Nummer 12 (§ 13 Absatz 2 Nummer 3 und 5 TrinkwV)

In Artikel 1 Nummer 12 ist in § 13 Absatz 2 Nummer 3 und 5 jeweils die Angabe „Nummer 1 bis 3" durch die Angabe „Nummer 1 bis 4" zu ersetzen.

Begründung:

Für eine ordnungsgemäße Überwachung ist es für die Gesundheitsämter unabdingbar, über die korrekten und aktuellen Daten der Unternehmer und sonstigen Inhaber einer Wasserversorgungsanlage zu verfügen. Insofern ist die Anzeige eines Eigentums- bzw. Nutzungswechsels unerlässlich.

Zu Artikel 1 Nummer 12 (§ 13 Absatz 4 Satz 1 TrinkwV)   **12.**

In Artikel 1 Nummer 12 sind in § 13 Absatz 4 Satz 1 nach den Wörtern „und die" die Wörter „im Haushalt" einzufügen.

Begründung:

Nichttrinkwasseranlagen mit eigener Förderung oder Gewinnung können nur insofern bezüglich der Trinkwasserhygiene von Belang sein, wenn sie zusätzlich zu trinkwasserführenden Leitungen im Haushalt installiert sind.

Die Anzeigepflicht auch auf solche Anlagen auszudehnen, die außerhalb des Haushaltes als reine Regenwasser- oder Grauwasseranlagen betrieben werden (z. B. ausschließlich zur Gartenbewässerung, ohne Verbindung in das Gebäude), führt zu erhöhtem Verwaltungsaufwand und belastet die Bürgerinnen und Bürger, ohne dass sich für den Vollzug der Trinkwasserüberwachung ein Nutzen ergibt.

Zu Artikel 1 Nummer 12   **13.**
(§ 13 Absatz 5 – neu – TrinkwV)

In Artikel 1 Nummer 12 ist dem § 13 folgender Absatz 5 anzufügen:

„(5) Der Unternehmer und der sonstige Inhaber einer Wasserversorgungsanlage nach § 3 Nummer 2 Buchstabe d oder e, in der sich eine Großanlage zur Trinkwassererwärmung nach der Definition der allgemein anerkannten Regeln der Technik befindet, haben, sofern aus dieser Trinkwasser im Rahmen einer öffentlichen oder gewerblichen Tätigkeit abgegeben wird, den Bestand unverzüglich dem Gesundheitsamt anzuzeigen. Im Übrigen gelten die Anzeigepflichten nach Absatz 1 Nummer 2 und 3 entsprechend."

Begründung:

Neu geregelt wird in § 14 Absatz 3 die Untersuchungspflicht der Unternehmer und der sonstigen Inhaber bestimmter Anlagen zur Trinkwassererwärmung auf Legionella spec. In Anlage 4 Teil II Buchstabe b wird Umfang und Häufigkeit geregelt, wobei das Gesundheitsamt in bestimmten Fällen die Häufigkeit festzulegen hat.

Eine Regelungslücke besteht insoweit, dass das Gesundheitsamt nicht in der Lage ist, die Erfüllung dieser Betreiberpflichten zu kontrollieren sowie für bestimmte Anlagen die Untersuchungshäufigkeit festzulegen, wenn dem Gesundheitsamt nicht der Bestand, die erstmalige Inbetriebnahme sowie wesentliche Änderungen angezeigt werden.

14. **Zu Artikel 1 Nummer 12**
   (§ 14 Absatz 2 Satz 2 TrinkwV)

In Artikel 1 Nummer 12 ist § 14 Absatz 2 Satz 2 zu streichen.

Begründung:

Die Häufigkeit der Untersuchung bestimmt sich nach Anlage 4. Das Kriterium ist dabei die tatsächlich abgegebene Trinkwassermenge. Die Formulierung ist unbestimmt und zu streichen.

15. **Zu Artikel 1 Nummer 12**
   (§ 14 Absatz 3 Satz 1 TrinkwV)

In Artikel 1 Nummer 12 sind in § 14 Absatz 3 Satz 1 nach den Wörtern „im Rahmen einer" die Wörter „gewerblichen oder" einzufügen.

Begründung:

Der Schutz vor einer möglichen Legionelleninfektion muss neben dem öffentlichen auch den gewerblichen Bereich umfassen, soweit die Anlagen dem definierten Standard entsprechen und Infektionen auslösen können.

Die Untersuchung ist nach den allgemein anerkannten Regeln der Technik erforderlich und geboten (DVGW-Arbeitsblatt W 551). Legionelleninfektionen führen zu hohen Folgekosten im Gesundheitswesen (CDC 101–321 Millionen US-Dollar). Demgegenüber stehen Untersuchungskosten im Bereich von 200 Euro bei Wohneinheiten mit acht Wohnungen bei einer Großanlage zur Warmwasseraufbereitung. Bei größeren Wohneinheiten ist mit noch niedrigeren Untersuchungskosten zu rechnen. Es ist daher geboten und zweckmäßig, den Gesundheitsschutz auch auf gewerbliche Anlagen – neben Wohneinheiten beispielsweise auch Industriebetriebe mit entsprechenden Anlagen – auszudehnen. Im Vordergrund muss der Gesundheitsschutz der Verbraucher stehen, wie durch § 37 Absatz 1 Infektionsschutzgesetz und im Folgenden durch die Trinkwasserverordnung bestimmt.

Die Regelung sieht vor, dass nur Großanlagen im Sinne der allgemein anerkannten Regeln der Technik (hier DVGW-Arbeitsblatt W 551) in die Überwachung einbezogen werden, weil aus technischen Gründen das Risiko einer Kontamination mit Legionellen in Großanlagen eher gegeben ist. Zudem wird klargestellt, dass nicht alle Anlagen zur Trinkwassererwärmung einer regelmäßigen Untersuchung bedürfen. Als Großanlagen gelten Warmwasser-Installationen mit mehr als 400 Liter Speichervolumen und/oder Warmwasserleitungen mit mehr als drei Liter Inhalt zwischen dem Trinkwassererwärmer und der Entnahmestelle. Zudem gilt die Regelung nur für Anlagen mit Duschen oder andere Anlagen, in denen es zur Vernebelung von Trinkwasser kommt.

Warum große gewerbliche Anlagen keiner regelmäßigen Untersuchung bedürfen, hingegen Großanlagen der öffentlichen Wasserversorgung untersuchungspflichtig sein sollen, ist fachlich nicht zu begründen. Eine Unterscheidung, wie sie die vorliegende Verordnung vorsieht, würde daher dem Gleichheitsgrundsatz widersprechen.

Zu Artikel 1 Nummer 12   16.
(§ 14 Absatz 4 Satz 1 TrinkwV)

In Artikel 1 Nummer 12 sind in § 14 Absatz 4 Satz 1 die Wörter „Buchstabe a, b oder Buchstabe c" durch die Wörter „Buchstabe a oder b" zu ersetzen.

Begründung:

Gestrichen wird die jährliche Besichtigungspflicht der Schutzzone beziehungsweise näheren Umgebung von Wasserversorgungsanlagen nach § 3 Nummer 2 Buchstabe c (Kleinanlagen zur Eigenversorgung).

Die jährliche Überprüfung von Schutzzonen für Kleinanlagen zur Eigenversorgung stellt eine überzogene und praxisfremde Regelung dar, da solche Anlagen über keine ausgewiesenen Schutzzonen verfügen, meist auf dem eigenen Grundstück liegen und dem Nutzer gut bekannt sind. Die Nichterfüllung der Forderung ist vom Gesundheitsamt zu sanktionieren und bindet unnötige Kapazitäten.

Zu Artikel 1 Nummer 12   17.
(§ 14 Absatz 6 TrinkwV)

In Artikel 1 Nummer 12 sind in § 14 Absatz 6 die Wörter „die die Anforderungen des § 15 Absatz 4 erfüllt" durch die Wörter „die in einer aktuell bekannt gemachten Landesliste nach § 15 Absatz 4 Satz 2 gelistet ist" zu ersetzen.

Begründung:

Es handelt sich um eine Klarstellung.

Nach § 15 Absatz 5 erfolgt die regelmäßige Überprüfung der von der Untersuchungsstelle zu erfüllenden Voraussetzungen durch eine von der zuständigen obersten Landesbehörde bestimmten unabhängigen Stelle.

Die Konkretisierung der Anforderungen an die von dem Unternehmer und dem sonstigen Inhaber einer Wasserversorgungsanlage zu wählende Untersuchungsstelle durch ausdrückliche Nennung der Untersuchungsstelle in den von den Ländern bekannt zu machenden Landeslisten dient der Klarstellung, dass die Prüfung der Anforderungen nach § 15 Absatz 4 Satz 1 nicht durch den Wasserversorger oder die Untersuchungsstelle selbst erfolgen kann und darf.

18. Zu Artikel 1 Nummer 13 Buchstabe a (§ 15 Absatz 1 Satz 2 TrinkwV)

Artikel 1 Nummer 13 Buchstabe a ist wie folgt zu fassen:

‚a) In Absatz 1 Satz 2 werden nach der Angabe „Anlage 5" die Angabe „Nr. 1" durch die Angabe „Teil I", die Wörter „mindestens gleichwertig" durch die Wörter „gleichwertig und mindestens genauso zuverlässig" und das Wort „Bundesgesundheitsblatt" durch das Wort „Internet" ersetzt.'

Begründung:

Laut der Vorlage soll das Wort „gleichwertig" in der TrinkwV 2001 durch die Wörter „genauso zuverlässig" ersetzt werden.

Dies ist aus fachlicher und methodischer Sicht nicht sinnvoll.

Ein Untersuchungsverfahren kann „zuverlässig" sein, das heißt aber nicht, dass es auch „gleichwertig" ist. „Gleichwertig" bedeutet, dass man Untersuchungsverfahren miteinander vergleichen kann, dies ist bei zwei „zuverlässigen" Methoden nicht zwingend der Fall. Bei mikrobiologischen Untersuchungsverfahren, bei denen die nachgewiesenen Mikroorganismen durch besondere biochemische Verfahren definiert sind, ist es besonders wichtig, vergleichbare und „gleichwertige" Methoden anzuwenden. Daher muss die Formulierung lauten: „... gleichwertig und mindestens genauso zuverlässig sind ...".

Die Richtlinie 98/83/EG, auf die die Begründung der Vorlage Bezug nimmt, ist in dieser Hinsicht im Übrigen nicht eindeutig. Dort heißt es zwar in Artikel 7 Absatz 5 Buchstabe b Satz 1, „... die erzielten Ergebnisse nachweislich mindestens genauso zuverlässig sind ...", in Satz 2 ist aber wieder von der „Gleichwertigkeit" die Rede. Vom Sinn und Zweck der Vorschrift her muss primär auf die „Gleichwertigkeit" und daneben auf die „Zuverlässigkeit" Bezug genommen werden.

Zu Artikel 1 Nummer 13 Buchstabe c Doppelbuchstabe aa (§ 15 Absatz 3 Satz 1 TrinkwV)

19.

Artikel 1 Nummer 13 Buchstabe c Doppelbuchstabe aa ist wie folgt zu fassen:

‚aa) In Satz 1 werden nach dem Wort „Untersuchung" die Wörter „nach den §§ 14 und 20" und nach dem Wort „aufzuzeichnen" die Wörter „oder aufzeichnen zu lassen" eingefügt.'

Begründung:

§ 15 Absatz 3 bezieht sich auf Trinkwasseruntersuchungen, die der Unternehmer oder sonstige Inhaber einer Wasserversorgungsanlage nach § 14 im Rahmen seiner Eigenkontrollen oder nach § 20 auf behördliche Anordnung durchzuführen hat. Bei den in der Vorlage an dieser Stelle zusätzlich erwähnten Untersuchungen nach § 19 Absatz 7 handelt es sich jedoch nicht um Untersuchungen des Unternehmers oder sonstigen Inhabers, sondern um originäre Untersuchungen des Gesundheitsamtes. Die amtlichen Trinkwasseruntersuchungen des Gesundheitsamts nach § 19 Absatz 7 sollten daher nicht in § 15 Absatz 3 Satz 1 erwähnt werden.

Der Unternehmer oder sonstige Inhaber verfügt im Übrigen nicht zwingend über die nach § 15 Absatz 3 Satz 2 zu berichtenden Daten (Ort der Probennahme nach Gemeinde, Straße, Hausnummer und Entnahmestelle, die Zeitpunkte der Entnahme sowie der Untersuchung der Wasserprobe und das bei der Untersuchung angewandte Verfahren), da sie diese Untersuchungen nicht selbst haben durchführen lassen.

Die in der Verordnung vorgeschlagene Formulierung würde zu dem absurden Ergebnis führen, dass der Unternehmer oder sonstige Inhaber einer Wasserversorgungsanlage die Untersuchungen des Gesundheitsamtes mit den nach § 15 Absatz 3 Satz 2 vorgegebenen Daten aufzuzeichnen hat (was bei Zuwiderhandlung eine Ordnungswidrigkeit nach § 25 Nummer 5 wäre). Weiterhin müsste der Unternehmer oder sonstige Inhaber nach der Bestimmung des § 15 Absatz 3 Satz 4 eine Kopie der Niederschrift der Untersuchungen des Gesundheitsamtes innerhalb von zwei Wochen wiederum dem Gesundheitsamt übersenden (was bei Zuwiderhandlung eine Ordnungswidrigkeit nach § 25 Nummer 6 wäre).

20. Zu Artikel 1 Nummer 13 Buchstabe d (§ 15 Absatz 4 Satz 1 Nummer 6, Satz 2 und Satz 3 – neu – TrinkwV)

In Artikel 1 Nummer 13 Buchstabe d ist § 15 Absatz 4 wie folgt zu ändern:

a) Satz 1 Nummer 6 ist wie folgt zu fassen:

„6. durch eine nationale Akkreditierungsstelle eines Mitgliedstaates der Europäischen Union für Trinkwasseruntersuchungen akkreditiert sind."

b) In Satz 2 ist der Punkt am Ende durch ein Komma zu ersetzen und folgender Halbsatz anzufügen:

„soweit die Untersuchungsstelle nicht bereits in einem anderen Land gelistet ist."

c) Folgender Satz ist anzufügen:

„Das mit der Listung verbundene Recht zur Untersuchung von Trinkwasser nach Satz 1 gilt bundesweit."

Begründung:

Die Änderung von § 15 Absatz 4 Satz 1 Nummer 6 dient der sprachlichen und rechtlichen Anpassung an § 1 Akkreditierungsstellengesetz. Danach wird die Akkreditierung als hoheitliche Aufgabe des Bundes durch die Akkreditierungsstelle durchgeführt, die als nationale Akkreditierungsstelle nach der Verordnung (EG) Nummer 765/2008 des Europäischen Parlaments und des Rates vom 9. Juli 2008 über die Vorschriften für die Akkreditierung und Marktüberwachung im Zusammenhang mit der Vermarktung von Produkten und zur Aufhebung der Verordnung (EWG) Nummer 339/93 des Rates (ABl. L 218 vom 13.8.2008, S. 30) und für Akkreditierungen nach Artikel 3 der Verordnung (EG) Nummer 765/2008 zuständig ist. In Artikel 2 Nummer 11 der Verordnung (EG) Nummer 765/2008 ist die „Nationale Akkreditierungsstelle" als die einzige Stelle in einem Mitgliedstaat definiert, die im Auftrag dieses Staates Akkreditierungen durchführt. Gleichzeitig erfasst die sprachliche Anpassung auch die erforderlichen Voraussetzungen von Untersuchungsstellen, die in anderen Mitgliedstaaten der EU akkreditiert worden sind.

Die Ergänzung des letzten Teilsatzes in § 15 Absatz 4 Satz 2 soll Mehrfachnennungen von Untersuchungsstellen auf den jeweiligen Länderlisten vorbeugen und damit der Verwaltungsvereinfachung dienen. Er soll verhindern, dass die 16 Länder weitgehend identische Listen der Untersuchungsstellen veröffentlichen müssen.

Der neue Satz 3 soll gewährleisten, dass die jeweilige Untersuchungsstelle bundesweit tätig werden kann. Dies entspricht der bereits langjährig zwischen den Ländern geübten Praxis der gegenseitigen Anerkennung von Überprüfungen nach § 15 Absatz 5, die hiermit rechtlich verbindlich geregelt wird. Im Übrigen dient diese Regelung der Verwaltungsvereinfachung und trägt dem Diskriminierungsverbot aus der EU-Dienstleistungsrichtlinie Rechnung.

Zu Artikel 1 Nummer 14 Buchstabe e Doppelbuchstabe bb (§ 16 Absatz 5 Satz 3 TrinkwV)   21.

In Artikel 1 Nummer 14 Buchstabe e ist Doppelbuchstabe bb wie folgt zu fassen:

,bb) Satz 3 wird wie folgt gefasst:

„Der Maßnahmeplan muss spätestens zur Inbetriebnahme vorliegen, ist bei wesentlichen Änderungen zu aktualisieren und bedarf der Zustimmung des zuständigen Gesundheitsamtes."'

Begründung:

Der Austausch des Begriffs „regelmäßig" durch die Wörter „bei wesentlichen Änderungen" stellt sicher, dass die Maßnahmepläne stets auf dem aktuellen Stand gehalten werden.

Zu Artikel 1 Nummer 15 Buchstabe b (§ 17 Absatz 1 Satz 3 TrinkwV) und Nummer 23 Buchstabe i1 – neu – (§ 25 Nummer 11 a – neu – TrinkwV)   22.

Artikel 1 ist wie folgt zu ändern:

a) In Nummer 15 Buchstabe b ist § 17 Absatz 1 Satz 3 wie folgt zu fassen:

„Bei der Planung, dem Bau und Betrieb der in Satz 1 genannten Anlagen sind mindestens die allgemein anerkannten Regeln der Technik einzuhalten."

b) In Nummer 23 ist nach Buchstabe i folgender Buchstabe i1 einzufügen:

,i1) Nach Nummer 11 wird folgende Nummer 11a eingefügt:

„11a. entgegen § 17 Absatz 1 eine dort genannte Anlage errichtet, betreibt, unterhält oder stilllegt,"'

Begründung:

Zu Buchstabe a:

Mit der Änderung von § 17 Absatz 1 Satz 3 wird vorgeschrieben, mindestens die allgemein anerkannten Regeln der Technik einzuhalten.

Damit entfällt, dass im Fall der Nichteinhaltung der Anforderungen nach Satz 1 und 2 das Gesundheitsamt im Einzelfall prüfen muss, ob andere als nach den allgemein anerkannten Regeln der Technik eingesetzte Werkstoffe und Materialien diese Forderungen erfüllen.

Zu Buchstabe b:

Gemäß § 50 Absatz 4 des Wasserhaushaltsgesetzes dürfen Wassergewinnungsanlagen u. a. ebenfalls nur nach den allgemein anerkannten Regeln der Technik betrieben werden. Eine Nichtbeachtung wird dort als Ordnungswidrigkeit geahndet. Dies sollte analog auch für die Anlagen der Wasseraufbereitung und Wasserverteilung gelten.

23. Zu Artikel 1 Nummer 17 Buchstabe b (§ 19 Absatz 5 Satz 1 TrinkwV)

In Artikel 1 Nummer 17 Buchstabe b sind in § 19 Absatz 5 Satz 1 die Wörter „bei Wasserversorgungsanlagen nach Buchstabe a" und die Wörter „und bei Wasserversorgungsanlagen nach Buchstabe b mindestens einmal in zwei Jahren" zu streichen.

Begründung:

Die Prüfungshäufigkeit für Anlagen nach § 3 Nummer 2 Buchstabe a und b wird aneinander angeglichen, um eine Vereinfachung und Vereinheitlichung zu erreichen. Alle diese Anlagen müssen jährlich geprüft werden und nur für den Fall, dass diese über einen Zeitraum von vier Jahren unauffällig sind, kann der Zeitraum auf einheitlich drei Jahre verlängert werden. Dies ist fachlich angemessen und konzentriert den Prüfaufwand für die Gesundheitsämter auf auffällige Anlagen.

24. Zu Artikel 1 Nummer 17 Buchstabe b (§ 19 Absatz 5 Satz 4 TrinkwV)

In Artikel 1 Nummer 17 Buchstabe b ist in § 19 Absatz 5 Satz 4 das Wort „jährlich" durch die Wörter „innerhalb von drei Jahren" zu ersetzen.

Begründung:

Der Betreiber einer nicht ortsfesten Anlage hat grundsätzlich die Pflicht, diese so zu betreiben und zu überwachen, dass keine gesundheitlichen Gefahren entstehen. Alle seine Aktivitäten, einschließlich der Wasseruntersuchungen, sind in einem Betriebsbuch entsprechend der DIN 2001-2 zu dokumentieren.

Das Gesundheitsamt hat im Rahmen seiner amtlichen Aufgaben zu
überprüfen, ob ein Betreiber seinen vorgenannten Pflichten nach-
kommt. Zur Überprüfung der Erfüllung der Anforderungen sollte dem
Gesundheitsamt ein angemessener rechtlicher Ermessensspielraum
eingeräumt werden. Diesen hat es zwar nach der vorgesehenen
Regelung in § 14 Absatz 2 Satz 8, nicht aber in gleichem Maße nach
§ 19 Absatz 5. Eine jährliche Kontrolle aller Anlagen, so wie vorge-
schlagen, wäre unverhältnismäßig und würde auch zu einem deutlichen Anstieg des Verwaltungsaufwandes führen.

Als ausreichend wird demgegenüber mindestens eine Überwachung
alle drei Jahre angesehen, denn diese ist im Zusammenspiel mit den
Regelungen der Eigenüberwachung und der amtlichen Überwachung
nach § 14 Absatz 2 Satz 8 geeignet, etwaige Risiken zu erkennen
und einen ordnungsgemäßen Betrieb der Anlagen zu sichern. Sofern
erforderlich, kann die zuständige Behörde weitere Überwachungen
durchführen und so, da ihre Ressourcen nicht von vornherein gebun-
den sind, effektiver auf Probleme reagieren.

Zu Artikel 1 Nummer 19   25.
(§ 21 Absatz 2 Satz 3, 4 und 5 – neu – TrinkwV)

In Artikel 1 Nummer 19 ist § 21 Absatz 2 Satz 3 durch folgende Sätze
zu ersetzen:

„Die zuständige oberste Landesbehörde oder eine von ihr benannte
Stelle leitet ihren Bericht bis zum 15. April desselben Jahres dem
Bundesministerium für Gesundheit oder einer von diesem benannten Stelle zu. Der Bericht hat dem von der Europäischen Kommission nach Artikel 13 Absatz 4 der Richtlinie 98/83/EG des Rates vom
3. November 1998 über die Qualität von Wasser für den menschlichen
Gebrauch (ABl. L 330 vom 5.12.1998, S. 32) festgelegten Format und
den dort genannten Mindestinformationen in der vom Bundesministerium für Gesundheit nach Beteiligung der Länder mitgeteilten Form
zu entsprechen. Darüber hinausgehende Formatvorgaben durch das
Bundesministerium für Gesundheit, insbesondere für einheitliche
EDV-Verfahren, bedürfen der Zustimmung des Bundesrates.“

Begründung:

Nach bisherigem Recht war für den Bericht nach § 21 Absatz 3
TrinkwV 2001 „das von der Kommission der Europäischen Gemeinschaften nach Artikel 13 Absatz 4 der Richtlinie 98/83/EG festzulegende Format einschließlich der dort genannten Mindestinformationen zu verwenden“. Durch die Streichung des § 21 Absatz 3
TrinkwV 2001 und die vorgesehene Formulierung in § 21 Absatz 2

Satz 3 soll künftig in einem „vom Bundesministerium für Gesundheit festzulegenden Format" berichtet werden. Der Verweis auf das von der EU-Kommission festgelegte Format soll entfallen. Im Gegensatz zur Begründung der Vorlage stellt dies eine neue Ermächtigung für den Bund dar, die in den Verwaltungsvollzug, der den Ländern obliegt, eingreift.

Dies ist abzulehnen. Grundlage für die Berichte muss auch weiterhin das von der EU-Kommission festgelegte EU-einheitliche Format sein, das vom Bundesministerium für Gesundheit nach Beteiligung der Länder mitgeteilt wurde. Über die EU-Vorgaben hinausgehende Formatvorgaben für Mitteilungen oder Vordrucke und insbesondere für bestimmte einheitliche und kostenintensive EDV-Verfahren betreffen erheblich bestehende Verwaltungsabläufe der Länder. Es wird mittelbar in den Vollzug eingegriffen. Auf Artikel 83 und 84 Absatz 2 des Grundgesetzes wird hingewiesen, denn typischerweise werden in Allgemeinen Verwaltungsvorschriften unter anderem Verfahrensabläufe, Vordrucke, Muster und einheitliche EDV-Verfahren geregelt.

Die Bestimmung sollte daher ausdrücklich auf die EU-rechtlichen Vorgaben Bezug nehmen und eine abgestufte Länderbeteiligung vorsehen.

Die derzeit gültige Formatvorgabe wurde vom Bundesministerium für Gesundheit nach Beteiligung der Länder im Bundesgesundheitsblatt (2008 51:1078-1092) auf der Grundlage eines am 9. Mai 2007 auf der Homepage der Generaldirektion Umwelt der Europäischen Kommission veröffentlichten Leitfadens bekannt gemacht.

26. Zu Artikel 1 Nummer 23 Buchstabe c (§ 25 Nummer 3 TrinkwV)

In Artikel 1 Nummer 23 Buchstabe c ist in § 25 Nummer 3 nach der Angabe „§ 13 Absatz 4 Satz 1" die Angabe „und Absatz 5" einzufügen.

Begründung:

In § 13 Absatz 5 soll eine Anzeigepflicht für Großanlagen zur Trinkwassererwärmung eingefügt werden. Die Änderung zielt auf die Schaffung eines Ordnungswidrigkeiten-Tatbestandes ab, falls die Anzeige nicht entsprechend erfolgt.

Zu Artikel 1 Nummer 25   27.
(Anlage 3 Teil I laufende Nummer 21 und 22 – neu –, Anmerkungen 3, 4 und 5 – neu – und Teil III, Anlage 4 Teil I Buchstabe b Satz 3 und Anlage 5 Teil IV TrinkwV)

Artikel 1 Nummer 25 ist wie folgt zu ändern:

a) Anlage 3 ist wie folgt zu ändern:

aa) Teil I ist wie folgt zu ändern:

aaa) Der Tabelle Allgemeine Indikatorparameter sind folgende laufende Nummern anzufügen:

Laufende Nummer	Parameter	Einheit, als	Grenzwert/ Anforderung	Bemerkungen
21	Tritium	Bq/l	100	Anmerkungen 3 und 4
22	Gesamt-richtdosis	mSv/Jahr	0,1	Anmerkungen 3 bis 5

bbb) Der Tabelle Anmerkung sind folgende Anmerkungen anzufügen:

Anmerkung 3:	Die Kontrollhäufigkeit, die Kontrollmethoden und die relevantesten Überwachungsstandorte werden zu einem späteren Zeitpunkt gemäß dem nach Artikel 12 der Trinkwasserrichtlinie festgesetzten Verfahren festgelegt.
Anmerkung 4:	Die zuständige Behörde ist nicht verpflichtet, eine Überwachung von Trinkwasser im Hinblick auf Tritium oder der Radioaktivität zur Festlegung der Gesamtrichtdosis durchzuführen, wenn sie auf der Grundlage anderer durchgeführter Überwachungen davon überzeugt ist, dass der Wert für Tritium bzw. der berechnete Gesamtrichtwert deutlich unter dem Parameterwert liegt. In diesem Fall teilt sie dem Bundesministerium für Gesundheit über die zuständige oberste Landesbehörde oder eine von ihr benannte Stelle die Gründe für ihren Beschluss und die Ergebnisse dieser anderen Überwachungen mit.
Anmerkung 5:	Mit Ausnahme von Tritium, Kalium-40, Radon und Radonzerfallsprodukten.

bb) Teil III ist zu streichen.

b) In Anlage 4 Teil I Buchstabe b Satz 3 ist die Angabe „1 bis 3 in Anlage 3 Teil III" durch die Angabe „3 bis 5 in Anlage 3 Teil I" zu ersetzen.

c) Anlage 5 Teil IV ist zu streichen.

Als Folge ist

Artikel 1 wie folgt zu ändern:

a) Nummer 8 ist wie folgt zu ändern:

aa) In § 8 ist im Eingangssatz die Angabe „Richtwerte" zu streichen.

bb) § 9 ist wie folgt zu ändern:

aaa) In Absatz 1 Satz 1 sind die Wörter „Grenz- oder Richtwerte" durch das Wort „Grenzwerte" zu ersetzen.

bbb) Absatz 5 Satz 4 ist zu streichen.

ccc) In Absatz 7 Satz 1 ist die Angabe „Richtwerte" zu streichen.

b) In Nummer 12 ist § 14 wie folgt zu ändern:

aa) In Absatz 1 Nummer 3 sind die Wörter „Grenz- oder Richtwerte" durch das Wort „Grenzwerte" zu ersetzen.

bb) Absatz 7 ist zu streichen.

c) In Nummer 14 ist § 16 Absatz 1 wie folgt zu ändern:

aa) In Satz 1 Nummer 2 ist die Angabe „Richtwerte" zu streichen.

bb) In Satz 4 ist die Angabe „Richtwerten" zu streichen.

cc) In Satz 5 ist die Angabe „Richtwerten" zu streichen.

d) Nummer 18 Buchstabe a Doppelbuchstabe ff ist zu streichen.

Begründung:

Die geltende Trinkwasserverordnung (TrinkwV) von 2001, die die EU-Trinkwasser-Richtlinie (Richtlinie 98/83/EG vom 3. November 1998 über die Qualität von Wasser für den menschlichen Gebrauch) in deutsches Recht umsetzt, enthält bereits Indikatorparameterwerte hinsichtlich radioaktiver Inhaltsstoffe im Trinkwasser. Dabei handelt es sich um zwei Indikatorparameter, die Tritium-Aktivitätskonzentration in Höhe von 100 Becquerel pro Liter (Bq/l) und die Gesamtrichtdosis in Höhe von 0,1 Millisievert pro Jahr für alle Radionuklide mit Ausnahme von Tritium, Kalium-40, Radon und Radonzerfallsprodukten. Verbindliche Vorgaben zur Untersuchung und Überwachung der Parameterwerte (Kontrollmethoden, Kontrollhäufigkeiten, relevante Überwachungsstandorte und Referenzkonzentrationen der dosisrelevanten Radionuklide) fehlen allerdings bisher sowohl auf EU-Ebene als auch in der Folge in der geltenden TrinkwV.

Der Bund stützt seine Absicht, Anforderungen an das Trinkwasser in Bezug auf natürliche Radioaktivität neu zu regeln, im Wesentlichen auf drei Punkte:

1. auf den Entwurf einer EU-Richtlinie zu Radioaktivität im Trinkwasser aus dem Jahr 2008 (Council Directive laying down requirements for the protection of the health of the general public with regard to radioactive substances in water intended for human consumption, Entwurf Stand April 2008);

2. auf die Ergebnisse eines Trinkwassermessprogramms des Bundesamtes für Strahlenschutz (BfS) zur „Strahlenexposition durch natürliche Radionuklide im Trinkwasser der Bundesrepublik Deutschland" vom März 2009. Hierzu stellt er fest, dass diese zwar keine Gesundheitsgefährdung der Bevölkerung darstellten, aus Gründen des vorsorgenden Gesundheitsschutzes jedoch ein weiteres Abwarten EU-weiter Regelungen nicht länger hinnehmbar sei;

3. im Übrigen soll nach der Argumentation des Bundes auch die „Empfehlung der EU-Kommission über den Schutz der Öffentlichkeit vor der Exposition gegenüber Radon im Trinkwasser" vom 20. Dezember 2001 (EU-Radon-Empfehlung) in nationales Recht umgesetzt werden.

zu Punkt 1:

Die EU-Trinkwasser-Richtlinie wird zurzeit überarbeitet. Dabei sollen nach Angaben des Bundesministeriums für Umwelt, Naturschutz und Reaktorsicherheit (BMU) die Anforderungen an die Radioaktivitätsüberwachung aus der EU-Trinkwasser-Richtlinie herausgelöst und unter das speziellere Recht des Euratom-Vertrages gestellt werden. Vor diesem Hintergrund will die EU-Kommission einen entsprechenden Vorschlag einer Euratom-Trinkwasser-Richtlinie vorlegen, der nach Angaben des BMU die betreffenden Teile der gültigen EU-Trinkwasser-Richtlinie und den Vorschlag der Europäischen Kommission zu den Anforderungen an die Überwachung radioaktiver Stoffe im Trinkwasser unverändert übernimmt. Nach Angaben des BMU ist der Abstimmungsprozess in der Kommission allerdings aufgrund stark divergierender Auffassungen zu dem geplanten Vorhaben und zum geplanten Vorgehen zwischenzeitlich zum Erliegen gekommen. Darüber hinaus bliebe die Unsicherheit, dass die vom Bund geplante Regelung evtl. (erneut) angepasst werden müsste, wenn die Vorgaben der EU rechtsverbindlich vorliegen.

zu Punkt 2:

Der Bfs-Bericht stellt fest, dass nach geltendem Recht – EU-Trinkwasserrichtlinie und TrinkwV 2001 – von den 564 untersuchten Wasserversorgungsanlagen lediglich bei einer Probe die Gesamtrichtdosis von 0,1 mSv/Jahr überschritten wurde (1. Bewertungsansatz). Seine Ergebnisse sprechen damit nicht für eine Verschärfung der geltenden Regelungen zur Überwachung der Radioaktivität im Trinkwasser über geltendes EU-Recht hinaus.

zu Punkt 3:

Neben den in der TrinkwV 2001 bereits verankerten Indikatorwerten würde durch die Umsetzung der EU-Radon-Empfehlung ein weiterer Indikatorwert für die Radon-222-Aktivitätskonzentration in Höhe von 100 Bq/l festgelegt. Darüber hinaus würden für die Berechnung der Gesamtrichtdosis, zusätzlich zu den bisher geltenden Regelungen der TrinkwV, auch die Radonzerfallsprodukte Blei-210 und Polonium-210 herangezogen und der von der EU-vorgeschlagene Grenzwert für die Gesamtalphaaktivitätskonzentration von 0,1 Bq/l auf 0,05 Bq/l verringert werden. Dies würde eine weitere Verschärfung über geltendes EU-Recht hinaus darstellen.

Schlussfolgerung:

Der Forderung, natürliche radioaktive Spurenstoffe im Trinkwasser aus Gründen des vorsorgenden Gesundheitsschutzes zukünftig berücksichtigen zu wollen, wird vom Grundsatz her nicht widersprochen. Allerdings kann damit nur der relativ geringe Beitrag des Trinkwassers zur natürlichen Strahlenbelastung – nach dem o. a. BfS-Bericht zwischen 0,009 und 0,05 mSv/Jahr – verringert werden, da die Gesamtaufnahme an natürlicher Radioaktivität aus der Nahrung bzw. der natürlichen äußeren Strahlenbelastung – nach dem o. a. BfS-Bericht 2,1 mSv/Jahr – einer gesetzlichen Regelung nicht zugänglich sind.

Demgegenüber steht ein unverhältnismäßig hoher analytischer Aufwand, der in der vom Bund vorgesehenen Form keine Grundlage in einer entsprechenden gültigen EU-Regelung hat. Diese Regelung ist zurzeit in Arbeit; ein Ende dieses Prozesses sowie sein Ergebnis sind jedoch nicht abzusehen.

Insgesamt ist festzustellen, dass die vom Bund angeführten Gründe keine über geltendes EU-Recht hinausgehende Regelung zur Überwachung der natürlichen Radioaktivität im Trinkwasser rechtfertigen. Die bisher geltenden Regelungen sind daher so lange beizubehalten, bis auf EU-Ebene eine neue Regelung zur Überwachung der Radioaktivität im Trinkwasser in Kraft tritt.

Zu Artikel 1 Nummer 25 (Anlage 4 Teil II Buchstabe a Spalte „Routinemäßige Untersuchungen …", Zeile 1 und „Anmerkung 3" TrinkwV)

28.

In Artikel 1 Nummer 25 sind in Anlage 4 Teil II Buchstabe a in der Spalte „Routinemäßige Untersuchungen …" in Zeile 1 die Wörter „beziehungsweise 4 (Anmerkung 3)" zu streichen.

Als Folge ist

die „Anmerkung 3" zu streichen.

Begründung:

Gemäß der bisherigen Regelung erscheint es aus seuchenhygienischen Gründen nicht notwendig, allgemein mikrobiologische Parameter, wie in der Anmerkung 3 aufgezählt, viermal pro Jahr zu untersuchen. Die neue Regelung führt zu

– einer Kostensteigerung bei den betroffenen Wasserversorgern,

– einem erhöhten Prüfungsaufwand bei den Gesundheitsämtern und

– einer Abnahme des allgemeinen Sicherheitsniveaus, da bei der bestehenden Auslastung der Kapazitäten der Gesundheitsämter der gestiegene Bürokratieaufwand insbesondere auch zu Lasten einer intensiveren Überwachung „schlechter" Anlagen vor Ort geht. Diese ist wesentlich wichtiger, da sie Auffälligkeiten bereits im Vorfeld erkennt.

Zu Artikel 3 (Inkrafttreten)

29.

Artikel 3 ist wie folgt zu fassen:

„Artikel 3

Inkrafttreten

Diese Verordnung tritt am [einsetzen: Datum des ersten Tages des sechsten auf die Verkündung folgenden Kalendermonats] in Kraft."

Begründung:

Es ist vorgesehen, dass die Verordnung im Wesentlichen am Tag nach der Verkündung in Kraft tritt. Weder die Vollzugsbehörden noch die betroffenen Wasserversorger haben dadurch die Möglichkeit, sich auf die Vorgaben der neuen Verordnung einzustellen und die notwendigen Anpassungsmaßnahmen zu treffen. Das Inkrafttreten der gesamten neuen Verordnung sollte daher erst sechs Monate nach ihrer Verkündung erfolgen.

Literatur

[1] Verordnung über die Qualität von Wasser für den menschlichen Gebrauch (Trinkwasserverordnung – TrinkwV 2001) vom 21. Mai 2001; BGBl. I, Nr. 24, S. 959

[2] Richtlinie 98/83/EG des Rates vom 3. November 1998 über die Qualität von Wasser für den menschlichen Gebrauch. Amtsblatt der Europäischen Gemeinschaften Nr. L 330, S. 32

[3] Erste Verordnung zur Änderung der Trinkwasserverordnung vom 3. Mai 2011, BGBl. I, Nr. 21, S. 748

[4] Erste Verordnung zur Änderung der Trinkwasserverordnung, Beschluss des Bundesrates auf der 877. Sitzung am 26. November 2010, Bundesratsdrucksache 530/10 (Beschluss), http://www.bundesrat.de/cln_161/SharedDocs/ Drucksachen/2010/0501-600/530-10_28B_29,templateId= raw,property=publicationFile.pdf/530-10(B).pdf (Stand: 28.09.2011)

[5] Begründung zur Ersten Verordnung zur Änderung der Trinkwasserverordnung; Bundesratsdrucksache 530/10 vom 2. September 2010

[6] DVGW-Arbeitsblatt W 551 Trinkwassererwärmungs- und Trinkwasserleitungsanlagen; Technische Maßnahmen zur Verminderung des Legionellenwachstums; Planung, Errichtung, Betrieb und Sanierung von Trinkwasser-Installationen; DVGW, Bonn, April 2004

[7] DIN EN ISO 19458:2006-12 Wasserbeschaffenheit – Probenahme für mikrobiologische Untersuchungen (ISO 19458: 2006); Deutsche Fassung EN ISO 19458:2006

[8] DVGW-Arbeitsblatt 400-3 Technische Regeln Wasserverteilungsanlagen (TRWV); Teil 3: Betrieb und Instandhaltung, DVGW, Bonn, September 2006

[9] Umweltbundesamt; Liste der Aufbereitungsstoffe und Desinfektionsverfahren gemäß § 11 Trinkwasserverordnung 2001. in der Fassung der 16. Änderung, November 2011 http://www.umweltdaten.de/wasser/themen/ trinkwasserkommission/16_aenderungsmitteilung.pdf (Stand: November 2011)

[10] Umweltbundesamt; Liste der Aufbereitungsstoffe und Desinfektionsverfahren gemäß § 11 Trinkwasserverordnung 2001, in der Fassung der 12. Änderung vom Dezember 2009, http://www.umweltdaten.de/wasser/themen/ trinkwasserkommission/12_aenderungsmitteilung.pdf (Stand: Dezember 2009)

[11] DIN EN ISO 17994:2004-09 Wasserbeschaffenheit – Kriterien für die Feststellung der Gleichwertigkeit von mikrobiologischen Verfahren (ISO 17994:2004); Deutsche Fassung EN ISO 17994:2004

[12] Umweltbundesamt; Mikrobiologische Nachweisverfahren nach TrinkwV 2001, Liste alternativer Verfahren gemäß § 15 Abs. 1 TrinkwV 2001 – 1. Änderungsmitteilung; Bundesgesundheitsblatt – Gesundheitsforschung – Gesundheitsschutz, 49 (2006), S. 1071 ff.

[13] DIN EN ISO/IEC 17025:2005-08 Allgemeine Anforderungen an die Kompetenz von Prüf- und Kalibrierlaboratorien (ISO/IEC 17025:2005); Deutsche und Englische Fassung EN ISO/IEC 17025:2005

Stichwortverzeichnis